Eckehard Gerner

Auf der Brücke

Mit Kompass und Sextant

Eckehard Gerner

Auf der Brücke
Mit Kompass und Sextant

Erinnerungen an die Seemanns-Jahre

III. Teil

Bibliografische Information der Deutschen Nationalbibliothek:
Die Deutsche Nationalbibliothek verzeichnet diese Publikation in der Deutschen Nationalbibliografie; detaillierte bibliografische Daten sind im Internet über *www.dnb.de* abrufbar.

Eckehard Gerner, ›*Auf der Brücke. Mit Kompass und Sextant*‹
Originalausgabe

Titelabbildung: Shutterstock
Gestaltung und Verlag: memorabilia
ISBN 978-3-946223-68-9

Printed in Germany

Für Frithjof Ahlgrimm,
Rudolf Koenigs,
Jill Hansen,
Heide Schuster

Inhalt

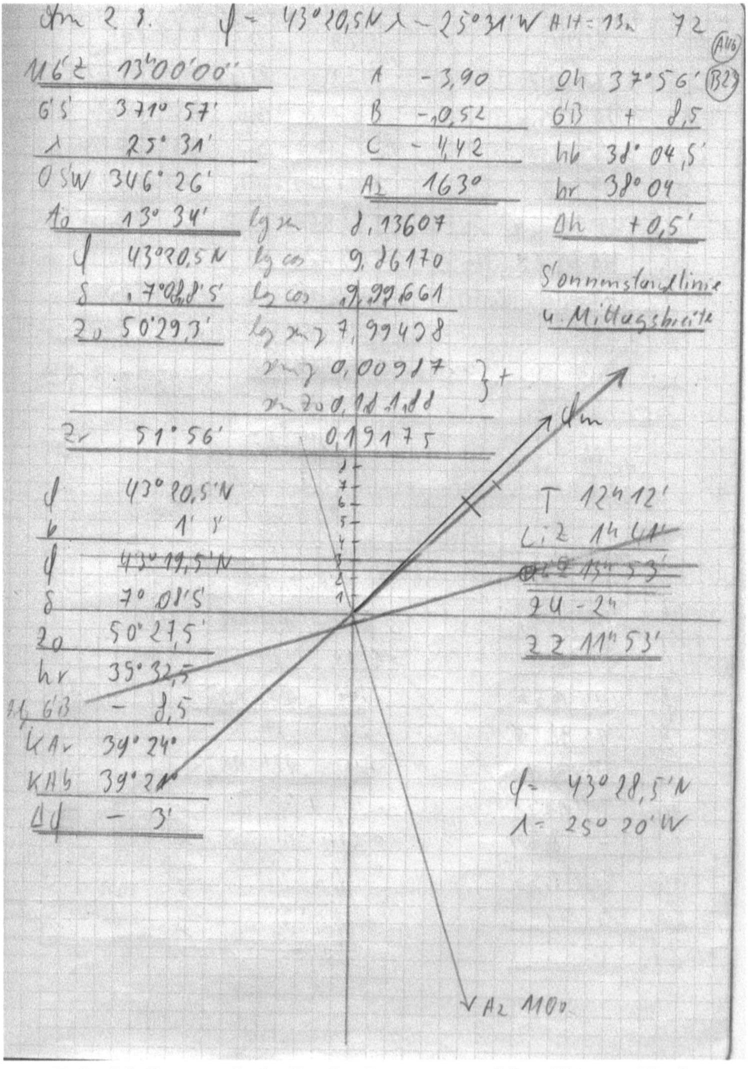

Beispiel für nautische Beobachtungen auf der ›Ditmar Koel‹

Vorwort

Ob als Steuermann auf einem Kümo in der Nord- und Ostsee, ob als 3. Offizier auf einem großen Stückgutfrachter im Atlantik und Pazifik, ob als 2. Offizier in der Irischen See, ob als Matrose im Indischen Ozean, ob als Schiffsjunge im Golf von Guinea: Vom Anfang bis zum Ende meiner Fahrenszeit beflügelte der himmlische Rundblick von Horizont zu Horizont meine Gedanken und Gefühle.

Allein das Wechselspiel der Wolken am Firmament – insbesondere beim Auf- und Untergang unseres Tagesgestirns, im fahlen Mondschein oder im gleißenden Sonnenlicht – faszinierte mich immer wieder aufs Neue. Dazu röhrende Winde oder Flauten, spiegelglatte See oder furchterregende Wellenberge, all das gehört zum Einssein mit der Natur, ihrer Schönheit, aber auch ihrer Kraft, Stärke und ihrer Unberechenbarkeit. In kaum einem anderen Beruf als dem des Seemanns gibt es diese ständige Begleitung, diese besondere Verbindung und den Kontakt vom Menschen und der Welt, die ihn umgibt. Wie arm ist doch ein Mensch, der unfähig ist, die Natur zu erspüren, zu erleben und auf sich einwirken zu lassen. Wie kleinlich, dumm und lächerlich ist doch so manches Mal das Gezänk der Menschen untereinander angesichts der großartigen Schauspiele der Natur!

Aber die ›Krone der Schöpfung‹ lebt nicht von euphorischen Empfindungen beim Anblick beeindruckender Naturereignisse. Mein Arbeitsschwerpunkt hatte sich nach sieben Jahren Seefahrt wesentlich geändert. War es vorher das Deck gewesen, mit oft harter körperlicher Arbeit, so wachte ich jetzt während der

Seetörns zwölf oder acht Stunden am Tag über den richtigen Kurs des Schiffes und im Hafen über den Umschlag ganz unterschiedlicher Ladungsgüter.

Selbst in diesem kleinen Kosmos ›Seefahrt und Schiffe‹ ergaben sich schon große Unterschiede durch die drei Arbeitsbereiche Deck/Brücke, Maschine und Bedienung/Verpflegung. Mein Entschluss, auf die Seefahrtschule zu gehen, um ein nautisches Patent zu erlangen, entsprach ganz profanen Gründen. Natürlich wollte ich beruflich in der Bord-Hierarchie weiterkommen. Im Großen und Ganzen musste ich nicht mehr überwiegend mit meiner Hände Arbeit Geld verdienen. Die Aufstiegsmöglichkeiten an Bord standen in allen Bereichen jedermann offen, sofern man genügend Durchhaltewillen besaß, für den Schulbesuch finanziell vorgesorgt hatte und sich bewusst war, dass Karriere mehr Heuer bedeutete, aber auch eine vielfach höhere Verantwortung. Anders als an Land kann sich niemand auf einem Schiff verstecken, anderen etwas vormachen oder sie gar täuschen und sich in seiner Stellung als unfähig erweisen.

Nach einem straffen Lehrgang mit Prüfungen ohne Gefälligkeitsnoten stand mir die Arbeit eines Steuermanns in der Kleinen Fahrt bevor. Letztendlich war der ›Stürmann‹ eben doch eine Art Obermatrose oder Bootsmann, aber mit der Befähigung, das Schiff zu führen. Erst im Nachhinein bin ich zu dieser reellen Einschätzung gekommen.

Ganz anders als auf einem kleinen Schiff mit sechs bis acht Besatzungsmitgliedern ist das Bordleben auf einem großen Stückgut-Überseefrachter. Die Beförderung zum Offizier auf Großer Fahrt erwies sich als nicht vorhersehbarer Glücksfall. Den hatte ich vor allen dem Stellenvermittler auf dem Arbeitsamt und dem Reederei-Inspektor zu verdanken. Nun war ich wirklich ›oben‹ angekommen, im wahrsten Sinne des Wortes. In der damaligen Zeit gehörte es zum normalen Berufsweg, dass sich auch der Kapitän von ganz ›unten‹ bis nach ganz ›oben‹ hinaufarbeitete.

Nach wie vor war ich Steuermann. Aber auf größeren Schiffen mit Kapitän und Nautikern lauteten die Dienstgrade 4., 3., 2. und 1. Offizier. Meine Sichtweise auf meine vorhergehenden Interessen änderte sich. Ich wurde mittlerweile etwas solider und tugendhafter, vielleicht aber nur aus Mangel an Verführungen, wie es sie in exotischeren Fahrtgebieten gab.

Für mich spielte bei meinen Landgängen die Stellung in der Schiffshierarchie keine bedeutende Rolle. Mir wäre es zu keiner Zeit in den Sinn gekommen, nicht mit einem Matrosen, dem Bäcker oder einem Maschinen-Reiniger gemeinsam von Bord zu gehen. An der Küste und auf See sollte es nicht üblich sein, sich über andere zu stellen, weil der Wind den Leuten ohne Unterschied in die Montur bläst. Da bildete der Kapitän jedoch eine Ausnahme. Ich kann mich nicht erinnern, dass ein Schiffsführer auf all meinen Kähnen jemals mit anderen Besatzungsmitgliedern außer dem 1. Offizier oder dem Chief an Land anzutreffen war. In gewisser Weise führte der Kapitän ein nicht gerade erstrebenswertes, einsames Leben. Er musste wohl auf zu viel Geselligkeit verzichten, um seiner absoluten Autorität willen. Auch konnte nur jemand bei einer Reederei zum Kapitän aufsteigen, wenn er über einen längeren Zeitraum dem gleichen Schifffahrtsunternehmen treu geblieben war. Ich hatte das Glück, auf meinem Dampfer zur Pazifikküste Nordamerikas an einen besonders honorigen Schiffsführer und einen hervorragenden Ersten Offizier geraten zu sein.

Wie in allen anderen Berufs- und Arbeitsbereichen auch, so spielt die ›Chemie‹ der Männer untereinander an Bord eines Dampfers eine wichtige, wenn nicht sogar die maßgebliche Rolle. Arbeit, Freizeit und gesellschaftliches Umfeld bilden auf einem Schiff naturgemäß eine Einheit und eine besondere Welt für sich.

I. Am Ziel – Dezember 1968

Die ›Ditmar Koel‹ rollte und stampfte sanft in den letzten Ausläufern eines Sturmtiefs in einer ziemlich hohen nordwestlichen Dünung. Es war der 8. Dezember 1968, der Abend vor dem zweiten Advent. Vor vier Tagen hatte unser Überseedampfer die westlichste Azoren-Insel Flores passiert und nahm dann Kurs auf die Mona-Passage zwischen Puerto Rico und Hispaniola (Haiti und Dominikanische Republik).

In dieser subtropischen Nacht schaute ich von einem hohen Stuhl aus auf den beleuchteten Kreiselkompass neben mir und vergewisserte mich, dass die Abweichungen vom eingestellten Kurs 225° (Südwest) immer nur geringe Grade nach Steuerbord oder Backbord betrugen.

Unser ›Eiserner Gustav‹, die automatische Steuerung, führte sicher und zuverlässig die Ruderbewegungen aus, die notwendig waren, um den Stückgutfrachter bei der fast glatten See, aber dem langwelligen hohen Seegang aus Nordwest auf Kurs zu halten.

»Hein, mouk mi mal 'nen fein Pott schwatten Tee mit lütt beten Zucker!«, gab ich dem Matrosen auf Ausguck in der offenen Brückennock Order.

»Geit kloar, Stürmann!«, antwortete Hein.

Genüsslich zündete ich mir eine Zigarre an, ging vom fast dunklen Ruderhaus an das Ende der Backbord-Nock, blickte auf das aufgewühlte Wasser am Schiffsrumpf hinunter und wandte dann meinen Blick nach oben auf die immer wieder faszinierende Milchstraße über mir. Unser Pott durchpflügte den westlichen Mittelatlantik auf dem Sandkörnchen Erde inmitten dieses unbegreiflichen Universums. Wo war der Anfang, wo das Ende?!

Ich hatte es geschafft, ich war am Ziel meines Seemannstraums! Als 3. Offizier trug ich von 8 bis 12:00 Uhr und von 20:00 Uhr bis Mitternacht die alleinige Verantwortung auf der Brücke, für das Schiff, die Ladung und für die zweiunddreißig Mann der Besatzung.

Vor fast sieben Jahren hatte ich noch verdreckte Tanks im tief unten gelegenen Doppelboden reinigen müssen, nun war ich ganz oben im Herzstück eines jeden Schiffes, der Kommandobrücke, angekommen. Was für ein erhabenes, ja auch stolzes Gefühl durchdrang in diesem Moment meine dreiundzwanzigjährige Seele!

Seemannsschule, Schiffsjunge (Moses), Jungmann, Leichtmatrose, Matrose, Steuermann auf einem Kümo (Küstenmotorschiff), das waren die bisherigen Stationen meiner insgesamt fünfzehn Schiffe auf und zwischen fünf Kontinenten gewesen – vom Nordpol bis zum Süden Chiles, von der Karibik bis China, Japan und Indonesien, von Zentralafrika bis zum Bottnischen Meerbusen, von den Großen Seen bis zum Schwarzen Meer und nun mit Kurs auf Panama zur Pazifikküste Nordamerikas.

Rückblick Frühjahr/Sommer 1967

Mochte es auch auf der Erde noch so viele unerschöpfliche und reizvolle Orte geben, so stellte sich mir schon früh die Frage des zukünftigen Berufs- und Lebensweges.

Schon 1965, als Matrose auf dem Fährschiff ›Peter Pan‹, nach vier Jahren als Fahrensmann, war mir klar, dass ich nicht immer Seemann und Weltenbummler bleiben wollte. In nicht allzu ferner Zeit würde das Kapitel Seefahrt für mich beendet sein.

Ich ahnte noch nicht einmal, dass die eigentlich simple ›Erfindung‹ des Containers der bis dahin halbwegs erlebnisreichen und oft abenteuerlichen Stückgutfahrt mit ihren tage- oder gar wochenlangen Liegezeiten den Garaus machen würde. Trotz alledem entschloss ich mich, noch ein paar Sprossen auf der Hühnerleiter der Seemannshierarchie zu erklimmen und das Patent A2 zu erreichen. Für ein halbes Jahr an Land, was für herrliche Aussichten für einen Fahrensmann!

An der kleinen Seefahrtschule Grünendeich, an der Mündung des Flüsschens Lühe in die Elbe konnten Matrosen das Steuermannspatent auf Kleiner Fahrt (A2) erlangen. Für das höchste Patent A6 (Kapitän auf Großer Fahrt) galten längere Fahrt- und Schulzeiten an anderen Standorten. Als ich Anfang April 1967 begann, wieder die Schulbank zu drücken, ahnte ich noch nicht, dass mir mein Patent später zum Offizier auf Großer Fahrt verhelfen würde. Zum Schulbeginn hatte ich eigentlich mit meinem Matrosenleben, zuletzt auf der ›Nürnberg‹ (Ostküste USA), abgeschlossen. Es sollte anders kommen. Die Aufwendungen für die Schule und für meinen Lebensunterhalt mussten vorher erspart werden. Finanzielle Unterstützung von staatlicher Seite gab es damals nicht. So sah ich mich gezwungen, während dieser Seefahrtschulzeit in den fünf Wochen (Semester-)Ferien für einen Monat noch einmal als Matrose anzuheuern, um mein Sparkonto aufzubessern.

Seefahrtschule
Grünendeich

B.Nr. 62/67 Sd/Hb 2162 Grünendeich, den 17. Jan. 1967
Tel.: 04142/500

Herrn

Eckehard Gerner

3 Hannover-Linden
Stärkestr. 23

Betr.: Z u l a s s u n g zum A 2 / ~~xxxx~~ - Lehrgang

Zu dem am 3. April 1967 um 08.00 Uhr beginnenden A 2/~~xxxx~~ - Lehrgang sind Sie zugelassen.

Mitzubringen sind das Seefahrtbuch, Lungenbefund und Augenschein, ausgestellt vom Vertrauensarzt der S G B .

Nach Erhalt der Zulassung bitte ich um umgehende Zu- oder Absage, spätestens bis zum 1. März 1967. ., damit im Falle einer Absage noch ein anderer Bewerber zugelassen werden kann.

~~Die noch fehlenden Anmeldeunterlagen:~~
~~Anmeldeformular, Geburtsurkunde, Lebenslauf, Zeugnisabschrift,~~
~~bitte ich gleichfalls umgehend zu übersenden.~~

Diese Zulassung gilt nur, wenn alle Voraussetzungen erfüllt sind:

A 2 - 50 Monate Fahrtzeit einschl. 3 Monate Schiffsjungenschule, Urlaub und freie Tage, Lebensalter z.Zt. der Prüfung 20 Jahre. Fahrtzeit zählt ab dem 15. Lebensjahr.

~~A 4 - 24 Monate Fahrtzeit als Seesteuermann einschl. Urlaub und freie Tage, Lebensalter z.Zt. der Prüfung 23 Jahre, 125 Beobachtungen.~~

Strafregisterauszüge werden bei Lehrgangsbeginn eingeholt.

1 Anlage

Seefahrtschuldirektor

II. MS ›Pasajes‹ (14. Schiff)

»Bin groad in Greundiek, mouk min Stürmannspatent, mutt noch beten wat för dat Konto don«, stellte ich mich am 3. Juli in Hamburg beim Ersten Offizier vor.

»Na, denn hebbt wi ouk 'nen Möchtegern-Stürmann, aber hier bist noch erst mol Matros, is dat kloar?«

Seine unmissverständliche Einordnung in die Bordhierarchie regte mich nicht auf. Ich konnte ja auch nichts anderes erwarten.

Die ›Pasajes‹ war mit über 2.000 Ladetonnen, 65 Meter Länge und 12 Meter Breite, kein Kümo mehr, aber auch kein Überseefrachter. Die drei Luken verfügten auch noch nicht über die modernen Lukenabdeckungen (McGregor-System), bei dem per Winde und Seilzug die schweren stählernen Deckel auf die Luken gehievt und auch geöffnet wurden.

Stattdessen mussten nach vorsintflutlicher Methode die schweren hölzernen Lukendeckel umständlich und zeitraubend per Hand bewegt werden (System ›McStemm‹). Dies war auch ein Grund dafür, dass die Reedereiabkürzung OPDR im Seemannsjargon mit ›Oh, plage dich redlich‹ übersetzt wurde. Dieser kleine Dampfer fuhr in der Regel im Liniendienst von den nord- und westeuropäischen Häfen nach Nordspanien und Portugal. Das Schiffsunternehmen ›Oldenburg-Portugiesische Dampfschiffs-Rhederei‹ hatte auch noch einen anderen Beinamen: ›Ohne Proviant durch Russland‹. Zur Ehrenrettung der Reederei muss aber gesagt werden, dass sich niemand über eine mangelhafte Verpflegung zu beklagen brauchte, wie auf den meisten anderen ›Gefäßen‹ auch.

Ja, nun war ich also doch noch als Matrose auf diesem fettgemachten Kümo gelandet, aber fast einzig und allein, um meine Finanzen aufzubessern; nordspanische Häfen waren dabei lediglich ›Beifang‹ auf zwei kurzen Törns (Reisen).

Erst einmal übernahm die Decksmannschaft Proviant und Store (Ausrüstung, Farben, Tauwerk usw.). Nach einem Vierteljahr Seefahrtschule an Land fiel mir körperliche Arbeit nicht mehr ganz leicht und so fiel ich abends ziemlich geschafft in die Koje. Noch dazu hatte ich mir eine feine Sommergrippe eingefangen. Sich krank zu melden, gleich am zweiten Tag nach der Anmusterung, kam mir noch nicht einmal in den Sinn. Ein arbeitsunfähiger Seemann bedeutete auf einem Schiff nur Ballast.

MS Pasajes

Nach weiteren zwei Tagen trat ich abends nach dem Ablegen in Hamburg meine Wache auf der Brücke an. Hier wurden nur zwei Wachen auf See eingeteilt, von 6:00 bis 12:00 Uhr und von 12:00 bis 6:00 Uhr, statt der sonst üblichen drei Wachen von 4:00 bis 8:00, 8:00 bis 12:00 und 12:00 bis 4:00 Uhr.

Um 6:00 Uhr übernahm ich auf Höhe der Ostfriesischen Inseln das Ruder. Auf dieser stark befahrenen Route Richtung Rotterdam und Kanal (zwischen England und Frankreich), sowie in umgekehrter Richtung nach Bremen, Hamburg und dem Kiel-Kanal (Nord-Ostsee-Kanal) wurde auf allen Schiffen per Hand gesteuert. Der ›Eiserne Gustav‹ (Automatik-Steuerung) konnte sich ausruhen.

Am 6. Juli übernahmen wir eine recht merkwürdige Fracht: Leere Munitionskisten; weiß der Teufel, was es mit ihnen auf sich hatte! Welchen Zweck erfüllen eigentlich sämtliche Rüstungsgüter auf der Erde? Ressourcen und Unsummen verschlingend dien(t)en sie nur der menschlichen Unvernunft, machtpolitischen Interessen, kriminellen Diktatoren und der Rüstungsindustrie. Dieser Irrsinn bringt nur Zerstörung, Gewalt und unsägliches Leid über die Menschheit. Was könnten die Erdbewohner stattdessen alles auf der Welt verändern und verbessern!

Diese Gedanken über Waffen und Krieg beschäftigten mich beim Anblick der großen Holzkisten, die in den drei Luken verstaut wurden. Und auch die Tatsache, dass mein leiblicher Vater in Russland umgekommen war, ohne je ein Anhänger des Teufels Hitler gewesen zu sein.

Die ›Pasajes‹ durchquerte bei ruhigem Sommerwetter den Kanal, passierte an Steuerbord die majestätischen ›*White cliffs of Dove*r‹, später an Backbord die Ile d'Ouessant (›Uschang‹) und nahm dann durch die Biscaya Kurs auf Musel bei Gijon an der nordspanischen Costa Verde.

Während dieses kurzen Seetörns maß ich die Richtung der untergehenden Sonne am Peildiopter in der Brückennock. Zu diesem Zeitpunkt steht unser Lebensstern eigentlich noch zu zwei Dritteln über dem Horizont. Diese Messung ist erforderlich, um die Abweichung des Magnetkompasses zu berechnen. Auch wenn unser Dampfer mit einem exakt anzeigenden Kreiselkompass ausgerüstet war, so gehörte es hier wie selbst auch auf den großen moderneren Frachtern zur Pflicht, den Magnetkompass auf dem Peildeck über der Brücke ständig zu überprüfen. Denn je nach Standort, Liegezeit und Ladung wurde er vom Erdmagnetismus und der vom eisernen Schiff ausgehenden Ablenkung unterschiedlich beeinflusst. Wenn der elektrische Kreiselkompass, durch welche Umstände auch immer, ausfallen sollte, so ist ein Magnetkompass immer betriebsbereit und richtungsweisend, vorausgesetzt, dass seine Abweichungen gemessen und bekannt sind.

Diese eigenverantwortlichen Messungen und Berechnungen, vom jungen 1. Offizier veranlasst und für gut befunden, erfüllten mich mal wieder mit besonderer Genugtuung, so wie bei meiner ersten Reise, bei der ich als sechzehnjähriger Schiffsjunge (Moses) auf der Elbe die wesentlich größere ›Georg Russ‹ steuern durfte.

»Na, hest ja schon ordentlich wat lernt op de school und plus un minus nich verwechselt!«, lobte mich der Erste. Ich hatte also meine allererste Feuerprobe der Nautik überstanden und das nicht nur theoretisch. Nach dem Festmachen und dem Öffnen der Luken am Nachmittag des 10. Julis in Musel musste ich an Deck bleiben, während meine Matrosenkollegen Adje und Pitter nichts Eiligeres zu tun hatten als von diesem Vorhafen in die Stadt zu fahren. Als sie am späten Abend wieder an Bord eintrudelten, hielt sich ihre Begeisterung bei der Qualitätsbeurteilung des Nachtjackenviertels von Gijon in Grenzen.

»Gemeine Abzocke. Schlampige, ordinäre *putas*, kannste vergessen!«

»Das ist auch nicht mein Ding«, erwiderte ich und beschloss, auch am nächsten Abend an Bord zu bleiben. Schließlich wollte ich meine Heuer nicht in miesen Etablissements ausgeben, sondern beabsichtigte etwas auf die hohe Kante zu legen.

Nachdem am nächsten Tag unsere ungewöhnliche Fracht (besagte Munitionskisten) gelöscht war, legte ich mich früh in meine Koje. Adje, der die Hoffnung doch noch eine ansprechende Hafenkneipe zu finden nicht aufgegeben hatte, war wieder im Gijoner Hafenviertel gelandet, kehrte abermals frustriert zurück und weckte Pitter und mich kurz vor Mitternacht.

»Machen wir lieber 'ne Bordparty, du hast doch so 'ne feine Dudelmaschine!«

Damit war mein tragbares Telefunken-Tonbandgerät gemeint, das ich auf der Rückreise von Indonesien vor einem halben Jahr in Aden (Jemen) zollfrei erstanden hatte. In Grünendeich, während meiner ersten drei Monate auf der Seefahrtschule, waren etliche Bänder mit deutschen Schlagern und britischem Pop bespielt worden.

Schnell standen zwei Kisten Bier und eine Flasche ›Schluck‹ (Köm=Korn) in der Mannschaftsmesse bereit. Ich schmiss meine batteriebetriebene Music-Box an und schon war die Party im Gange.

Aus dem Lautsprecher erscholl ein buntes Mischmasch alberner, aber auch etwas ernster zu nehmender Schlager wie ›Kal-

Adje / Hafen von Gijon

kutta liegt am Ganges‹, ›Er ist wieder da‹, ›Weiße Rosen aus Athen‹, ›Zigeunerjunge‹, ›Babysitter Boogie‹, ›Natalie‹ usw.

Im Nachhinein erscheint es erstaunlich, dass neben den einheimischen Interpreten wie Alexandra, Reinhard Mey, Ralf Bendix sich auch viele Sänger*innen aus anderen europäischen Ländern auf dem deutschsprachigen Schlagermarkt tummelten: Nana Mouskouri, Karel Gott, Gitte, Gilbert Becaud usw. Natürlich fehlten auch nicht englische und amerikanische Titel wie z. B. ›Black is black‹, ›Carneval is over‹, ›Puppet on a string‹, ›I'm just a lonely boy‹, usw.

Wir schnackten über unser wahrlich nicht ödes oder langweiliges Seemannsleben, sangen den einen oder anderen Text mit, leerten ein Tässchen Bier nach dem anderen und merkten erst nach zwei Stunden, dass Gesang und Rhythmus immer langsamer geworden waren. Die beiden dicken Batterien machten schlapp und für Saft aus den Gleichstrom-Steckdosen war mein Musikmacher nicht vorgesehen. Also musste Pitter los, um frische Batterien zu besorgen, was ihm erstaunlicherweise mitten in der Nacht an einem Kiosk gelang. Dieser Vorgang wiederholte sich noch einmal. Danach hatte uns der nicht gerade groß geratene Peter ermuntert: »Jungs, wir können weitermachen, is pottendick (total nebelig), können sowieso nicht früh auslaufen!«

Als dann gegen 5:00 Uhr morgens die letzten Stromspender verbraucht waren, hatten sich auch beide Bierkisten und die Flasche Köm geleert. Wir schliefen fast gleichzeitig in der Messe ein, Kopf und Oberkörper auf der Back (Tisch), wahrscheinlich in mehr oder minder ungewöhnlich absurden Stellungen. Um 7:00 Uhr weckte uns Matrose Wolle (Wolfgang), der die Nachtwache übernommen hatte, ziemlich unsanft und wir drei taumelten in die Koje in unseren Kammern. Das dicke Ende kam aber um 10:00 Uhr in Gestalt des Scheichs.

»Das wird Folgen haben, besonders für dich. Die werden sich in Grünendeich freuen, was der angehende Steuermann hier angestiftet und zelebriert hat!«

»Ecki ist unschuldig, wir haben ihn nur beschnackt, seine Music-Box hinzustellen, und dann konnte er ja schlecht wech«, versuchte Adje den Scheich zu beruhigen.

Zweifellos fühlte ich mich mitverantwortlich für die Spontanparty und den versäumten Dienstantritt um 8:00 Uhr. Gott sei Dank blieb der Nebel so dicht, dass die ›Pasajes‹ erst am frühen Nachmittag auslaufen konnte.

»Tut mir leid, kommt nicht wieder vor«, versuchte ich, mich kleinlaut und zerknirscht beim Scheich zu entschuldigen. Natürlich nagten Selbstvorwürfe und ein schlechtes Gewissen an meiner Psyche. Und wenn der Alte (Kapitän) tatsächlich die Seefahrtschule von diesem nicht gerade ruhmreichen Dienstvergehen informieren würde?! Verdammter Teufel Alkohol! Dabei war ich noch nicht einmal ein ausgesprochener Biertrinker.

Am nächsten Tag liefen wir in Bilbao ein und dieses Mal hielt es mich nicht an Bord. Was ich dann aber im Hafenviertel

Strand von Bilbao

erlebte, kam mir doch nicht spanisch vor. Es passte zu den Einschätzungen von Adje und Pitter über das Nachtjackenviertel von Gijon. In Lateinamerika hatte ich ein viel reizvolleres Ambiente erfahren. Die Enttäuschung war auch deswegen so groß, weil meine Erwartungshaltung zu übermächtig wurde, als ich zu Beginn des ›Rundgangs durch die Gemeinde‹ wohlvertrauten Sprachklang und spanische Musik vernahm.

Bei strömendem Regen, passend zu meiner Stimmungslage, verließ die ›Pasajes‹ diese große Industriestadt mit ihren Hochöfen und den nicht gerade attraktiven Hafenkneipen. Ich weinte beiden Häfen keine Träne nach.

In den nächsten beiden Tagen auf See musste ich dem Rost der dicken Deckwaschleitung zu Leibe rücken. War es nun ein Arbeitsauftrag als Strafe oder Wiedergutmachung für die ausgeuferte Bordparty in Musel/Gijon? Einerlei, wenigstens wurde ich nicht mehr darauf angesprochen, dass ich als vermeintlicher Rädelsführer für die Schlagernacht üble Folgen zu erwarten hätte.

***

Am Montag, dem 17. Juli war diese zweiwöchige Reise bereits zu Ende. Hamburg hatte uns wieder. Häufige Abmusterungen schienen auf diesem Dampfer die Regel zu sein. Koch und Steward hatten einen ›Sack‹ (fristlose Kündigung) bekommen, ebenso Adje, der am nächsten Morgen gar nicht erst zum Dienstantritt erschien und sicherlich auf dem Kiez (St. Pauli) versackt war. Über den Koch und Steward wurde gemunkelt, sie hätten krumme Geschäfte getätigt.

Adje wurde durch einen spanischen Decksmann ersetzt, einen ehemaligen Fischer aus Galizien (Nordwest-Ecke von Spanien). Diese Spanier – und Portugiesen – beherrschten zwar Seemannsknoten und konnten spleißen, hatten aber von Decksarbeiten und vor allem vom Lade- und Löschbetrieb nur geringe Kenntnisse. Sie wurden mit der halben Heuer, die ein ausgebildeter deutscher Matrose erhielt, abgespeist. Bestimmte

Arbeiten mit seemännischen Fachkenntnissen mussten dann von den gelernten Matrosen erledigt werden, was folgerichtig nicht gerade zum besten Arbeits- und Kameradenklima beitrug.

Damals, 1967, begannen viele Reedereien damit, in den drei Sparten Deck, Maschine und Bedienung Einsparungen vorzunehmen. Wie die Schiffsbesatzungen und der Bordbetrieb mit diesen unterqualifizierten und auch schlecht bezahlten Kräften klar kam, schien viele Schifffahrts-Gesellschaften nicht sonderlich zu interessieren. Diese Entwicklung hat dazu geführt, dass heute, mit Ausnahme der Offiziere und Ingenieure, fast nur noch gering entlohnte Seeleute, hauptsächlich von den Philippinen, an Bord anzutreffen sind. Dazu kommt noch, dass deutsche und westeuropäische Reeder ihre Schiffe unter ausländischer Billigflagge fahren lassen, um Steuern zu sparen. Aber warum sollte es in der Schifffahrt anders sein als in der globalisierten Kapitalismuswelt? Nicht der Mensch zählt, sondern der *Shareholder value.*

Da ich mir fest vorgenommen hatte, eisern zu sparen, blieb ich an drei von vier Abenden in Hammonia an Bord – einzige Abwechslung: ein Kinobesuch des Filmes ›Blow up‹. Für mich nicht nachvollziehbar, dass diese Geschichte später eine Art Kultstatus erlangte.

Am 22. Juli lief die ›Pasajes‹ wieder mal Rotterdam an, um Kisten, Kartons, Kollies (übergroße Kisten) und Fässer zu laden. Deren Inhalt konnten wir Decksjantjes wie so oft nicht in Erfahrung bringen. Am Sonntagabend, nach achtstündigem Außenbordspönen, stattete ich der ›Transmichigan‹, die an der gegenüberliegenden Pier festgemacht hatte, einen Besuch ab. Auf dem Große-Seen-Frachter traf ich Rainer wieder, mit dem ich fast drei Jahre zuvor, während unseres Matrosenlehrgangs auf der ›Passat‹, gemeinsam so manchen Schabernack getrieben hatte. Auf dem Seetörn von Rotterdam nach Bilbao wurde mir eine besondere Ehre zuteil.

»Stürmann in spe, nu zeich mal, ob du auch schon mit dem Sextanten umgehen kannst. Nimm mal die Nordsternbreite!«, forderte mich der Erste während der 06:00-12:00-Wache auf. In der Brückennock maß ich bei wolkenlosem Himmel und klarer Sicht den Winkel vom Horizont (Kimm) zum Polarstern. Dieses Gestirn ist sehr gut am Firmament zu erkennen und zu bestimmen, wenn man den Abstand der beiden hinteren Sterne des Großen Wagens fünffach verlängert. Der Himmelskörper zeigt fast exakt die geografische Nordrichtung, die Abweichung beträgt lediglich 54 Minuten (eine Minute = 60. Teil eines Winkelgrades). Mit dieser Messung kann dann ziemlich unkompliziert die jeweilige geografische Breite im Gradnetz bestimmt werden, vorausgesetzt, dass Kimm und Stern klar zu erkennen sind. Als ich beides fest anvisieren konnte, rief ich »Stopp!«, und der *first mate* nahm die Zeit am Schiffschronometer, der im Kartenhaus installiert war und durch die kardanische Aufhängung nicht in Schieflage geraten konnte. Mit dieser Messung und der anschließenden Berechnung konnte ich den Standort ermitteln: Die ›Pasajes‹ befand sich auf 45° und 30 Minuten, 45 ½°, nördlicher Breite, mitten in der ausnahmsweise ruhigen Biscaya. (Natürlich wird auch mindestens eine zweite Standlinie gebraucht, um den Schiffsstandort nach Breite und Länge ganz exakt zu bestimmen).

»Kennst dich ja schon ganz gut mit Sextanten aus«, schmunzelte der 1. Offizier. Ich konnte meine Freude über meine allererste Standortbestimmung schwer verbergen. An den Wachhabenden gewandt, erklärte ich: »Und meine Sabi-Box (Kopf, Hirn/von dem spanischen Verb *saber* = wissen) is ja noch jung, kann nichts schief laufen.«

Am 27. Juli liefen wir wieder in Bilbao ein. Ich konnte dem merkwürdigen Drang nach Landgang nicht widerstehen. So enterte ich abends mit Pitter am Rande des Nachtjackenviertels die Bar ›Costa Verde‹, die so gar nicht den Etablissements glich, in die wir uns zwei Wochen zuvor verirrt hatten. Das Interieur entsprach keinem gediegenen – und damit meistens auch teuren – Nachtclub. Es gab gemütlichen Plüsch, dezente spanische Musik und unaufdringliche *muchachas* sorgten für eine angenehme Atmosphäre. Wenig später machte ich die Bekanntschaft mit der brünetten Jeanette, die es, aus welchen Gründen auch immer, aus Bordeaux hierher verschlagen hatte. Ich freute mich überschwänglich, nach längerer Abstinenz wieder ein wenig Französisch parlieren zu können – und auch darüber, eine andere Art der Enthaltsamkeit zu beenden. Beim Abschied erklärte sie mir: »*Tu es un homme curieuse et tu aimes jouer!* (Du bist wohl ein Mensch, der immer neugierig ist und gern mal spielt).« Wie wahr! Am nächsten Tag berichtete unser neuer Steward, ein eher selten bei der Seefahrt anzutreffender Schweizer, dass er ein schönes ›Hüpfli‹ gehabt hatte.

Zwei Tage später machte die ›Pasajes‹ im nahe gelegenen Santander fest und am darauffolgenden Sonntag gönnte ich mir mit unseren zwei (Ingenieurs-)Assistenten einen fast perfekten Urlaubstag an der Playa Secunda, einem ausschließlich von Einheimischen bevölkerten Strand. Beinahe wie Ölsardinen lagen Jung und Alt, Männlein und Weiblein dicht beieinander. Anscheinend hatten alle ihr Radio mitgebracht, der Lärmpegel entsprach südländischer Mentalität. Für Ruhe, Entspannung und Erholung war dieser Platz nicht gerade ideal, aber ich hatte gelernt, mich überall den landesüblichen Gepflogenheiten anzupassen. Trotz mehrmaligen Schwimmzeiten und Abkühlungen im salzigen Biscaya-Wasser hatte ich mir einen gepflegten Sonnenbrand und einen leichten Sonnenstich eingehandelt.

Santander – Playa Secunda

Wie sonst war es zu erklären, dass ich abends einen Schwächeanfall erlitt, den ersten meines jungen Lebens. Oder war das schon das erste Anzeichen des Alterns?

Am Dienstag liefen wir wieder mal für einen Tag Musel bei Gijon an, um Stahlträger zu laden. Damals wurden hier auch noch Steinkohle und Eisenerz verschifft. Anschließend, auf dem dreitägigen Seetörn zurück nach Hamburg, sollte ich zum letzten Mal in meinem Seemannsleben eine ungeliebte, aber wichtige Arbeit verrichten. Am Schanzkleid (Reling) auf Steuerbordseite lauerte des Seemanns Erzfeind. Ich rückte der braunen und roten schuppigen Zersetzungsschicht auf die Pelle – kurzum dem Rost, der sich bei feuchter Luft auf Eisen bildet.

Am Abend des 4. August kletterte um 6:00 Uhr der Elblotse von ›Feuerschiff Elbe I‹ auf der ausgeworfenen Strickleiter an Deck und um 2:00 Uhr nachts machte ich Vorleinen und Spring auf der Back fest. Das war nun endlich in Hamburg der Schlusspunkt meines Matrosenlebens. Ansonsten konnte ich diesen beiden kurzen Reisen nichts Neues oder gar Besonderes abgewinnen. In diesen viereinhalb Wochen hatte sich mein Sparkonto um einen fast vierstelligen Betrag vergrößert. Auf diesem Polster und meinen vorher erarbeiteten Ersparnissen ließ es sich fürwahr entspannt und ruhig an Land schlafen.

III. Seefahrtschule Grünendeich – Steuermanns-Exkurs*

Am Sonntag, dem 2. April 1967, fuhr ich mit dem D-Zug nach Hamburg, dann mit der Bimmelbahn nach Stade und weiter mit dem Bus in Richtung Grünendeich zum Ortsteil Sietwende. Gleich hinter dem Deich bezog ich meine zukünftige Bleibe bei Frau Rinck, einer älteren Dame, die sich dann als etwas pingelig und energisch entpuppte. Im Backsteinhaus mit der typischen einfachen, aber ansprechenden Architektur des Alten Landes hatten noch zwei andere Seefahrtschüler Quartier gefunden, Erhard aus Wittmund und Peter aus Osnabrück. Dieser etwas ältere Fahrensmann war schon zwei Wochen eher eingetroffen und machte das Kapitänspatent auf Kleiner und Mittlerer Fahrt (A4). Er klärte uns über die Marotten unserer Wirtin und ihre festgelegte Hausordnung auf. »Frühstück um sieben, Mittagessen um zwei, Abendbrot um sieben, keine lauten Parties, kein Damenbesuch in diesem ehrenwerten Haus, aufgeräumte Zimmer, na, alles klar?«

Und ob! Schließlich waren wir zum Lehrgang da und nicht auf Bespaßungsurlaub. Wer sich nicht an die Rinckschen Gesetze hielt, durfte ganz schnell seinen Seesack packen und Ausschau nach einem anderen Logis halten, in dem wahrscheinlich ein ähnlich strenges Reglement herrschte. Zur Ehrenrettung unserer Vermieterin muss aber gesagt werden, dass 250 DM pro Monat für Unterkunft und Verpflegung ein reelles und faires

---

* Zum Steuermanns-Exkurs gehören im Folgenden alle *kursiv gesetzten Passagen.*

Entgelt bedeutete, das unsere ersparten Heuern nicht so schnell dahinschmelzen ließ. Außerdem mundeten ihre Mahlzeiten vorzüglich und Äpfel gab es im Überfluss. Sie war also keine Ausbeuterin und hatte humane finanzielle Praktiken, ganz im Gegensatz zu den heutigen kapitalistischen gierigen Geschäftemachern. Man musste nur die Hausordnung befolgen.

Bis zum August ging das auch leidlich gut.

Am Montag bekam ich in unserem Steuermannstempel die übrigen zwanzig Mitstreiter zu Gesicht, alle in meinem Alter oder leicht darüber, rein äußerlich anständige, ordentliche Jungs ohne Bart oder gar lange Haarpracht.

Unsere drei hauptamtlichen Lehrer im mittleren Alter ließen uns gleich am ersten Tag nicht im Unklaren darüber, was uns in den nächsten Monaten erwartete: zügiges Lernen umfangreicher Fachgebiete, vor allem der Nautik. Schließlich mussten wir später in der Lage sein, einen kleineren oder auch größeren Kümo mit sieben bis zehn Mann Besatzung bei unvorhergesehenem Ausfall des Kapitäns selbstständig und sicher in den nächsten Hafen zu bringen. Daher war die alte Steuermannsweisheit – Navigation ist, wenn man trotzdem ankommt – wenig hilfreich.

Erst einmal wurden wir mit Fachbüchern, nautischen Tafeln, Kursdreiecken und Distanzzirkeln (zur Kurs- und Standortbestimmung) eingedeckt, die die Lehrgangsteilnehmer für ein nicht unbeträchtliches Sümmchen selbst erwerben mussten.

Nach den Ansprachen unserer praxiserfahrenen Pauker, ehemaliger Offiziere oder Kapitäne, und der Erledigung der üblichen Formalitäten ging es gleich am nächsten Tag richtig zur Sache. Wie im Leben jedes Menschen auch ist der Kurs für alle Schiffe die bestimmende Leitlinie, um Fracht vom Ladehafen (*port of loading*) zum Bestimmungshafen (*port of destination*) zu befördern.

Mit der Kursbestimmung begann also unsere erste Lektion in Sachen Nautik. Der Kurs wird mit dem Bleistift als Linie in die entsprechende Seekarte eingetragen, natürlich unter Berücksichtigung der vorherrschenden Verhältnisse: Wassertiefen, Hindernisse, Betonung, Strömung, Windrichtung und –stärke. Bei Ausweichmanövern oder veränderter Strömung oder verändertem Wind muss der eingetragene Kurs geändert oder angepasst werden. Natürlich sind vor allem die Gezeiten, Ebbe und Flut, zu beachten.

Der Kompass wie auch der Kurs zeigen die Richtung von 0 bis 360° eines Vollkreises an. Dabei bedeuten 0° Richtung Nord in der Lotsensprache aber three-six-zero (also auch 360°). 90° ist Richtung Ost, 180° Richtung Süd, 270° West, Nordost = 45°, Südost = 135°, Südwest = 225°, Nordwest = 315°.

Da zur Ausrüstung bei einer großen Anzahl der Küstenmotorschiffe in der Nord- und Ostseefahrt kein teurer, genau anzeigender Kreiselkompass im Ruderhaus (Brücke) zur Verfügung stand, mussten zur Richtungsanzeige auf dem Magnetkompass zwei Abweichungen/Ablenkungen einberechnet werden. Zum einen die lokale sogenannte Ortsmissweisung, der nicht konstant bleibende Erdmagnetismus also. Und zum anderen der sich ständig verändernde Einfluss von Eisen, vom Schiff oder der Ladung auf den Kompass. Die Ablenkung durch Eisen heißt Deviation.

Diese beiden Abweichungen (Ortsmissweisung und Deviation) müssen ständig gemessen und einbezogen werden. Der Magnetkompass zeigt also nicht den tatsächlichen, richtigen (rechtweisenden) Kurs an. Will man den exakten Kurs bestimmen, müssen die Plus- oder Minuswerte der beiden Ablenkungen algebraisch addiert werden. Das bedeutet umgekehrt, wenn man vom eingezeichneten Kurs auf der Seekarte zum Wert des Kompasskurses gelangen will, werden die Ablenkungswerte subtrahiert.

Der Unterschied zwischen dem richtigen (rechtweisenden) Kurs und der Anzeige des nicht korrigierten Kurses auf dem Magnetkompass kann, je nach geographischer Lage, über 30° ausmachen! Kommt ein Schiff in die Nähe einer stark eisenhaltigen Insel, wie z. B. der ›Blå Jungfru‹ (Blaue Jungfrau) südöstlich der Stockholmer Schären, dreht sich die Vollkreisscheibe des Magnetkompasses wie ein Brummkreisel!

***

Schon in der Anfangslernphase auf der Seefahrtschule führte der geringste Fehler bei der mathematischen Kursberechnung zum vorzeitigen Aus aller Steuermannsträume. In der Regel wurde von 8:00 bis 13:30 Uhr bei klassischem Frontalunterricht gelernt, neben der Nautik terrestrische, astronomische und technische (Funk-) Navigation, Seestraßenordnung, Seemannschaft, Wetterkunde und auch Gesundheitslehre. Zeit für Palaver, diskutieren oder gar labern gaben diese Wissensfächer nicht her. Von 15:00 bis 18:00 Uhr mussten Aufgaben bearbeitet werden. Bereits am 19. April, nach nur zwei Wochen Unterricht, standen schon die ersten Nautik-Klausuren an.

Nun bestand ja unser Leben nicht nur aus seelenloser Mathematik. Gleich zu Beginn meldete ich mich zusammen mit einem Dutzend Mitschüler in der Tanzschule in Horneburg an, um nicht nur den ›einfachen Schieber‹ zu schwofen, sondern hauptsächlich Kontakte zu einheimischen Deerns zu knüpfen. Umso größer war zwei Tage später die Enttäuschung. Vor vierundzwanzig schick in Schale geworfenen Jungmannen erschienen gerade mal neun mehr oder minder hübsche Landeier. Es gehörte nicht viel Fantasie dazu, sich auszumalen wie bei dieser Zusammensetzung der Tanzkurs verlaufen würde. Ich strich also lieber gleich die Segel und musterte umgehend dort wieder ab.

Wir waren zwar alle in der Lage, auch die größten Pötte zu steuern, aber kaum jemand aus unserer Lehrgangstruppe hatte den Schein zum ›Führen eines Kraftfahrzeuges‹, also begann ich am 10. April erst einmal mit dem theoretischen Fahrschulunterricht. Zwei Monate später hielt ich den begehrten ›Lappen‹ in der Hand.

Die Prüfung in den engen Gassen von Stade ist mir noch bis heute im Gedächtnis. Ein entgegen kommendes Fahrzeug hielt direkt Kurs auf unseren VW 1600 Fließheck, dem damals modernsten Produkt aus Wolfsburg. Ein Ausweichen beider Fahrzeuge, jeweils nach Steuerbord, war wegen Platzmangels schier unmöglich. Was tun?! Ich hielt an, stieg aus dem Auto und sprach den Fahrzeugführer mit unterdrückter Lautstärke an. »Bin just inner Fahrprüfung, kannste nich eben mal bis zur nächsten Querstraße achteraus fahren, dann komm ich vorbei!«

»Moukt wi!« Gesagt, getan. Mir fiel ein Stein vom Herzen, als der Prüfer meine wohl nicht alltägliche Aktion guthieß.

***

Auch auf See gibt es international festgelegte Regeln: Die Seestraßenordnung (SeeStro), die in über sechzig Paragraphen das gefahrlose Miteinander aller Fahrzeuge auf See regelt. Auf dem Wasser gilt in der Regel rechts vor links. Glücklicherweise konnte sich eine der wichtigsten Seefahrernationen, Großbritannien, im internationalen Schiffssicherheitsvertrag von London (1960) nicht durchsetzen, ihr Linksfahrgebot auch auf See zu übertragen.

Wie im Straßenverkehr unterscheidet man die fahrenden kleinen und großen Pötte in Gegenkommer, Überholer und Mitläufer. Aber auch für andere schwimmende ›Gefäße‹, wie Schleppzüge, Bagger, Segler, Fischer und vor Anker liegende Schiffe gelten besondere Regeln.

Fahrende Kähne – und ihre Besatzungen – kennen keinen Sonnabend, Sonntag, Feiertag und auch keine Nachtruhe. Also muss auch nachts, in der Dunkelheit und bei schlechter Sicht, klar erkennbar sein, welches schwimmende Objekt sich in eine bestimmte Richtung bewegt oder aber nicht in Fahrt befindet. Dafür braucht man umfangreiche Regeln für die Lichterführung sowie bei Nebel verschiedene Schallsignale.

Sollte trotz allem eine Kollision unvermeidlich sein, vor allem wenn das ausweichpflichtige Schiff sich nicht an die vorgeschriebenen Regeln hält, ist im § 21 sogar das ›Manöver des letzten Augenblicks‹ festgeschrieben. Dabei sollte unter allen Umständen ein Zusammenstoß auf Höhe der Aufbauten für die Logis der Besatzung, meistens achtern, vermieden werden.

Auch für Notfälle gibt es klare Regeln, vor allem für den Kapitän. Das Verhalten des italienischen Schiffsführers auf der ›Costa Concordia‹ war absolut und zweifelsfrei indiskutabel und völlig unsee-

männisch. Auf Flüssen, Kanälen oder Binnengewässern gelten jeweils den lokalen Gegebenheiten angepasste Regeln, insbesondere bezogen auf die Betonnung und die Befeuerung in der Dunkelheit.

***

Mit einsetzender Dämmerung oder am späten Abend hielt es aus alter und manifester Gewohnheit kaum ein Seelord in seinem Quartier aus. Es mussten unbedingt Land und Leute erkundet werden, vor allem die Lokalitäten der näheren Umgebung im Alten Land vor den westlichen Toren Hamburgs. Nun hießen diese aber nicht ›Bar Esmeralda‹ oder ›Sailor's Heaven‹, sondern schlicht ›Bei Hanne‹, ›Pudelbar‹ oder ›Schützenhof‹. Unser Entdeckerradius umfasste auch bald die beiden Städte Stade und Buxtehude, wo bekanntlich ›die Hunde mit dem Schwanz bellen‹. Hier konnte ich sechs Jahre später das Schauspiel des großen Götz George in der Aula des Gymnasiums bewundern. (Noch ahnte ich auch nicht, dass ich in der alten und sehenswerten Hansestadt Stade, die im Mittelalter beinahe Hamburg den Rang als bedeutendstem Hafen streitig gemacht hätte, später meinen Beamten-Amtseid schwören würde).

Unser Lokal in Buxtehude führte den beziehungsreichen Namen ›Salztorschänke‹, in Stade waren es der ›Goldene Stern‹ und das ›Tivoli‹. Im tiefsten Hinterland, in Ritschermoor, westlich von Stade, befand sich die angesagteste Diskothek weit und breit. Warum dieser so weit abseits gelegene Tanztempel lange Zeit noch immer *›en vogue‹* blieb, ist mir rätselhaft. (Zehn Jahre später, nunmehr Lehrer an der Realschule in Freiburg/Elbe, beförderte ich von dieser Disco auch schon mal meine Zehntklässlerinnen nach Hause).

Meine Seefahrtschulzeit fiel auch in die Zeit der Schützenfeste. In den kleineren Orten mit Namen wie Bützfleth, Ladekop oder Hollern-Twielenfleth war das Schützenfest das wichtigste gesellschaftliche Ereignis. Ganz offen und ungezwungen konnte sich jedermann betrinken und auch seinen schlechten

Angewohnheiten freien Lauf lassen. Handfeste Tätlichkeiten bzw. Schlägereien gegen einen einzelnen Gegner oder, noch besser, mit oder gegen eine andere Gruppe meist junger Männer, bevorzugt aus dem Nachbarort, wurden als ganz normal empfunden. War am frühen Abend die allgemeine Atmosphäre noch ganz entspannt, um mit den einheimischen Deerns anzubändeln, so steigerte sich meistens das Fest bis nach Mitternacht in ein Tohuwabohu aus lauter Musik, Stimmengewirr, Qualm und schlechter Luft – im großen Schützenfestzelt merkte das bald aber keiner mehr. Anfangs waren noch Dialoge möglich.

»Ganz schön laute Kapelle hier!«

»Hab dich vorher noch nie gesehen, wo kommst du her?«

»Von Grünendeich, mach mein Steuermannspatent.«

»Und dann bist du bald wieder weg – und ich auch, aber jetzt!«

Auch wenn die Kontaktaufnahme nicht immer so abrupt endete, konnte mich das als Seemann nicht erschüttern.

Immerhin lernte ich Christa aus Borstel-Höhen beim Turnerball in Grünendeich kennen. Ganz artig brachte ich sie nach Ende der Fete zu Fuß bis vor ihre Haustür im etwas weiter abgelegenen Ortsteil. Auf dem Rückweg, in tiefster Finsternis, verlor ich ein wenig die Orientierung und musste durch tiefen Schlamm waten. Aber was nimmt ›Mann‹ nicht alles auf sich, wenn es um die Mädels geht! Ohne Karte, Kompass oder gar Lichtzeichen war ich also vom Kurs abgekommen und in schwieriges Fahrwasser geraten.

***

Auf jedem Schiff, zumal an Bord eines Kümos, hilft die terrestrische Navigation, den richtigen Kurs zu finden, zu fahren und den Standort zu bestimmen. Dabei wird von der Brückennock an Backbord- oder Steuerbordseite die Richtung eines markanten Objekts – Leuchtturm, Tonne, Bauwerk, Landzunge, Steilküste, Bergspitze, Feuerschiff – mithilfe des Peildiopters ermittelt und in die Seekarte eingetragen. Stehen zwei Objekte zur Verfügung, werden sie zeitgleich angepeilt und die Schnittstelle beider verschiedener Peilrichtungen ergibt den Standort des Schiffes. Das nennt man eine Kreuzpeilung, die gebräuchlichste und sicherste Art, um festzustellen, wo sich das Schiff tatsächlich befindet, auch wahrer Ort (OW) genannt, im Gegensatz zum vorausberechneten angenommenen Ort (OG). Strömungen, Wind und Gezeiten lassen sich nur annähernd in die Kurs- und Standortberechnung einbeziehen. Deshalb ist eine ständige Kurs- und Standortberechnung für Besatzung, Schiff und Ladung (lebens-)wichtig.

Bei Nacht sind bei klarer Sicht die Feuer (Lichtsignale) der Leuchttürme bis weit über 20 Seemeilen zu sehen, vorausgesetzt der Leuchtturm steht schon auf einer Anhöhe und hat selbst eine beachtliche Höhe.

Zur Unterscheidung hat jedes Feuer, auch die der Tonnen, ei-ne besondere, sogenannte Kennung. So gibt es Festfeuer, unterbrochenes Feuer, Blinkfeuer, Blitzfeuer, Funkelfeuer, Gleichtaktfeuer mit verschiedenen Intervallen von Schein und Pause. In engen Fahrwassern richtet man sich auch nach verschiedenen Farben: weiß, rot und grün (Sektorenfeuer). Erkennt der Wachhabende auf der Brücke, dass das richtige weiße Feuer während der Fahrt grün wird, ist das Schiff zu weit nach Steuerbord abgedriftet, bei Rot zu weit nach Backbord. Der Kurs muss dann sofort korrigiert werden.

Auch für kleinere Schiffe wurden Radargeräte erschwinglich. Auf dem Radarschirm müssen die Echos (Lichtpunkte) richtig eingeordnet werden. Verändert ein Echo seinen Standort, handelt es sich um ein Wasserfahrzeug. Fest verankerte Tonnen erzeugen ein kleineres Echo als ein großer Frachter, aber auch Treibgut – Holzstämme, über Bord gespülte Ladung – kann ein Echo erzeugen. Die deutlichsten und am leichtesten einzuordnenden Echos werden von einer Steilküste erzeugt. Diese segensreiche Erfindung durch die Briten im 2. Weltkrieg hat so manche Schiffskatastrophe verhindert.

Bei schlechter Sicht bedient man sich eines Funkfeuers, dessen Sender auf einer bestimmten Frequenz einen Ton ausstrahlt. Die Funkfeuer von Stavanger (Norwegen) und Bushmills (Irland) senden permanent kurze und lange Töne, deren Anzahl nur gezählt werden *muss. Dadurch lässt sich durch eine Kreuzpeilung jederzeit der Standort in der Nordsee ermitteln.*

Das Echolot misst die Wassertiefe unter dem Kiel. Nord und Ostsee sind so gut vermessen worden, dass man überall die Angaben darüber in der Seekarte findet.

Das Log misst die Geschwindigkeit durch das Wasser, nicht die über dem Meeresgrund; durch Strömung, Wind und Gezeiten kann die gemessene Geschwindigkeit erheblich von der tatsächlichen abweichen. Die Geschwindigkeit wird in Knoten angegeben: 1 Knoten = 1 Seemeile (sm) = 1.852 m.

Wie kommt diese Zahl zustande? Teilt man den Äquatorumfang (40.000 Kilometer) durch die 2 x 180° = 360° Längengrade, erhält man die Zahl 111,11 Kilometer; das ist somit der Abstand zwischen zwei Längengraden am Äquator. Wird diese Zahl (111,11 Kilometer) durch 60 geteilt (60 Minuten bilden auf einem Vollkreis von 360° die Unterteilung von einem Grad zum anderen), ergibt das 1.852 Meter = 1 Seemeile.

Üblicherweise spricht der Seemann eher von Meilen als Knoten, z. B. ›Unser Dampfer macht zur Zeit 15 Meilen (pro Stunde)‹. Auch habe ich in meinem ganzen Seemannsleben nie den Ausspruch ›Ahoi‹ gebraucht, ebenso wenig ›Smutje‹ statt Koch oder gar ›Aye, aye, Sir!‹. Gegen Klischees und Unwissenheit ist aber leider kein Kraut gewachsen.

Ohne Seekarte, die die Erde nicht flächentreu, sondern winkeltreu abbildet (Mercator-Projektion) ist ein Navigieren unmöglich. Da es oft in allen erdenklichen Ecken der Welt immer wieder Änderungen gibt, müssen Karten immer auf den neuesten Stand gebracht werden. Zum Teil klebte man meist kleinere Ausschnitte mit den aktuellsten Daten und Änderungen über die entsprechende Stelle der Seekarte – ›Update‹ anno 1967 mithilfe der ›Nachrichten für Seefahrer‹.

***

So viel zum Thema terrestrische Navigation, das vom Umfang her nicht einmal ein Zehntel des notwendigen Steuermannwissens wiedergibt. Allein die Berechnungen zum Einfluss des

Magnetismus auf den Kompass, vor allem beim Bau eines stählernen/eisernen ›Behälters‹ umfasst ein Dutzend DIN A4-Seiten in meinen Unterlagen.

Wie auf einem Trampschiff (im Gegensatz zum Linien-Seetransport) hatten wir Seefahrtschüler auch keinen festen Plan, wann wir in den unterschiedlichsten Häfen (Orten, Lokalitäten) landeten. So erstreckten sich meine ›Reisen‹ nun auf weiter entfernte, aber bekannte Häfen wie Lübeck/Travemünde, die Holsteinische Schweiz und natürlich Hamburg.

Es dauerte keine zwei Wochen, da hatten die Spaziergänge, Kino- und Kneipenbesuche mit Christa schon ein Ende gefunden. Ich ertrug ihre rechthaberische, berechnende und, ja, auch kalte und abweisende Art nicht länger. Also besann ich mich auf meine ›alten Bestände‹. Was lag näher als mit Svana aus Island, die mittlerweile auf dem Fährschiff ›Nils Holgersson‹ der TT-Linie gelandet war, wieder Verbindung aufzunehmen?

Am Freitag, dem 19. Mai trafen wir uns nach anderthalb Jahren Trennung im Hamburger Hauptbahnhof und feierten dann im nahe gelegenen ›Hotel Wedina‹ gebührend unser Wiedersehen. Am nächsten Tag, bei bestem Sonnenschein, segelte ich mit ihr auf der Binnen- und Außenalster. Welch herrliche Uferkulisse bot sich uns zu beiden Seiten am Ballindamm und Jungfernstieg! Den Abend verbrachten wir auf St. Pauli im nicht anrüchigen ›Zillertal‹, wo man zu der Musik einer bayrischen Blaskapelle auch mal als Dirigent den Taktstock schwingen durfte. Ganz brav ließ ich mit ihr den Sündenpfuhl-Teil St. Paulis links liegen. Es gelüstete mich nicht, ihr meine Seemannspinten zu zeigen – aus verständlichen Gründen. Es wäre wohl auch peinlich geworden, wenn mir Sylvia, Lilo oder Uschi zufällig um den Hals gefallen wären und außerdem: Dieses Mal war ich nicht allein und nicht unbeweibt. Wie es sich für eine Landratte, die ich nun auf Zeit geworden war, gehörte, spazierten wir durch ›Planten und Blomen‹, um uns dann jeweils wieder in östliche Richtung (Travemünde) und westliche (Grünendeich) zu begeben.

Zwei Wochen später machte ich mich mit Peter, meinem Mitbewohner, auf den Weg nach Lübeck und zum Skandinavienkai, um Svana mit einem unangekündigten Besuch zu überraschen. Diese hervorragende Idee endete allerdings in einem Fiasko. Madame glänzte auf der ›Nils Holgersson‹ durch Abwesenheit. Also blieb mir nichts anderes übrig, als meinen Tag auf dem Priwall (Strand) zu verbringen; mit *dolce far niente* und Spazieren durch seichtes Wasser, um nach gefühlter Unendlichkeit tiefere Gefilde zum Schwimmen zu erreichen.

Jahrzehnte später war es mir vergönnt, auch jenseits der damaligen deutsch-deutschen Grenze im Klützer Winkel/Mecklenburg einen Badeurlaub zu genießen, dank ›Birne‹ Helmut K.

Schon eine Woche später konnte ich Versäumtes nachholen. Da ich Besitzer des Landratten-Patents ›Führerschein‹ geworden war, lieh ich mir einen modernen Käfer 1300 mit unglaublichen 40 PS! Zum ersten Mal konnte ich nun Svana durch Hamburg und das Alte Land kutschieren. Ein von Kindheit an lang gehegter Wunsch war in Erfüllung gegangen. Die nächste größere Tour führte uns zu den Lauenburger Seen und nach Ratzeburg, der Hochburg der (west-)deutschen Ruderer.

Mit meinem Mitstreiter Helmut Hadenfeld aus Bodenteich bei Uelzen ging es nach dem Bergfest (Hälfte der Schulzeit) in die Lüneburger Heide. Da war natürlich ein Pflichtbesuch in Eschede, dem Ort meiner Kindheit von 1945 bis 1956, fällig. Nun, elf Jahre später, war so manche Erinnerung an das ›sündige‹ Dorf, die Landschaft und die Menschen noch nicht verblasst. Das Wort Nostalgie gehörte mit meinen zweiundzwanzig Lenzen noch nicht zu meinem Sprachgebrauch, aber nichts anderes als nostalgisch war dieses Wiedersehen im verschlafenen Dorf der Südheide. Hier hatte ich schon vor der Einschulung Bekanntschaft mit dem Wasser gemacht. Unweit der Stelle, an der sich 1998 das schreckliche ICE-Zugunglück ereignete, liegen östlich der Bahnlinie Hannover-Hamburg etliche kleinere und größere Fischteiche mit einem abseits gelegenen Landadelssitz. Angeblich gehörte dieses Areal einer illegitimen, also unehelichen Tochter Kaiser Wilhelms II. Hier stachen wir Steppkes zu zweit oder zu dritt auf kleinen breiten Kähnen ›in See‹, ohne uns um irgendwelche Verbote zu scheren. Ich war also schon als Kind kein obrigkeitsgläubiger Untertan, und Spießer wollte ich auch nicht werden. Aus dem in der Nähe gemächlich fließenden Flüsschen Aschau holten wir mit einfachen Angeln mickrige Barsche und fette Welse und brieten sie über einem kleinen Lagerfeuer. Auf unseren Indianer-Streifzügen ernährten sich die Stammesbrüder auch mal von Rüben und Kartoffeln von den Feldern. Besonders köstlich schmeckten aber Birnen und Äpfel aus den Gärten in der Nachbarschaft. In den lichtdurchfluteten, wunderschönen, artenreichen Mischwäldern errichteten wir in alten knorrigen Eichen Baumhäuser als Unterstand und Ausguck. Als ich wiederum Jahrzehnte später an diese idyllischen Plätze meiner Kindheit zurückkehrte, gab es keinen Mischwald mehr, nur reinste Fichten-Monokultur. Aus der Aschau, diesem einst natürlich fließenden Fluss, den wir mittels eines Seils wie Tarzan überquert hatten, war ein begradigter breiter Graben geworden.

Nach diesem Heidetrip hatte mich die Gegenwart wieder. Nun stand in Grünendeich die erste richtige Prüfung an. Ein Steuermann auf der Brücke musste auch ein ›Allgemeines Seefunksprechzeugnis‹ besitzen, ausgestellt von der Oberpostdirektion und dem Funkamt in Hamburg. Zu diesem Zertifikat gehörte auch eine Verpflichtung auf das Fernmeldegeheimnis.

Von der Handhabung des Funkgerätes, dem korrekten Einsatz des Notzeichens *mayday*, dem internationalen Buchstabier-Alphabet, den wichtigsten Funkfrequenzen, dem Führen eines Funktagebuchs bis zur Gebührenberechnung bei Telegrammen musste ein umfangreicher Kanon erlernt werden. Mit dem Zeugnis wurde der Steuermann quasi Angestellter der Post auf See.

Am anschließenden Wochenende musste der gelbe ›Postschein‹ angemessen von einem halben Dutzend Steuermännern in spe und geprüften ›Postbeamten zur See‹ gefeiert werden.

Wo? Natürlich in Altona auf dem bunten, lebendigen Fischmarkt, damals noch keine große Touristen-Beglückungsstätte.

Am Montag darauf heuerte ich auf der ›Pasajes‹ an – zum letzten Mal mit dem Dienstgrad ›Matrose‹ (s. Kapitel II). Nach den beiden ziemlich abenteuerlosen Fahrten zur Nordküste Spaniens musterte ich am 5. August in Hamburg ab und fuhr erst einmal nach Hannover.

Nun, als echte Landratte auf Zeit hatte ich wie alle anderen Altersgenossen auch, den Wunsch mir ein Auto zu kaufen. Zwei Tage später wurde ich für 450 DM stolzer Besitzer einer

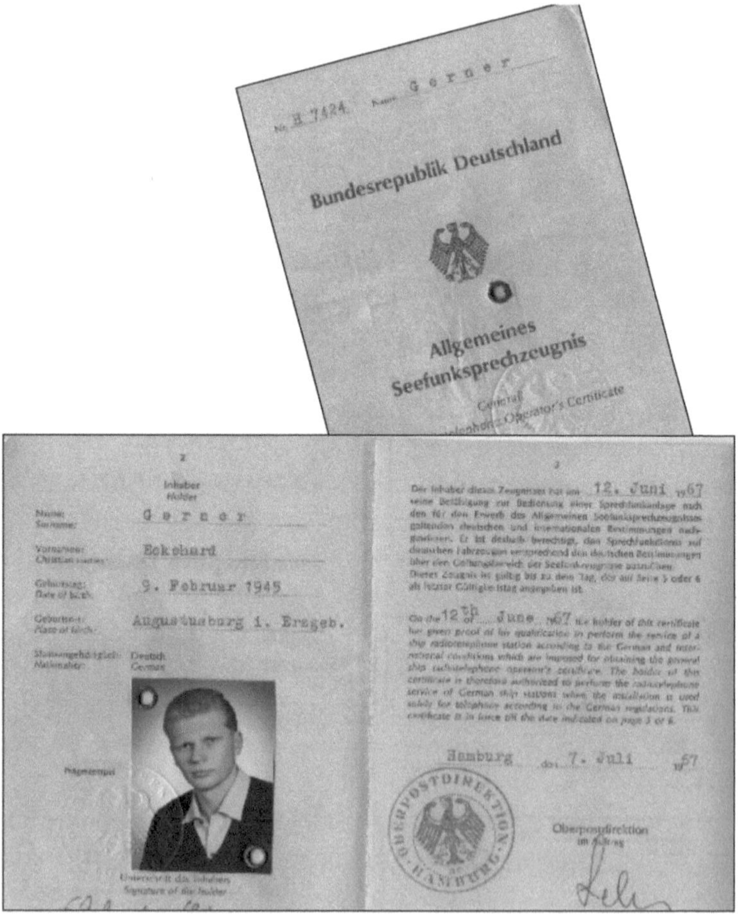

Renault Dauphine, Baujahr 1959. Zwar viertürig und etwas moderner als der Käfer, entpuppte sich diese ›Mühle‹ als ziemlich eigensinniges Gefährt und sprang nur dann an, wenn es ihr passte, so wie bei einer richtigen Diva. Also parkte ich diese launige Dame (Dauphine = Thronfolgerin) über Nacht auf der Deichkrone, gleich beim Quartier. War die Diva ungnädig und der Motor sprang nicht an, so brauchte man nur von der Deichkrone hinunter zu rollen. Außerdem gab es noch eine Handkurbel zum Ingangsetzen des wassergekühlten Vierzylinder-Ventoux-Motors.

Die wichtigste Änderung betraf mein Quartier. Erhard und ich waren es mittlerweile leid, uns von der Vermieterin wie Pennäler behandeln zu lassen. So kündigten wir schon vor den Semesterferien. Mein neues Domizil befand sich gleich gegenüber der Schule und exx¥ignete sich nicht für Veganer, Vegetarier und Co. Für 10 DM pro Tag (Verpflegung und Unterkunft) gab es schon zum Frühstück bergeweise Fleisch- und Wurstspezialitäten bei meinem neuen Hausherrn, Schlachter Düwer.

Mit meinem neuen Mitbewohner Dieter Högk, genannt ›Lord Högk‹, kam ich besonders gut aus. Es konnte ja auch nicht anders sein, denn der immer schnieke gekleidete Lord gehörte zum Typus Frohnatur, auch wenn er es wegen seiner geringen Größe sicherlich nicht immer leicht im Leben gehabt hatte.

Fleischermeister Düwer, ein jovialer Endvierziger und ›sine Olsch‹, immer gut aufgelegt, hatten auch zwei hübsche Töchter, die sich zwar nicht gerade als abweisend zeigten, aber uns gleich direkt zu verstehen gaben, dass ein Seemann nicht ihren Vorstellungen eines Traummannes entsprach.

»Wat schall ick denn mit 'nem Macker, der sich nur af un to blicken lässt? Nee, nee, dat is nix för mi!«

Jetzt, als automobile Landratte, konnte ich nach Herzenslust reisen und fuhr mehrmals nach Lübeck zu Svana. Nun, jeder Jüngling hat nun mal den Hang zum Küchenpersonal. Selten erwischt man dabei auch die große Liebe. So glich unsere Liaison mehr oder weniger einem Bratkartoffel-Verhältnis. Wir mochten uns sehr, aber der letzte große Funken Leidenschaft wollte nicht recht zünden. Meine Kaltmamsell von der ›Peter Pan‹, jetzt auf der ›Nils Holgersson‹, verstand es nicht nur, ein leckeres skandinavisches Büffet zu kreieren, sondern strickte mir auch einen wunderschönen molligen und warmen Norwegerpullover.

Als sie mir das gute Stück überreichte, eröffnete sie mir: »Wollen wir nicht bald zusammenziehen? In Marli (östlicher Stadtteil) könnten wir eine schnuckelige Wohnung mieten.«

Ich bekam kalte Füße und konnte ihr diesen Plan ausreden. So lange meine Zukunft im Ungewissen lag, wollte ich mich nicht festlegen. (Der tolle Pullover landete Jahre später in einer zu heißen Waschmaschine, wo er auf Kleinkindergröße schrumpfte.)

Von Lübeck aus war es auch nicht weit zu den bekannten Badeorten wie Scharbeutz und Grömitz, und vor allem zur Holsteinischen Schweiz. Nun konnte ich auch nach (West-)Berlin fahren, um meinen Kumpel Christoph Rinneberg zu besuchen. Wir hatten uns zwei Jahre zuvor auf der ›Peter Pan‹ kennengelernt und hielten eifrig Briefkontakt. Der schlaue Christoph hatte die Seefahrt aufgegeben und studierte an der FU (Freie Universität), um Diplom-Bauingenieur zu werden.

Berlin-Reise

Mit Lord Högk fuhr ich über Hannover zum Grenzübergang Helmstedt-Marienborn und weiter auf der Transit-Interzonen-Autobahn zur ehemaligen Reichshauptstadt.

Am ersten Abend erkundeten wir das rege Kneipenleben mit all seinen Facetten. Zu dieser Zeit waren in der Metropole viele später bekannt gewordenen Liedermacher und Musiker dabei, sich zu etablieren: Reinhard Mey, Frank Zander, Insterburg, Gebrüder Blattschuss, Karl Dall. Die Musikszene in der ›Halbstadt‹ brauchte sich hinter der von Hamburg nicht zu verstecken. Am nächsten Abend erlebten wir eine zünftige Studentenparty mit Lagerfeuer, Grillen, Musik und Tanz. Unter den Studenten gab es eine Menge Klogschieter, Weltverbesserer, stramm linke Revolutionäre und ›Bundeswehr-Drückeberger‹.

Schon rein äußerlich, durch Kleidung und Haartracht, erschienen mir manche als Paradiesvögel und in ihrer Vielfalt so ganz anders als die betulichen Landeier im Alten Land. Großstädtisches Leben und Landleben waren doch krass unterschiedlich. Wir verließen diese so ganz andere Welt am späten Sonntagnachmittag.

Auf der Transitautobahn in Richtung BRD, etwa 20 Kilometer westwärts vom ›antifaschistischen Schutzwall‹ (DDR-Sprachungetüm für die Mauer), wunderte ich mich, dass meine Dauphine immer mehr Mühe hatte, die grauen und blauen Trabis zu überholen. Meine Diva wurde immer langsamer. Ich konnte gerade noch einen kleinen Behelfsparkplatz ansteuern und dann *rien ne va plus,* nichts ging mehr. Aus dem Heck roch es streng nach verschlissenem Metall. Das konnte nur von einem kapitalen Motorschaden herrühren. Keine fünf Minuten später hielt ein Wartburg der Polizei hinter uns. Mit grimmigem, feindlich gesonnenem Blick wurde ich angeranzt: »Sie stehen hier auf dem Territorium der DDR. Fahren Sie weiter!«

»Schön wär's, müssten dann aber bis zur BRD schieben, dauert nur ein paar Tage.«

»Ooch noch frech wern. Sehen Sie zu, dass Sie hier wegkommen!« Die beiden Vopos (Volkspolizisten) setzten sich in ihren großen Zwei-Takt-Stinker und fuhren davon.

»Wat nu?«

»Abwarten, vielleicht schleppt uns ja einer ab.«

Es dauerte eine halbe Stunde, bis ein ziemlich neuer, dunkelblauer Westberliner Käfer anhielt und der Fahrer ausstieg.

»Kann ick wat für euch tun?«

»Haben 'ne Motorpanne, könn'n Se uns bis Helmstedt abschleppen?«

»Bin doch keen Unmensch, wa! Habt ihr 'nen Seil mit?«

»Klar doch, haben mit sowas genug zu tun. Müssen zurück zur Seefahrtschule anner Elbe.«

»Ach nee, kiek an, zwei Seemänner uff Landgang! Na, denn wollen wa mal.«

Unser Tampen war schnell vertäut und ab ging es mit 40 Meilen pro Stunde in Richtung Westen. Immerhin waren noch 200 Kilometer zu bewältigen, und das im Schlepptau, immer bereit auf die Bremse treten zu müssen. Nach dem Passieren des Schlagbaumes stellte ich meine Dauphine gleich hinter der Grenze auf BRD-Gebiet ab. Ein freundlicher älterer Herr brachte uns mit seinem Auto zum Bahnhof.

»Nun seht mal zu, wie ihr heute noch an die Elbe kommt.«

Glücklicherweise fuhr eine Bahn über Braunschweig bis Hannover, wo wir in den D-Zug nach Hamburg umstiegen. Kumpel Dieter hatte sich gleich im ersten Intershop an der Autobahn für ›Westmark‹ günstig mit verschiedenen Spaßmachern eingedeckt. Was lag also näher, als nach der Pleite mit Madame Dauphine Renault erst einmal einen kräftigen Schluck aus einer Wodkaflasche zu nehmen?

Es blieb aber nicht bei diesem einen Schluck. Als wir in Altona aus dem Zug stiegen, war schon die zweite Buddel aufgemacht. Mittlerweile hatte schon die Dämmerung eingesetzt.

Am Fähranleger angekommen, herrschte Dunkelheit. Wir hatten die letzte Fähre über die Elbe nach Lühesand auf niedersächsischem Gebiet verpasst. Wir setzten uns an einen Tisch, tranken uns die Autopanne schön und schliefen irgendwann bei warmer Witterung ein.

Als wir gegen 8:00 Uhr erwachten, fühlten wir uns wie die Klappstühle, auf denen wir die Nacht verbracht hatten. Die erste Fähre hatte schon um 7:00 Uhr an das andere Elbufer übergesetzt. Also mussten uns zwei Lehrer unserer Schule, die jeden Morgen auf diesem Weg von Hamburg nach Grünendeich kamen, gesehen haben. Peinlich, peinlich! Wir nahmen die Mittagsfähre und kehrten in unserem Stammlokal ›Bei Hanna‹ ein. Dort erklang aus der Musikbox immer nur das gleiche melancholische Lied ›Ma pouppé qui fait non, non‹ von Michel Polnareff, bis auch der letzte Gast nach einem Dutzend Wiederholungen davon genug hatte und die Wirtin uns dann folgerichtig an die frische Luft setzte. Wir trabten mit schwerer Schlagseite in das Quartier und fielen am frühen Abend in die Koje. Um 3:00 Uhr nachts weckte mich Lord Högk.

»Hab mal aus dem Fenster geguckt, aber dein Auto ist nicht da.«

»Bin grad im Tiefschlaf gewesen, hatte einen verdammt blöden Albtraum: Meine Mühle hat ausgerechnet auf der Interzonen-Autobahn ihren Geist aufgegeben.«

»Ich glaub, du hattest gar keinen Albtraum, deine Dauphine steht noch in der DDR!«

Es dauerte eine Weile bis wir beide uns trotz schweren Kopfes erinnerten und realisierten, was in den vergangenen 24 Stunden abgelaufen war. Als unsere Klassenkameraden die Details der Berlin-Rückreise erfuhren, hielt sich ihre Schadenfreude nicht in Grenzen, nach dem Motto ›Wer den Schaden hat, spottet jeder Beschreibung‹.

»Brauchst erst gar nicht nach Helmstedt fahren. Die Räder sind bestimmt nicht mehr dran oder die Kiste steht da gar nicht mehr und ist geklaut«, frotzelten die Kollegen, höhnisch grinsend. Das hielt mich aber nicht davon ab, mit Kumpel Helmut Hadenfelds Käfer fünf Tage später zum Grenzübergang zu fahren. Meiner Diva war in Helmstedt-Marienborn nichts passiert, aber erst einmal musste die lange Schleppstrecke zurück überstanden werden. Helmut fuhr ziemlich forsch, nicht immer die Geschwindigkeitsgebote beachtend, durch die Ortschaften der Lüneburger Heide. Des Öfteren musste ich auf die Bremse treten um dem Käfer nicht ins Heck zu rauschen. Das hatte zur Folge, dass unser ursprünglich sechs Meter langer Tampen einige Male brach (riss) und wir beide Enden immer wieder mal zusammenspleißen mussten. In Grünendeich war das Seil auf drei Meter zusammengeschrumpft.

»Wie siehst du denn aus, biste mit Gesicht in einen Bienenschwarm geraten?«, spotteten unsere Kollegen, als wir am frühen Abend heimkehrten. Des Rätsels Lösung: Unterwegs musste ich häufig bei schlechter Sicht aus dem linken Seitenfenster hinausschauen, da die Scheibenwischer und die Batterie ihren Geist aufgaben. So hatte ich also eine ganze Armada Insekten im Gesicht kleben. An die auch unbeabsichtigt verspeisten Viecher mochte ich gar nicht denken. Aber wir hatten es geschafft! Mit den Nerven am Ende, doch glücklich, war ich mit meiner Diva zurück.

Der Kolbenfresser am Motor konnte in der Werkstatt ohne großen Aufwand für 180 DM behoben werden.

Als es fünf Wochen später wieder an Bord ging, verkaufte ich das gute Stück noch für 500 DM an einen ehemaligen Spielkameraden aus der Nachbarschaft meines Heimatstadtteils Hannover-Linden. Damit hatte sich erst einmal das Kapitel des Auto fahrenden Seelords erledigt.

Lehrgangsende

Zeitlich passend nach dem Malheur mit dem wassergekühlten Vier-Zylinder-Motor meiner Dauphine stand in der Seefahrtschule als Nächstes die Prüfung zum Seemotorführer (Patent C1) an. Auf den kleineren Küstenmotorschiffen in der Nord- und Ostseefahrt war keine Maschinen-Gang erforderlich – im Gegensatz zu den größeren Frachtern in Mittlerer und Großer Fahrt.

Kapitän und Steuermann mussten also auch in der Lage sein, den Schiffsmotor zu warten und kleinere Reparaturen selbst durchzuführen. In der Regel diente ein zuverlässiger Diesel mit sechs bis acht Zylindern und einer Leistung von einigen hundert PS zum Antrieb der Schiffe mit etwa 400 bis 1.000 Ladetonnen. Der Maschinenraum auf einem Kümo unterschied sich im Aufbau und der Anordnung aller zusätzlichen Aggregate für den Schiffsbetrieb kaum von dem der großen Dampfer, halt eben nur alles im kleineren Ausmaß. Nach der Besichtigung der Sietas-Werft in Hamburg-Neuenfelde, die bis heute existiert, folgte der Endspurt unseres Lehrgangs mit etlichen Klausuren und den abschließenden Prüfungen am 22. und 23. September.

***

Die Seeschifffahrtstraßenordnung, der wichtigste und umfangreichste Teil der GESETZESKUNDE *regelt den Verkehr mit Kursverhalten und Ausweichmanövern auf See und verschiedensten Wasserstraßen. Daneben gibt es eine Vielzahl von rechtlichen Bestimmungen, sowohl auf nationaler als auch auf internationaler Ebene. Das wichtigste Dokument auf jedem Schiff ist das Schiffstagebuch, in dem alle Daten und Vorkommnisse einer Reise festgehalten werden müssen. Außerdem ist eine nicht geringe Anzahl an Ausweispapieren für die Besatzung erforderlich – von der Wiege bis zur Bahre, Formulare, Formulare.*

Anders als in der Stückgut-Linienfahrt müssen Kapitän und Steuermann auch über genaue Kenntnisse des Seefrachtgeschäftes verfügen, da insbesondere viele Kümos, die nur einen Eigner (Besitzer, Reeder) haben, selbstständig Frachtverträge abschließen, was ansonsten die Reederei übernimmt.

Auch das Wissen über Funktionen und Aufgaben der verschiedenen Schifffahrtsbehörden gehören zum Steuermannberuf: Seemannsamt, Seeamt, Strandamt, Schiffsregisterbehörde, Schiffsvermessungsamt, Germanischer Lloyd (TÜV für Schiffe), DHI (Deutsches Hydrografisches Institut, u. a. für die Aktualität der Seekarten zuständig) und die Seeberufsgenossenschaft (SBG). Anders als in phantasievollen Shanties herrschte an Bord und auf See eine Unzahl von Gesetzen und Bestimmungen. Beim Arbeitsrecht, insbesondere für Junggrade (Lehrlinge vor der Matrosenprüfung), klafften Gesetzestext und Realität aber doch oft meilenweit auseinander.

Erforderten Kursbestimmung, terrestrische Navigation, Funkpeilung und vor allem Gesetzeskunde keine allzu großen Lernanstrengungen, so wurde doch das Erlernen der ASTRONOMISCHEN NAVIGATION *eine echte Herausforderung, vor allem der Mathematik wegen. Wie auch bei der terrestrischen Navigation, müssen zur korrekten Standortbestimmung mindestens zwei Standlinien mithilfe des Sextanten bestimmt werden. Der Sextant ist ein äußerst präzises*

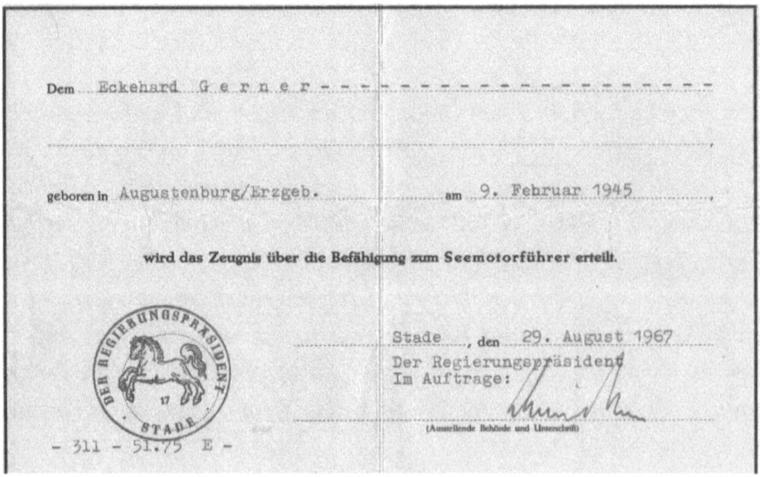

Dem Eckehard Gerner

geboren in Augustenburg/Erzgeb. am 9. Februar 1945,

wird das Zeugnis über die Befähigung zum Seemotorführer erteilt.

Stade, den 29. August 1967

Der Regierungspräsident
Im Auftrage:

(Ausstellende Behörde und Unterschrift)

- 311 - 51.75 E -

Winkelmessgerät, das die Höhe eines Gestirns bis auf den 60. Teil eines Grades (= 1 Seemeile/1.852 m) misst.

Durch die Drehung der Erde um die eigene Achse und des jährlichen Umlaufs um die Sonne muss auch zum Zeitpunkt der Messung die exakte Uhrzeit bestimmt werden. Dieser Zeitmesser, der Schiffs-Chronograph, ist im Kartenraum wegen der ständigen Schiffsbewegungen kardanisch aufgehängt und muss ständig kontrolliert und nachjustiert werden.

Die Aktion Winkelmessung, landläufig ›Sterne schießen‹ genannt, heißt in der Bordsprache Beobachtung oder Besteck nehmen. Sie kann nur bei klarem Himmel und klarer Sicht auf die Kimm (Horizont) vorgenommen werden. Dazu werden immer zwei Nautiker benötigt: Einer, der die Gestirnhöhe misst und ein Zeitnehmer.

Die Namen der Sterne sind größtenteils arabischen Ursprungs, wie Atair, Beteigeuze, Deneb, Schedir und Rigel, dem größten Stern im Orion. Anders verhält es sich mit der Sonne, deren Stellung zu jeder Tageszeit gemessen werden kann – wenn sie denn zu sehen ist.

Wenn die Sonne ihren höchsten Stand (Zenit) erreicht, führt eine weniger komplizierte Rechnung zur Bestimmung des genauen Breitengrades, der sogenannten Mittagsbreite. Wird vor Erreichen des Sonnenhöchststandes eine Standlinie errechnet und diese dann unter Berücksichtigung der zurückgelegten Fahrt über Grund gekoppelt (einbezogen), spricht man von einer Versegelung, die dem annähernd genauen Standort entspricht. Das ist tagsüber die gebräuchlichste Art der Standortbestimmung. Ebenso verhält es sich mit dem Polarstern, der mit einer geringen Abweichung (54 Minuten) fast die genaue geographische Nordrichtung anzeigt – die Nordsternbreite (s. Kapitel II).

Außer dem Sextanten und dem Chronographen gehörten zur Berechnung von Breite und Länge natürlich auch Nautische Tafeln dazu, abgesehen vom Umgang mit trigonometrischen Funktionen, Logarithmen, Algebra und anderen mathematischen Kenntnissen. Je nach Talent und Umfang der Beobachtungen brauchte man über eine halbe Stunde, um eine fehlerfreie Standortbestimmung mit Zeichnung zu bewerkstelligen – ohne Taschenrechner oder gar Computer. Mittags- und Nordsternbreite zeigen nur die Breite nach Grad und

Minuten an, wobei sich das Schiff irgendwo östlich oder westlich auf dieser Breite befindet. Deshalb ist mindestens eine weitere Standlinie erforderlich, die die Breite kreuzt.

Was nützt aber die beste Navigation, wenn ein falsch eingeschlagener Kurs in einen Sturm führt und das Schiff in schwerer See wegen mangelnder STABILITÄT kentert? Also muss vor Antritt der Reise die Stabilität des Schiffes überprüft werden. Ein Schiff ist stabil, wenn es aus einer gekrängten, zur Seite neigenden Lage, in die aufrechte Lage zurückkehrt. Je nach Art und Position der Ladung verhält sich ein Schiff bei hohem Wellengang sehr unterschiedlich. Auch diese Festigkeit kann errechnet werden, wenn das Schiff mithilfe eines Ladebaumes und des an der Pier eingehakten Windenläufers (Runners) in Schwingungen versetzt und dabei die Zeit von einer zur anderen Schiffsseite gemessen wird. Ist aber die Ladung nicht seefest gestaut und verrutscht, sind alle Stabilitätsberechnungen Makulatur. (Das führte wahrscheinlich 1957 zum Untergang der ›Pamir‹).

Auf großen Frachtern fuhr eigens für die reichlich an Bord vorhandene ELEKTRIZITÄT ein Elektriker mit. Auf einem Kümo aber muss der Steuermann auch Grundkenntnisse der Elektrotechnik besitzen – zur Pflege und Instandhaltung aller elektrischen Anlagen an Bord, der Batterien, Kohlebürsten, des Funkpeilers, Radargeräts und des Hilfsdiesels zur Stromerzeugung.

Wie in vielen anderen Lebens- und Berufsbereichen spielte die METEOROLOGIE auf See eine herausragende Rolle. Vom Anemometer (Windmesser) bis zum Zyklonenmodell (Sturmwirbel) reichte auf der Schule die ganze Palette von Wetterkunde und Wettervorhersage. Bei mir blieb die Meteorologie ein spannendes Hobby, gerade weil auch die Computerprognosen nicht selten daneben liegen. In meiner bisherigen Seemannslaufbahn hatte ich ja schon des Öfteren manchen Kurswechsel erlebt, um einem Sturmtief oder gar einem Orkan auszuweichen und dabei doch oft mit dem Schiff einen ›vor den Mors‹ bekommen.

Wie armselig, eintönig und langweilig wäre unser Leben ohne Erfahrung mit dem Wetter– ohne Wind und Wolken, ohne Kälte und Wärme, ohne Sonnenschein und dunklen Himmel, ohne Schnee und Regen, ohne atemberaubende Sonnenauf- und Sonnenuntergänge.

Als Letztes, aber nicht als Geringstes musste ein Steuermann auch bei Krankheiten und Unfällen über grundlegende Kenntnisse des Körperbaus und Funktionen der menschlichen Organe Bescheid wissen. Selbst höchst selten erforderliche Eingriffe wie ein Luftröhrenschnitt wurden in der Theorie eingeübt. So ernst wohl solch ein Eingriff in der Praxis auch sein mochte, er brachte unseren Prüfungsarzt so aus der Contenance, dass er sich ein Lachen nicht verkneifen konnte.

Ein angehender Kollege setzte das Messer/Skalpell statt vertikal – von oben nach unten unterhalb des Kehlkopf – seitwärts quer in der Horizontalen an. Auch die umstehenden Prüflinge konnten ein lautes Lachen nicht unterdrücken. »Hein, nu hast du ihn abgemurkst, seh man to, wie du Kuddel wieder lebendig kriegst!« In einigen Bereichen der GESUNDHEITSLEHRE hatten wir schon Erfahrungen gemacht und brauchten dafür keine Nachhilfe.

In der Zwischenzeit hatte das Fernsehen des NDR auch eine Reportage über die angehenden Steuermänner in Grünendeich gedreht. Wir wurden beim imaginären ›Sterne schießen‹ mit dem Sextanten gefilmt und natürlich zu unserem bisherigen Seemannsleben und unseren Zukunftsplänen interviewt. Selbst hier an der Küste schienen wir damals schon ein interessantes, exotisches Völkchen zu sein, so dass es sich lohnte, uns und unseren Beruf über das Medium Fernsehen den Landratten näherzubringen. Schon auf der Seemannsschule in Bremervörde, im Sommer 1961, hatte uns, den zukünftigen Seelords, ein Trupp von Psychoklempnern lauter merkwürdige Fragen gestellt. Klar, dass die Seemannsschule kein Lehrlingserholungsheim war, aber selbst in dieser Zeitepoche schienen die Menschenkundler vom harten Drill und den Gepflogenheiten an der Schule beeindruckt zu sein, schließlich waren wir gerade mal fünfzehn oder sechzehn Jahre alt. Das spartanische und eingeengte Leben in der Schule und in der Freizeit empfanden wir damals als weniger schrecklich als die Seelenforscher.

Am 16. September, just vor den alles entscheidenden Prüfungen, lernte ich auf dem Herbstball in der Lokalität ›Bei Hanna‹ Erika K., angehende Apotheken-Verkäuferin aus dem Nachbarort Steinkirchen, kennen. Am späten Abend überraschte sie mich mit der Aufforderung: »Wie wär's, wollen wir zum Fischmarkt nach Hamburg?«

»Klar, hab ja nur ein Bier getrunken, fühl mich ganz fit. Ich zeig dir gleich meinen Nobel-Hobel.«

Dieses Mal schien meine Diva Dauphine gut aufgelegt zu sein und sprang tatsächlich ohne Allüren gleich an. Nun, wer beim bunten Treiben am sehr frühen Sonntagmorgen auf dem Fischmarkt nicht fröhlich und vergnügt sein kann, ist ein armer Wicht. Als ich Erika gegen 10:00 Uhr in gebührender Entfernung von ihrem Zuhause mit einem Küsschen verabschiedete, hatte ich mal wieder das leider zutreffende Gefühl, dass eine Geschichte viel zu spät angelaufen war.

Bei den nächsten Treffen ließ sie, wie sollte es auch anders sein, unmissverständlich durchblicken, dass mehr als eine (Brief-)Freundschaft nicht zu erwarten sei – und so kam es dann auch. Sie arbeitete später in Cuxhaven, und schien von ihrem Beruf mehr erwartet zu haben als hauptsächlich Salmiakpastillen für einen Groschen zu verkaufen.

Sechs Jahre später: Ich hatte die Seefahrt an den Nagel gehängt, war nun Lehrer z. A. (zur Anstellung) und vor dem 2. Staatsexamen an der Realschule in Freiburg/Elbe. Mit anderen Junglehrern und –lehrerinnen verließ ich das übliche Donnerstagsseminar in der Hauptschule in Hollern bei Stade. Vor dem Schulgebäude erblickte ich eine junge Frau mit Kinderwagen. Als ich näher kam, traute ich meinen Augen nicht: Vor mir stand Erika!

»Was machst du denn hier?«, fragte sie fast ungläubig.

»Na, was wohl – und du?«

»Ich warte auf meinen Mann, der ist der Seminarleiter.«

»Tja, man trifft sich oft zweimal im Leben, in einem Jahr bin ich verbeamteter Pauker, nach Grünendeich war ich noch knapp zwei Jahre bei der Seefahrt.«

»Hast mir damals nichts davon erzählt, dass du umsatteln wolltest.«

Ihr Mann war noch nicht auf der Bildfläche erschienen. Wir umarmten uns kurz mit einem zaghaften Wangenküsschen.

»Denn man tschüß!«

Was wäre wohl, wenn… , hätte ...

***

Am Mittwoch, dem 20. September mussten wir am Kompass, am Peildiopter, am Sextanten und Funkpeiler zeigen, ob wir die Praxis an den technischen Geräten beherrschten. Danach folgten noch Prüfungen in Mathematik und Nautik, vornehmlich der terrestrischen und astronomischen Navigation.

Damit war der schwierigste und wichtigste Teil unseres Examens geschafft. Nach den letzten Prüfungen in Gesetzeskunde und Seemannschaft wussten wir am Sonnabend, dem 23. September 1967, ob sich aller Fleiß und Aufwand gelohnt hatte oder auch nicht. Da die Schulleitung schon sehr früh erkennen konnte, wer – zumindest theoretisch und bei den schulischen Anforderungen – das Zeug zum Steuermann haben würde, gab es am Ende keinen Ausfall. Der kam bei manchen erst Stunden später, beim Begießen unserer Abschlussprüfungen ›Bei Hanna‹ mit viel Rum und heißem Wasser. Einige schafften doch dabei bis zu einem Dutzend steife Grogs!

Nach einem erquickenden Schläfchen am späten Nachmittag erholten sich Dieter ›Lord‹ Högk und ich sehr schnell und wurden anschließend von unseren Wirtsleuten mit reichlich Wurst und Braten versorgt und aufgepäppelt. Wir feierten im Familienkreis bis spät in die Nacht unseren Aufstieg vom Matrosen zum Steuermann, diesmal mit reichlich Sekt. Am Sonntag blieb es im Haus der Fleischerei bis zum Mittag ganz still, alle schliefen, nur ein einsamer Engel im Wohnzimmer hielt Wacht. Am Montag erhielten alle Ex-Janmaaten (Matrosen) ihr Zeugnis über die ›Befähigung zum Steuermann auf Kleiner Fahrt‹. Abends feierte die abgemusterte Mannschaft der Seefahrtschule Grünendeich ganz seriös mit weiblichem Anhang ihren Abschluss.

Für mich war das auch der Abschied von Erika.

Gruppenbild ohne Dame: Die Teilnehmer des A2-Lehrgangs

BUNDESREPUBLIK DEUTSCHLAND

Zeugnis

über die Prüfung zum

Seesteuermann auf kleiner Fahrt und zum

Seesteuermann in kleiner Hochseefischerei

Der Gerner

Eckehard,

geboren in Augustusburg/Sachsen am 9. Februar 1945,

hat die Prüfung zum Seesteuermann auf kleiner Fahrt und zum Seesteuermann in kleiner Hochseefischerei (Kleinsteuermannsprüfung) nach der Prüfungsordnung für die Seeschiffer- und Seesteuermannsprüfungen vom 29. Juli 1931 Reichsministerialblatt Seite 497) abgelegt.

Auf Grund seiner Prüfungs- und Schulleistungen werden ihm folgende Urteile [1]) zuerkannt:

1. Deutsche Sprache	Gut	4. Seemannschaft	Gut
2. Mathematik	Sehr gut	5. Gesetzeskunde	Gut
3. Nautik	Gut	6. Gesundheitspflege	Gut

Für den Gesamtausfall der Prüfung erhält er das Urteil [2])

» Gut bestanden «

Grünendeich, den 25. Sept. 1967

Seefahrtschule des Kreises Stade in Grünendeich

Der Prüfungsausschuß

(Vorsitzender)

(wenden)

[1]) Urteile in den Fächern: Sehr gut, Gut, Befriedigend, Ausreichend, Mangelhaft, Ungenügend.
[2]) Urteile für den Gesamtausfall: Mit Auszeichnung bestanden, Befriedigend bestanden, Bestanden.

Vordr. Svk 2 J. D. Hollmann, Hamburg 1

IV. Ein Jahr auf der ›Maro‹ (15. Schiff)

Als ich mich am 21. November 1968 in Hamburg auf dem Arbeitsamt, Abteilung Seeschifffahrt, vorstellte, um auf dem nächsten Schiff anzuheuern, staunte der Sachbearbeiter doch sehr.

»Was, Sie waren ein Jahr als Steuermann auf dem Kümo ›Maro‹? Wie haben Sie das denn geschafft?«

»Naja, war nicht immer ganz einfach, wollte aber für mein A3 unbedingt das Jahr vollmachen.« (Das Kapitänspatent A3 erwarb ein Steuermann nach mindestens einjähriger Fahrzeit, sofern er sich in dem Jahr nichts zuschulden kommen ließ, was im Dienstzeugnis dokumentiert wurde.) Anders als in meiner Zeit als Junggrad (Azubi) und Matrose war statt der Heuerstelle (Heuerstall) mit Max Timm und seinem phänomenalen Personengedächtnis nun das Arbeitsamt für die Vermittlung von Patentinhabern zuständig. Aber warum nur verwunderte es meinen Ansprechpartner, dass ich es so lange auf dem Kümo in der Nord- und Ostseefahrt ausgehalten hatte? Was wusste er, was ich nicht wusste? Klar, ich bekam auf der ›Maro‹ schon mit, dass es meine Vorgänger meistens nicht allzu lang an Bord gehalten hatte. Aber warum nur sollte ich mir jetzt darüber unnötigerweise den Kopf zerbrechen?

Fakt war, unübersehbar, eine große Beule am Vordersteven der ›Maro‹, geschehen während eines Anlegemanövers, bei dem der Steuermann auf der Back (Vorschiff) die Entfernung zur Kaimauer falsch eingeschätzt und dem Kapitän auf der Brücke entsprechend übermittelt hatte. Es gehört nicht viel Fantasie dazu, sich vorzustellen, was sich nach dem Rums zwischen den beiden abgespielt hatte.

Leben und Arbeiten auf einem Küstenmotorschiff unterscheiden sich gehörig im Vergleich zu einem weitaus größeren Stückgut-Überseefrachter. Schon allein die Anzahl der Besatzung, etwa fünf bis acht Mann, zwingt alle zu einem wesentlich stärkeren Miteinander. Die übliche Unterscheidung zwischen Decks-, Maschinen- und Bedienungspersonal hat auf einem Kümo keine Bedeutung. Auf der ›Maro‹ fuhren in der Regel der Kapitän, der Steuermann, der Koch, drei bis vier Mann an Deck und manchmal auch der Reeder (Eigner) des Schiffs.

Ja, nun hatte ich mich für den 50 Meter langen, 7,50 Meter breiten und knapp 700 Tonnen tragenden ›Klöten-Ewer‹ (abwertender Seemanns-Ausdruck für kleinere Schiffe) entscheiden müssen. Ich war gezwungen mit meinem Patent A2 erst einmal ›kleine Brötchen zu backen‹, immerhin war ich nun aber der zweitwichtigste Mann an Bord und Stellvertreter des Kapitäns. Das Fahrtgebiet des Kümos umfasste die gesamte Ostsee, die südliche Nordsee und den Ärmelkanal (auch Englischer Kanal oder einfach Kanal genannt), von Kemi am Ende des Bottnischen Meerbusens (Botten) in Finnland bis Fowey in Cornwall im äußersten Südwesten Englands.

Die ›Maro‹

Der erste Tag an Bord

Am Nachmittag des 11. Oktobers 1967 stieg ich in Kiel-Holtenau die kleine Gangway zur ›Maro‹ hoch. An Deck lief ich einem älteren, etwas griesgrämig dreinschauenden Herrn über den Weg. »Bin der neue Stürmann, muss erst mal meine Plünnen verstauen.«

»Un ik bin der Eigner, din Kammer is unn an Backbord.«

Ich stellte meinen Koffer und Seesack im neuen Logis ab. Standesgemäß war es mit einem größeren Tisch, drei Stühlen und sogar einem Sofa ausgestattet, auch die Koje schien mir breiter als in meinen vorherigen Matrosenunterkünften zu sein.

Als ich wieder an Deck auftauchte, empfing mich der Eigner ziemlich unwirsch. »Stürmann, wollen Sie keine Arbeitskleidung anziehen? Die Back wird gepönt. Sie können da gleich mal auch 'nen Pinsel anfassen!« Blitzschnell leuchtete mir ein, dass ich dieser Aufforderung nicht nachkommen durfte. »Ich habe hier als Steuermann angemustert, nicht als Matrose! Ich gehe erstmal zum Kapitän und dann auf die Brücke.«

»Bist hier auf 'nem Kümo, kannst als Stürmann nich auf feinen Pinsel machen.«

»Ich bin nicht auf die Seefahrtschule gegangen, um zu pönen oder Rost zu klopfen.«

»Na, dann eben nich!«, erwiderte der Reeder mit einem mürrischen, verdrießlichen Gesichtsausdruck. Ich wollte in diesem Moment unmissverständlich klar machen, dass ich meine neue Rolle eben nicht als Steuermann und ›Obermatrose‹ sah. Natürlich war mir bekannt, dass man als Steuermann auf einem kleinen Schiff auch mal mit Hand anlegen musste, zumal bei längeren Liegezeiten ohne Lade- oder Löschbetrieb. Wenn der Eigner aber zu Beginn von mir vollen Matroseneinsatz verlangte, gab es nur die Konsequenz, klare Position zu beziehen und dabei in Kauf zu nehmen, auf der Stelle gleich wieder von Bord gehen zu müssen. Nach dieser unschönen Antrittsaktion stellte ich mich beim Kapitän, einem etwas bulligen Mittdreißiger vor. Ich sprach die Unterhaltung mit dem Eigner an.

»Ach, Stürmann, Opa is manchmal ziemlich undiplomatisch, nimm dat man nich so ernst.«

»Wieso Opa?«

»Na, is mein Schwiegervater, kommt immer an Bord, wenn Not am Mann is oder der Steuermann ausfällt.«

Aha, die ›Maro‹ war mithin so etwas wie ein kleiner Familienbetrieb, reflektierte ich, hoffentlich gehörten der Koch und die Decksmannschaft nicht auch zur Verwandtschaft. Meine Befürchtung stellte sich als unbegründet heraus. Bis auf Seppl Weckerle, einem nicht mehr ganz jungen Decksmann aus Bayern, bestand die übrige Besatzung aus Männern meines Alters. Von den anderen zwei Decksbauern hatte nur Wolfgang einen Matrosenbrief vorzuweisen, während der ewige Leichtmatrose Arnold noch nicht den Mut gefunden hatte, sich zur Matrosenprüfung anzumelden. Der junge Koch, der gerade seine Lehre beendet hatte, wollte erst einmal Seeluft schnuppern.

Kapitän, Wolfgang, Arnold, Friedel

Erste Woche auf der Brücke – Reise nach South Shields (Nord-England)

Am 12. Oktober schipperte die ›Maro‹ südwestwärts durch den Nord-Ostsee-Kanal. Auf den kleineren Schiffen stand während der Durchfahrt kein Lotse auf der Brücke, wenn der Kapitän eine eigens für den Kiel-Kanal zugeschnittene Befähigung erworben hatte. Nach der Schleusung in Brunsbüttel begann um Mitternacht in der Elbmündung meine erste Seewache als Steuermann – und das ausgerechnet am Freitag, dem 13.!

Nun war mir ja der Blick von der Brücke auf die stark befahrene Elbe mit ihren Feuern und Positionslichtern der verschiedenen ›Gefäße‹ nicht gerade fremd. Es stellte aber doch einen gravierenden Unterschied dar, ob ich nur Ruder- und Kursbefehle ausführen musste oder nun selbst dem Rudergänger Anweisungen gab. Glücklicherweise war Matrose Wolfgang dazu eingeteilt, der später von Seppl abgelöst wurde. Beide beherrschten das Steuern ohne Fehl und Tadel. Im Umgang mit meinem Handwerkszeug – Seekarte, Kursdreieck, Kompass und (Fern-) Glas – bewegte ich mich schon beinahe wie ein altgedienter Wachoffizier. Die Schule hatte uns sehr gut auf den Arbeitsplatz Brücke vorbereitet. Bei guter Sicht, aber aufbrisendem Wind ausgerechnet aus Nordwest, passierte die ›Maro‹ Cuxhaven. Wenig später kämpfte sich unser Kümo zwischen den Feuern von Neuwerk und des Großen Vogelsands und weiter an Scharhörn vorbei in die Helgoländer Bucht. (Beide Inseln, Neuwerk und Scharhörn, gehören mit Unterbrechungen seit 700 Jahren zur Freien und Hansestadt Hamburg). Der Wind erreichte Beaufort 8 (stürmischer Wind). Unser Kahn stampfte mit dem 400-PS-Maschinchen erst heftig gegen die direkt von vorn anrollenden, bis zu 4 Meter hohen Wellen. Nachdem ich den Kurs auf West (270°) ändern musste, kam zum Stampfen noch ein starkes Rollen dazu. Die tapfere ›Maro‹ neigte sich bis zu 25° nach jeder Seite. Die Back- und die Steuerbordseite wurden nun ununterbrochen mit Spritzwasser eingedeckt. Zu alledem beobachtete ich auf der Armatur für die Motor-Abgastemperatur einen Anstieg auf fast 300° Celsius. Ich ließ den Alten deshalb schon eine Stunde vor Wachwechsel wecken.

»Stürmann, was is los?«

»Mit der Maschine stimmt was nicht, zu hohe Abgastemperatur!«

»Müssen wir mit der Drehzahl runtergehen, kenn ich schon, wahrscheinlich hat sich ein Fischernetz um den Propeller gewickelt.«

Mühte sich unser Diesel schon vorher reichlich ab, wenigstens acht bis zehn Meilen (pro Stunde) zu schaffen, so tuckerten wir nun mit verminderten Umdrehungen gerade mal mit sechs Meilen durch die aufgewühlte Nordsee, Richtung Nord-England. Koch Detlef und Matrose Wolfgang fütterten fleißig die ›Außenbordskameraden‹ (Fische). Die Seekrankheit der beiden war bei den wilden Schiffsbewegungen kein Ereignis aus heiterem Himmel. Zum Glück blieb ich von der Malaise verschont. Nach der ersten eigenverantwortlichen Seewache auf der Brücke wuchs mein Selbstvertrauen, zumal mir die letzten Stunden doch einiges abverlangt hatten: Sicher durch die Elbmündung zu fahren, Kurs trotz schwerer See zu halten, die verschiedenen Feuer zu peilen, später in der offenen, südlichen Nordsee per Funkpeilung den Standort zu bestimmen und die technischen Daten des Motors von der Brücke aus zu überprüfen.

Nach mehr als drei Tagen auf See lief unser Kümo in South Shields in die Mündung des River Tyne (Tynemouth) ein, um die Holzladung aus Kemi (Finnland) zu löschen. Danach verholte die ›Maro‹ in den Kohlehafen. Zuerst wurde die vordere Luke I so beladen, dass sich achtern die Schiffsschraube aus dem Wasser hob, und siehe da, der Kapitän hatte Recht mit seiner Vermutung: Um den ›Schaumschläger‹ hatten sich Teile eines Fischernetzes gewickelt und unseren Schiffsdiesel damit auf Temperatur gebracht. »Kapitän, ich mach das schon!«

Eines unserer beiden Rettungsboote wurde mithilfe der vorsintflutlichen Schwingdavits (Halterungen) ausgesetzt und danach pulte ich in zwei Stunden Stück für Stück das vermaledeite Netz von Schraube und Welle. So kamen wir also auch ohne kostspieligen Taucher aus. In einem nahegelegenen Pub ließ ich mir das irische, dunkle, leicht bittere Guinness-Bier schmecken, das ich mir auch redlich verdient hatte. Bei meinem ersten Landgang hatte ich Arnold und Seppl im Schlepptau. Es blieb nicht bei dem ersten Mal, mit meinen Decksleuten von Bord zu gehen. Bei der kleinen Besatzung auf einem Kümo konnte sich auch niemand den überflüssigen Luxus leisten, kategorisch die Bordhierarchie einzuhalten, mit Ausnahme des Kapitäns. Wer wollte schon immer nur allein an Land gehen?

Am zweiten Abend lernte ich im ›Stella Maris‹, der katholischen Seemannsmission, Ireen kennen, die im letzten Schuljahr ihre A-Levels (Abitur) bestehen wollte. Meine native (einheimische) Flamme mit leicht rötlichen Haaren war sehr wissbegierig und stellte mir viele Fragen zum Leben und Arbeiten auf einem Schiff. Ihrem Vorschlag, am nächsten Abend ins Zentrum des benachbarten Newcastle upon Tyne zu fahren, stimmte ich freudig zu. In der Stadtmitte hatte die Industriestadt doch mehr zu bieten als Industrieanlagen und Hafenschuppen.

Gleich zwei imposante Kathedralen, eine anglikanische aus dem 14. Jahrhundert und eine neuere römisch-katholische zierten das Stadtbild des Verwaltungssitzes der Grafschaft Northumberland. Bei einem kräftigen Stout in einem Innenstadt-Pub erklärte mir Ireen auch den Grund für ihr Seefahrtsinteresse: Sie musste darüber ein Referat verfassen. Ich fühlte mich in keinerlei Weise benutzt, im Gegenteil, ich war erfreut, dass sich jemand mit der so ganz anderen Lebens- und Arbeitswelt eines Seemanns der christlichen Seefahrt beschäftigte – und noch dazu eine holde Deern von achtzehn Lenzen! Wie schon leider oft genug erlebt, hatte diese Episode noch am selben Abend ein Ende. Ich konnte ihr nur vage die Hoffnung geben, dass die ›Maro‹ bald wieder South Shields anlaufen würde.

Nun, gearbeitet wurde im Hafen auch. Ich wies meine Decksleute an, die Steuerbordseite außenbords von der Stellage aus zu pönen. Dabei hielt ich es für einen vortrefflichen Einfall, ihnen ein Bier hinunter zu fieren (an einer Schnur runterzulassen), was natürlich dem Betriebsklima zugutekam.

»Ich glaub, mit dem neuen Steuermann haben wir einen guten Fang gemacht, auch wenn er noch so'n junger Dachs ist«, vernahm ich Seppls Kommentar zu meiner Aktion, als er glaubte, dass ich nicht mehr in Hörweite sei. Auch das Kabelgatt (Raum für Tauwerk, Pinsel, Rollen und Farben unterhalb der Back) musste aufgeklart werden, und ein Tampen für einen Fender (Stoßschutz) musste gespleißt werden – Arbeiten, für den sich ein Kümo-Steuermann nicht zu schade sein durfte.

Seppl, Pipifax, Arnold

Erste Fahrt nach Kemi (Finnland)

Nachdem unsere Holzplanken gelöscht und die ›Maro‹ mit dem schwarzem Gold beladen worden war, liefen wir am vierten Tag aus, wieder zurück in Richtung Kiel-Kanal. Der Nordwest-Wind hatte etwas nachgelassen. Auf Wache bereiteten mir die vielen Fischerboote häufig Ärger, da sie sich nicht an Lichtervorschriften und Fahrregeln hielten.

In Brunsbüttel musste gebunkert werden (Dieselöl-Tanks auffüllen). Die ›Maro‹ kam danach nicht weit und musste im Kanal an einer Weiche (erweiterte Kanalbreite) wegen eintretenden Nebels für vier Stunden in der Nacht festmachen, bevor wir in Richtung Kiel-Holtenau weiterschippern konnten. Am Sonntag, dem 22. Oktober deckte ich mich bei der Firma Tiessen, Seemanns- und Schiffsbedarf, gleich an der Schleuse gelegen, mit allem ein, was Mann für den alltäglichen Bedarf brauchte.

Danach genoss ich vier Tage in der Ostsee mit geregeltem Tagesablauf – von Mitternacht bis 6:00 Uhr morgens und vom Mittag bis 6:00 Uhr abends Seewache auf der Brücke gehen. Normale zwölfstündige Arbeitstage, auch am Sonnabend sowie an Sonn- und Feiertagen. Bei ruhigem, sonnigem Herbstwetter durchpflügte unser Kahn die Kieler Bucht, den Fehmarnbelt, die Kadetrinne zwischen Mecklenburg-Vorpommern und den dänischen Inseln Lolland und Møn mit ihrer weißen Steilküste. Danach durch das Bornholmgat, durch den engen Kalmarsund zwischen der langgestreckten Insel Öland und dem schwedischen Festland, vorbei an den Stockholmer Schären und finnischen Ålandinseln mit ihren überwiegend schwedischen Bewohner*innen, hinein in den Botten (Bottnischer Meerbusen, nördlichster Teil der Ostsee). Es wurde zunehmend kühler und die Tage immer kürzer. Auf dieser Route fühlte ich mich schon fast wie ein ›alter Hase‹, bereiteten mir doch die Kursbestimmungen und die terrestrische Navigation keinerlei Schwierigkeiten, sowohl am Tag als auch in der Dunkelheit. Es gab genügend Objekte für die Standortbestimmung. Am 27. Oktober hatte die ›Maro‹ ihr Ziel erreicht: den kleinen Hafen Röyttä am Ende des Bottens, wo die Kohle gelöscht wurde.

In den finnischen Häfen schmuggelten die Seeleute reichlich Alkohol. Man durfte aber die ›Schwatte Gang‹ (Zoll) nicht unterschätzen. Die Beamten kannten jeden Winkel an Bord, der sich vermeintlich als Versteck eignete, selbst die Deckenverkleidung in den Kammern wurde abmontiert. In meinem Logis wurde nichts gefunden, obwohl die Wodkaflaschen keine zwei Meter von den Schnüfflern entfernt waren. Ich trug sie nämlich an einer Schnur um den Hals gehängt unter meinem weiten, dicken Parka – es war mittlerweile richtig kalt geworden. Ich durfte mich aber nicht allzu heftig bewegen, damit die Pullen nicht gegeneinander klöterten und Lärm verursachten. Aus purer Bosheit, sonst nicht meinem Wesen entsprechend, konnte ich mir beim vergeblichen Durchsuchen meiner Kammer ein schelmisches Grinsen nicht verkneifen.

»Wir kriegen dich noch – beim nächsten Mal!«

Die Worte vom säuerlich blickenden Zöllner klingen mir noch in den Ohren. Heute schäme ich mich dafür, dass wir die bemitleidenswerten Alkoholiker, die sich sonst auf legalem Weg ihren Stoff nicht mehr besorgen durften, so skrupellos ausnutzten. Für einen Liter Riemenschmied-Wodka (70 Prozent), zollfrei an Bord für 2,50 DM erworben, zahlten diese armen Teufel 50 Finnmarkka, bei einem Kurs von 1:1 ein Gewinn also von 2.000 Prozent!

Am nächsten Tag verholte unser Pott nach Ajos, dem Hafen von Kemi, auf 66° nördlicher Breite, etwa 60 Kilometer vom Polarkreis entfernt. Am Sonntag traf ich in einem Cafe in Kemi auf Anita, ein finnisches Mädel mit langen dunklen Haaren, die auch ganz passabel Deutsch verstehen und sprechen konnte – in den nordischen Ländern damals mehr die Normalität als die

Ausnahme. Mit einem Leihwagen, einem Ford, fuhr ich sie als stolzer Kavalier durch die Stadt mit ihrer schönen neugotischen, protestantischen Kirche, wie sie in jener Architektur auch in vielen deutschen Städten anzutreffen ist. An der Mündung des Kemijoki schwammen auf einer etliche Hektar großen Fläche zu großen Flößen zusammengebundene Holzstämme, die sicherlich schon eine lange Reise auf Finnlands längstem Fluss hinter sich hatten. Am Abend machten wir es uns in

Holz auf dem Kemijoki

meiner Kammer gemütlich, bei dezentem Kerzenlicht, leiser Popmusik und verschiedenen Getränken, vorzugsweise Wodka für Anita und Tee für mich, schließlich musste ich sie nach Mitternacht durch Kiefernwälder zu ihrem etwas außerhalb gelegenen Heimatort Syväkangas kutschieren.

Tags darauf begannen über ein Dutzend Frauen mittleren Alters mit dem Verstauen längerer, zugeschnittener Holzbohlen, vom Unterboden des Laderaums aus bis zum Lükensüll (Lukenrand) und dann weiter über die mit Lukendeckeln und schweren Persenningen (Schutzbezügen) abgedeckten Luken. Auf Deck und auf den Luken stapelten sich die dicken Holzbretter zwei bis drei Meter hoch, gesichert mit insgesamt acht schweren Ketten und Spannschrauben gegen ein Verrutschen. Die Stauerfrauen fingen aber erst mit der Arbeit an, nachdem der Kapitän drei Flaschen Wodka, die für den Eigenbedarf nicht vom Zoll verschlossen und versiegelt waren, der Vorarbeiterin überreicht hatte. Auf meinen fragenden Blick hin grummelte der Alte nur: »Is hier so üblich.« Nun ja, Emanzipation auf Finnisch in vielerlei Hinsicht; auch beim Arbeitstempo und dem professionellen Stauen per Hand standen sie wohl in keiner Weise den Männern nach.

Stauerfrauen

Zum Laden kamen auch unsere Einzylinder-Decksmotoren vorn und achtern zum Einsatz. Diese bulligen Maschinen ähnelten denen des Lanz-Bulldog-Treckers, der in der Nachkriegszeit in der Landwirtschaft eingesetzt wurde. Das Anschmeißen dieser Motoren mithilfe von Glühzündröllchen und einer Kurbel erforderte viel Kraft, Ausdauer und Geduld. Wenn sie dann erst einmal ins Rotieren gekommen waren, machte die einfache robuste Technik keine Schwierigkeiten. Der oben offene Kühlwasserbehälter zeigte auf einfachste Weise immer an, ob genug Wasser zur Kühlung vorhanden war – ohne Sensoren, Armaturen und Elektronik! Die Motoren trieben eine Trommel an, auf der sich der Runner (Windenläufer-Stahlseil) aufrollte, mit unseren zwei Ladebäumen, einer pro Luke, wurden die Holzpakete (Stander) von Land an Bord gehievt. Mithilfe der beiden seitlichen Flaschenzüge (Geien) wurde der Ladebaum samt Fracht von der Pier über Deck geschwungen. Diese Technik gab es im Prinzip schon in der Antike. Erstaunlich war nur, wie selbstverständlich und kompetent die ›Damen‹ das Laden unserer Holzfracht bewerkstelligten.

Neben meiner Arbeit als Tallymann (Zählen der geladenen Fracht, Maßeinheit bei Holz: Stander) brachte ich das Feuerbuch auf den aktuellen Stand. Hier wurde vermerkt, wann und wo genau sich bestimmte Lichter (Feuer) geändert hatten. Es kam gar nicht so selten vor, dass sich z. B. eine Leuchttonne losgerissen hatte, repariert wurde oder ganz ausgefallen war.

Am Abend machte ich mich auf den Weg zum Hafen-Kiosk, um Anita per Telefon zu erreichen, leider erfolglos. Zwei Tage später kreuzte sie vor der ›Maro‹ auf und erklärte mir, dass sich beim Aufschreiben der Telefonnummer ein Zahlendreher eingeschlichen hätte. Ich beließ es dabei, fragte nicht weiter nach und war froh, sie noch einmal in meine Kammer lotsen zu können. Um Mitternacht nahmen wir Abschied an der Bushaltestelle. Wir wussten, dass wir uns so bald nicht wiedersehen würden. Der Botten konnte in den Wintermonaten, von November bis manchmal April, wegen Vereisung von Kümos nicht angelaufen werden. Wir hielten Kontakt – auf Deutsch! – und tatsächlich konnten wir uns Anfang Juli wieder in die Arme nehmen. In ihren Briefen beklagte sie sich sehr offen über ihr einförmiges und abwechslungsloses Leben als Verkäuferin in einem Lebensmittelladen ihres Kaffs. Auch der lange, kalte und dunkle Winter machte ihr zu schaffen. Sie träumte davon, nach (West-)Deutschland zu gehen, aber ohne Aussicht auf einen Arbeitsplatz gab es für sie keine Chance.

Fahrt nach Southampton und Portsmouth (Süd-England)

Nach fast einer(!) Woche Liegezeit verließ die ›Maro‹ Finnland mit Bestimmungshafen Southampton in Südengland, eine nicht unbeträchtliche Distanz mit über acht Tagen Seetörn, einschließlich Kiel-Kanal. Die Tage vergingen mit Wachegehen, Schlafen und Essen. Nasskaltes Wetter, trübe Sicht und dreiste Fischer trugen nicht gerade zur Hebung der Stimmung bei, sei es auf der Brücke oder während der Freiwache. Beim abendlichen Skat spielen wurde ich auch noch von meinen Decksbauern über den Tisch gezogen und verlor sogar einen Grand mit drei Buben. Manchmal verschaffte mir noch die Wache auf der Brücke kleine Glücksmomente, war ich doch in dieser Zeit der wichtigste Mann an Bord.

Am 7. November nahm ich Kurs auf die Kieler Förde, in Rendsburg musste unser Holz-Kutter wieder bunkern. Das Wetter besserte sich, statt Stratus (Schichtwolken) und Nimbus (dunkle Regenwolken) zeigten sich auch mal mittelhohe Cumulus (Haufen)-Wolken. Nach der Schleusung in Brunsbüttel konnte ich wenig später die Ostfriesischen Inseln nun zum ersten Mal aus geringer Distanz durch das Fernglas beobachten. Im Englischen Kanal herrschte wie üblich ein reges Treiben, vor allem in der Straße von Dover, dem Nadelöhr des Ärmelkanals. Hier erforderte der geschäftige Fährverkehr absolute Wachsamkeit, wenn eine Fähre an Steuerbord auftauchte. Am 10. November bog ich in den Spithead nordöstlich der Isle of Wight ein und die ›Maro‹ ging vor Southampton auf Reede, um die Springtide (erhöhte Flut) abzuwarten. In den Häfen an Südküste Englands kann der Tidenhub (Höhe zwischen Ebbe und Flut) schon mal über 5 Meter erreichen. Bei Ebbe liegen dann Kümos ›op Schiet‹, also auf Grund. Drei Tage später wurde der Anker gehievt und durch ein enges, flaches Fahrwasser erreichte unser Kümo Totton, eine Ortschaft am westlichen Stadtrand von Southampton. Das Löschen unserer Hölzer besorgten tatsächlich zwei Kräne, die noch mit Dampfmaschinen (!) betrieben wurden.

Schon nach dem ersten Hieven erwischte ein Kranführer unsere Antenne, die sich vom Vormast zum Achtermast spannte. Der Alte wollte die Reparatur des gerissenen Drahtseils von der Stauerei-Firma ersetzt bekommen, die sich aber strikt weigerte, für den nicht allzu großen Schaden aufzukommen. Der Kapitän bestand auf eine Entschädigung – mit dem Erfolg, dass die Hafenarbeiter erst einmal in den Streik traten und der Löschbetrieb eingestellt wurde. Erst nach zähem Feilschen zwischen Schiffsführer und dem Umschlags-Betrieb über den eigentlich lächerlichen Schaden ging es mit dem Entladen der Holzbohlen weiter. Auf einem Kümo wurde nach dem Motto gehandelt: Dat moukt wi aalens sülmst! – wenn es denn mach-

Totton/ Southampton

bar war. So war sich der Alte auch dann nicht zu schade, sein abmontiertes Klobecken an der Pier zu reinigen. Als ein Angestellter der *Harbour authority* (Hafenamt) mich an Bord nach dem Kapitän fragte, deutete ich nur stumm mit dem Zeigefinger auf die Pier.

»*The master is working over there.* (Der Kapitän arbeitet dort drüben).«

»*You are saying it as a joke!* (Das sagen Sie nur zum Spaß!).«

»*No, it's true, it's the master!* (Doch, es ist der Kapitän).«

»*I can't believe it, a captain is cleaning the toilet bowl! Oh, you crazy Germans!* (Ich kann es nicht glauben, ein Kapitän macht die Kloschüssel sauber. Ihr verrückten Deutschen!).«

Nach Feierabend mussten Seppl und ich unbedingt in den ›Mecca Club‹, die angesagteste Disco in Southampton. Wir beschickten (erreichten) nur ein paar Tänzchen, ansonsten: Außer Spesen nichts gewesen. Tags darauf enterten wir den Pub ›White Lion‹ unweit unseres Liegeplatzes und hatten dabei keinerlei Schwierigkeiten mit den Kneipengängern*innen in Kontakt zu kommen. In angenehmer Atmosphäre gaben Arnold, Seppl und ich bereitwillig Antworten auf Fragen über uns und die ›Maro‹. Die *natives* staunten nur über meinen Dienstrang (*first mate* = Steuermann), als ich mein Alter preisgab. Hier, wie auch sonst überall im United Kingdom, vernahmen wir nicht die geringsten Ressentiments über die *Germans*. Nur beim Darts-Spiel gab es kein Pardon, da konnten wir mit den Kneipenprofis nicht mithalten. Mit dem Lied ›*For he is a jolly good fellow… and so say all of us…*‹ wurden wir fröhlich verabschiedet. Fürwahr, es war ein gemütlicher, vergnüglicher und entspannter Abend im typischen britischen Pub. Am 17. November fuhr die ›Maro‹ in Richtung Südost in umgekehrter Richtung auf dem Southampton Water und dem Spithead nach dem 10 Meilen entfernten Portsmouth. Am darauffolgenden Sonntag nahm ich mir ausgiebig Zeit, das Schmuckstück der British Navy, ›HMS Victor‹ zu besichtigen (HMS = *Her Majesty Ship*/Ihrer Majestät Schiff). Jahrzehnte später erblickte ich das

›im Bau befindliche‹ Schlachtschiff wieder. (Fast-)Alleskönner Dieter Schenck aus der Nachbarschaft ließ in seinem Bastelkeller den prachtvollen Segler wieder auferstehen. In geduldiger, mühseliger und penibler Arbeit wurden alle, auch die allerkleinsten Bauteile vom Anker bis zum Zwischendeck, zusammengesetzt – mehrere hundert oder gar tausend Einzelteile an der Zahl, im Maßstab 1:84. Von diesem imposanten Segel-Kriegsschiff aus befehligte Lord Nelson 1805 in der Seeschlacht von Trafalgar seine Flotte. Nach seinem Sieg wurde für lange Zeit die britische Seeherrschaft gefestigt. Lord Nelson starb in dieser Schlacht, als ihm eine gegnerische (spanisch-französische) Kanonenkugel ein Bein zerschmetterte. Seine letzten Worte sind verbürgt: ›*England expects that every man does his duty!* (England erwartet, dass jedermann seine Pflicht tut/erfüllt).‹ Bei alledem entwickelte ich auch ein Gespür dafür, dass Briten einen eigenständigen Traditionssinn und Nationalstolz entwickelt hatten. Bei uns wurde beides von den Nazis pervertiert und beinahe für immer fast gänzlich ausgelöscht.

In Portsmouth wurde, im Gegensatz zu Southampton, der Besuch im ›Mecca Dancing Club‹ ein voller Erfolg. Wolfgang und ich schleppten zwei aufgeschlossene, gar nicht so konservative und auch nicht prüde Engländerinnen in unserem Alter auf die ›Maro‹ – und schon startete eine zünftige Bordparty zu viert. Am darauffolgenden Sonnabend fiel ich nach Arbeitsschluss am späten Nachmittag in einen festen Schlaf und erholte mich von Penny, meiner Portsmouth-Maus.

Reise nach Hamburg und Fredericia (DK)

Nach dem Wochenende lud unser Kahn Getreide für Hamburg und schaffte es gerade noch, bei ablaufendem Niedrigwasser aus dem Hafen zu kommen, um dann am 22. November (Buß- und Bettag) nord- und ostwärts durch die Nordsee Kurs auf Feuerschiff Elbe I zu nehmen.

Von dort auf der Elbe bis in den Hamburger Hafen brauchte die ›Maro‹ zehn Stunden. Nach dem Löschen am Neuhöfer Kanal, gleich hinter der heutigen Köhlbrandbrücke, verholte unser Kümo auf der Süderelbe nach Harburg in den Seehafen 2, um Kali für Dänemark zu laden.

Während der Alte zu seiner Familie fuhr, nutzte ich den Nachmittag für den längst überfälligen Gang zum ›Putzbüdel‹ (Friseur) und musste anschließend aufpassen, nicht in der urigen Kneipe ›Kap Horn‹, wohlgemerkt in Hamburg-Harburg, zu versacken. Hier verkehrten vorwiegend Kümo-Janmaaten, mit denen ich mich über die ›Kleine Seefahrt‹ in Nord- und Ostsee austauschen konnte.

Schon am nächsten Tag, bevor der Kapitän von seiner ›Olsch‹ (Ehefrau) zurückkehrte, machte ich mit meiner Decksgang seeklar. Danach schipperten wir, nun mit einem merklich besser gelaunten Alten als sonst üblich, wieder nach Brunsbüttel in den Kiel-Kanal nach Fredericia an der engsten Stelle des Kleinen Belts zwischen dem dänischen Festland und der Insel Fünen. Zum Abendessen gab es reichlich Fisch, den der Alte und Seppl geangelt hatten.

Nach dem Löschen der Kali-Ladung musste der gesamte Laderaum gewaschen werden. Dabei verstopften die an beiden Seiten verlaufenden Abwasserkanäle (Bilgen) und unsere Decksmannen waren vollauf damit beschäftigt, die Kali-Rückstände aus den Bilgen herauszuholen.

Danzig

Dann kam die gute Nachricht: Die ›Maro‹ ergatterte eine Ladung Holz in Danzig, der ehemaligen Hansestadt, die sechs Jahrhunderte zu Preußen gehörte.

Die polnischen, ehemals deutschen Häfen standen bei den Seeleuten in bestem Ruf, da hier ertragreiche Geschäfte getätigt werden konnten. Auch gab es erstaunlicherweise reichlich Landgangs-Vergnügen aller Art, also Hafenpinten, in denen bei Musik und Tanz Kuddel Daddel Du mit freischaffenden, kreativen Künstlerinnen anbändeln konnte – einmalig in der sozialistischen Staatenwelt, in der eine gewisse Freizügigkeit strikt verboten war.

Hier wurden keine Schmuggelgeschäfte mit Alkohol gemacht, sondern mit dem Verkauf von Nylonstrümpfen und -hemden, damals Mangelware im sogenannten Ostblock. Noch heute fühle ich ein Unbehagen, dass ich damals Textilien zu weit überteuerten Preisen verkaufte. Die *synthetics* wurden am Körper getragen und an den Zöllnern vorbei an Land geschmuggelt. Mit diesen leicht verdienten Zloty finanzierten wir die Ausgaben für unsere Landgänge. Eine andere Variante des schnellen Profits war der Eintausch von D-Mark, britischen Pfund oder Dollar in die Landeswährung. Das Mitführen von Westgeld wurde am Hafengelände strenger kontrolliert und geahndet, als der Kleiderschmuggel. Wir fanden aber doch Mittel und Wege, unsere Geldnoten an Land zu schaffen, frei nach der unfeinen Redewendung: »Das kannst du dir in den A… stecken!« – mithilfe unserer kostenlosen Kondome von der SBG (See-Berufsgenossenschaft). Beim fälligen Landgang am Abend konnte ich meine zwei Nylonhemden unweit unseres Liegeplatzes gleich wieder ausziehen und steuerte das Nachtjackenviertel an. Weder in Rumänien, Nord-Vietnam noch in (Rot-)China gab es Vergnügungslokalitäten für Seelords, allenfalls langweilige staatliche Seemannsclubs oder Seemannsmissionen.

Wie würde ich hier, wo der 2. Weltkrieg seinen Anfang genommen hatte, als Deutscher angesehen und behandelt werden? Die unliebsamen Begegnungen in Frankreich lagen gerade drei Jahre zurück. Derlei zwiespältige Gedanken beschäftigten mich sehr, zumal ja meine Vorfahren aus den ehemaligen Ostgebieten (Masuren/ Ostpreußen) stammten, die nun polnisch geworden waren. Meine ach so schwergewichtigen Überlegungen und Befürchtungen lösten sich gleich in der ersten Bar in Luft auf. »*Czesc, dobry wieczor,* deutscher Seemann. (Hallo, guten Abend)«, sprach mich gleich eine üppige, ansehnliche, etwas zu stark geschminkte Blondine an. »Geben mir aus *szampan,* kosten nur paar Zloty, westdeutsche Leute viel *pienjadze* (Geld, Penunzen).«

»Woher weißt du, dass ich westdeutscher Seemann bin?«

»Na, sieht man an Kleidung, an *spodni amerikanski*!«

Auch wenn ich wusste, dass mich nicht eine Nonnen-Novizin begrüßte, empfand ich diesen ersten Kontakt nicht gerade als unangenehm.

»Warum kannst du deutsch sprechen?«

»Na, haben deutsche Verwandtschaft, damals hiergeblieben.« Das gab es tatsächlich; nur wenige Deutsche blieben aber von der Vertreibung verschont. Lydias polnische Wörter verstand ich sofort, als sie Daumen und Zeigefinger aneinander rieb (*pienjadze* = Geld) und auf meine Hose (*spodni*) zeigte. In dieser Form – Deutsch, Polnisch und Zeichensprache – setzten wir unsere Kommunikation fort, tranken Sekt und Wodka und landeten schließlich in ihrer Wohnung. Hier wurde die deutschpolnische Verständigung ganz intensiv fortgesetzt. Lydia erwies sich als unkomplizierte, humor- und temperamentvolle Partnerin. Ihre Haare hatte sie blond gefärbt, da Männer ja Blondinen bevorzugten.

»*Dzisiaj dobry, jutro schisko jedno* (Heute gut, morgen sch….egal)«, erklärte sie mir ihr Lebensmotto. Wir frühstückten zusammen, dann hieß es ›*Do widzenia!*‹ (Auf Wiedersehen). Um 10:00 Uhr trabte ich frohgelaunt an Bord, wo mich der Alte gar nicht so freudig empfing.

»Seppl und Jochen sind überfällig, hier macht jeder, was er will. Um drei wird geladen und nachts durchgearbeitet, Stürmann.« Das bedeutete für mich: kein Wiedersehen mit Lydia, stattdessen Ladung tallieren. Am nächsten Mittag erschien Seppl kurz vor Auslaufen, am Abend auch der Koch. Während unser Bazi vom Kapitän einen gehörigen Einlauf bekam, wurde dem Koch vom Alten gekündigt.

Leider hatte ich in diesen drei Tagen keine Gelegenheit, mir den Wiederaufbau der Stadt und die Restaurierung historischer Bauwerke bei Tageslicht anzuschauen. Im Geburtsort von Günter Grass hatten die polnischen Bau-Handwerker beim Instandsetzen hervorragende Arbeit geleistet.

Beinahe-Untergang vor der pommerschen Küste

Am Vorabend des 1. Advents lief die ›Maro‹ vom Hafen Neufahrwasser, nun voll beladen, in die Danziger Bucht und an der Dünen-Halbinsel Hela vorbei in die Ostsee. Es briste zusehends auf, bis sich ein Sturm aus West-Nordwest entwickelte, so dass bei unserem Kurs in Richtung Kap Arkona auf Rügen unsere Maschine gegen die immer höher werdenden Wellen ankämpfen musste. Wolfgang und Seppl meldeten sich seekrank und ich muss gestehen, dass mich auch nach über sechs Jahren das ungewohnte schnelle Stampfen und Rollen fast wieder seekrank werden ließ.

Um 4:00 Uhr morgens erwischte uns ein Kaventsmann von mindestens fünf Metern Höhe an der Steuerbordseite. Ein lauter Knall und zwei kurz darauf folgende Schläge konnten nur bedeuten, dass die Ketten, die über die Decks-Holzlast gespannt wurden, gebrochen bzw. gerissen waren.

Ich schaltete die Mast-Decksbeleuchtung an und erblickte entsetzt das volle Ausmaß des Wellenschlags. Ein nicht unbeträchtlicher Teil der Hölzer war zur Backbordseite gerutscht oder ›über Stag gegangen‹ (ins Meer gerutscht). Für den Kaventsmann schienen demnach die fast armdicken Kettenglieder nur Bindfäden gewesen zu sein. Die ›Maro‹ krängte stark nach Backbord und richtete sich nicht mehr ganz auf, bei diesem Inferno von Sturm und Seegang eine tödliche Gefahr! Noch solch ein hoher Wellenberg bei 20° Schlagseite hätte kurz danach das sichere Kentern bedeutet!

»Hart Steuerbord!«, wies ich Arnold, den Rudergänger, an. Als unser Schiff nun in die Wellenberge schräg vorn von Backbord zuhielt, konnte die Krängung leicht verringert werden, die Stabilität blieb aber weiterhin kritisch.

»Ruder mitschiffs! Versuche Kurs 3-1-5 zu halten!«, wies ich Arnold an. Bei diesem Unheil aus heulendem Wind, hohem Wellengang, Dunkelheit und Spritzwasserkanonaden über das Deck bis zu den Brückenfenstern war es unmöglich, Kurs zu halten. Nach jedem Wellenberg tauchte unser Kahn in ein Wellental und scherte dabei 10 bis 20 Kompassgrade nach beiden Seiten aus. Ich durfte den Wellen absolut keine Chance geben, uns noch einmal an Steuerbordseite zu erwischen, das hätte das todsichere Ende der ›Maro‹ und ihrer Besatzung bedeutet!

Nur allein darauf war mein Sinnen und Trachten gerichtet. Diese Beinah-Apokalypse spielte sich innerhalb weniger Sekunden ab. Erst viel später begriff ich, dass ich fast instinktiv in jener Situation richtig gehandelt hatte. Für ausufernde Überlegungen blieb mir eh keine Zeit. Derweil war der Kapitän auf die Brücke gestürmt.

»Stürmann, was is los?« Stumm zeigte ich ihm die Bescherung an Deck. Er begriff sofort den Ernst der Lage.

»Nicht zu weit nach Steuerbord ausscheren, Stürmann, Kurs können wir erstmal vergessen!«

»Moukt wi!«

Der Alte verließ die Brücke und tauchte dann plötzlich auf der hell erleuchteten Decksladung auf.

»Ja, ist der denn verrückt geworden oder lebensmüde?«, entfuhr es mir unwillkürlich, als der Alte vergebliche Anstalten machte, Ordnung in das Chaos zu bekommen, indem er versuchte, zwei gesprengte Kettenteile zusammenzufügen.

»Kaptein, das ist doch glatter Selbstmord! Schiet op dat Holz!«, schrie ich von der Brückennock aus hinunter. »Denk dran, hest Fru un Kinners!«

Das waren wohl die richtigen Worte. Er schaute mit einem ärgerlichen und verzweifelten Blick nach oben. »Hest recht, Stürmann, moukt kein Sinn!« Es blieb eines der wenigen Male, dass wir uns beide, wenn auch indirekt, op platt duzten.

Ich vermutete im Nachhinein, dass aus Kostengründen oder Geiz die Decksladung nicht versichert gewesen war und der Kapitän noch retten wollte, was nicht mehr zu retten war. Anders konnte ich mir sein gedankenloses und leichtsinniges Verhalten nicht erklären. Der Alte war kein Mensch von vielen oder großen Worten. Da kam die Bemerkung ›Hast allens richtig maukt!‹ fast schon einem Ritterschlag (oder Kapitänskommando) gleich.

Im Auf und Ab der Wellen kämpfte sich die tapfere ›Maro‹ mühsam weiter durch das stürmische Seegebiet oberhalb der Pommerschen Bucht. Erst gegen Mitternacht erreichten wir die schützende Küste Rügens, wo die ›Maro‹ im Prorer Wiek vor Sassnitz beide Anker warf. Eine ganze Armada von Kümos lag dort schon auf Reede, um das Abflauen des Sturms abzuwarten.

Am folgenden Tag waren wir alle, einschließlich des Kapitäns und Kochs, damit beschäftigt die verrutschte Decksladung von Backbord nach Steuerbord umzustauen, bis unser Schiff sich gegen Abend ohne Schlagseite stabilisierte, Wir mussten uns noch bis 2:00 Uhr nachmittags am Nikolaustag gedulden, hievten dann die Anker, umrundeten drei Stunden später Kap Arkona und fuhren in den ›Grünen Sund‹ ein. Diese Bezeichnung der Meerenge zwischen Mecklenburg und der dänischen Insel Lolland ist nur unter Seeleuten gebräuchlich, offiziell heißt sie Kadetrinne. Bei etwas nachlassendem Wind, nun ›nur‹ noch West 6-7, fuhr ich durch die Mecklenburger Bucht, den Fehmarnbelt in die Kieler Bucht. Normalerweise ging der Alte die 06:00-12:00-Wache, aber bei der Fahrt durch den Kanal musste der Kapitän auf der Brücke sein, so dass wir schon mal unsere Wachen tauschten.

Feuerschiff ›Fehmarnbelt‹

In Kiel wurde die Decksmannschaft verstärkt: Friedel war jetzt unser vierter Mann an Deck. Er hatte auf der ›Donar‹ abgemustert. Dieser Uralt-Kümo, 1942 in Aberdeen gebaut, überholte die ›Maro‹ dann später in der Elbmündung, was für eine Schmach! Aber beide Kümos sollten sich bald wiedersehen.

Dachten wir, endlich in ruhiges Fahrwasser zu kommen, so verdarb uns Poseidon binnen weniger Tage zum zweiten Mal die Stimmung. Es hatte sich ein neues Tief direkt über der Nordsee gebildet und wieder blies es mit aller Urgewalt von Westen her mit Stärke 7-8. Als ich den Alten um Mitternacht ablöste und auf die Seekarte schaute, war der Standort um 20:00 Uhr eingetragen: dwars (querab) vom Feuerschiff ›Borkumriff‹.

»Kaptein, da haben wir vier Stunden keine Meile voraus gemacht!«

»So isses, könn wir nich ändern. Immer schön mit dem Kopf in die See. Erst auf volle Kraft gehen, wenn's abflaut.« Dann, nach über neun Stunden ›auf der Stelle‹, konnte ich die Maschine hochfahren, überholte die ›Donar‹ und änderte den Kurs an den westfriesischen Inseln vorbei langsam auf 225° (Südwest).

Auf Frequenz 2361 redeten sich die Schipper ihren Frust über das Wetter von der Seele. Nur zwei Tage später, kurz vor Southampton, wartete der Wettergott mit einer anderen Gemeinheit auf. Statt Sturm lagen Spithead und Southampton Water nördlich der Isle of Wight im dicksten Nebel. An ein Weiterfahren mit unserem unzuverlässigen und nur halbintakten Radargerät war nicht mehr zu denken, also ›Lego Anker!‹ (Lass fallen Anker).

Southampton und Le Tréport (Frankreich)

Erst am nächsten Vormittag lichtete sich der Nebel und wir konnten weiterfahren und an der Pier festmachen. Unsere Holzladung wurde in Eling, südlich von Southampton, in zwei Tagen gelöscht, dieses Mal mit moderneren Elektrokränen.

Nun gab es neues Unheil: Das Generatorenlager im Maschinenraum fing an zu qualmen. Glücklicherweise konnte ein neues Lager aufgetrieben und ausgewechselt werden. Mit dem Auflaufen der Flut schwamm unser Kahn wieder auf und die ›Maro‹ konnte morgens Southampton/Eling verlassen, um den Ärmelkanal auf der Fahrt nach Frankreich zu überqueren. Aber unsere Pechsträhne riss nicht ab. Nach acht Stunden und etwa siebzig Meilen erreichte uns eine neue Sturmwarnung, fast in der Mitte des Kanals.

Durch die Ereignisse der zurückliegenden Woche völlig zermürbt und entnervt, sah sich der Kapitän gezwungen, umzudrehen und Schutz zwischen der Isle of Wight und der südenglischen Festlandküste zu suchen. Hier verharrte unser Kümo bis zum nächsten Morgen auf Reede. Wie zum Hohn erfolgte die Sturmwarnung zu übereifrig. Bei einer frischen Brise und einer mäßig bewegten See aus Südwest durchquerte die ›Maro‹ in Ballast (ohne Ladung) den Kanal und machte abends in Le Tréport, nordöstlich von Dieppe fest, um weißen Kalkstein zu übernehmen. Am 17. Dezember, dem 3. Advent, unternahm ich auf der Steilküste einen ausgiebigen Spaziergang. Bei bestem Wintersonnenschein bot sich von den hohen Kreidefelsen ein ungewöhnlicher Ausblick auf die Küste und das Meer.

Am Montag bemängelte der Alte vor dem Laden den Zustand des Laderaums, also musste noch einmal durchgefegt werden. Am Abend stattete ich mit Arnold der ›Elvdiek‹ (Elbdeich) einen Besuch ab. Ich war natürlich neugierig, wie andere Kümos ausgestattet waren und welche Bordatmosphäre, welcher Umgang untereinander herrschte. Anscheinend gab es in dieser Hinsicht keine gravierenden Unterschiede zur ›Maro‹.

Bei einer kleinen Schiffsbesatzung spielten Rang und Qualifikation nicht so die Rolle wie auf großen Pötten mit über dreißig Mann Besatzung. So war es auch selbstverständlich, dass sich in der Steuermannskammer die Decksjantjes zum Klönschnack oder Skatspiel zusammensetzten. Nun erlebte ich aber die Kehrseite. Als Arnold und ich mit leichter Schlagseite wieder unsere ›Maro‹ enterten, konnte ich ihm einen Absacker nicht verwehren. Dabei blieb es nicht und es wurden mehrere.

»Nun is aber Feierabend, Arnold. Ab in die Koje!«

»Nö, ich geh nich.« Nach weiteren Aufforderungen sah ich meine Autorität schwinden. Jeder Umgang miteinander hat auch seine Grenzen.

»Zum allerletzten Mal: Verschwinde in deine Koje!«

»Nö, wir trinken noch einen«, lallte Arnold.

Das war zuviel des Guten – und bist du nicht willig, so hilft nur Gewalt! Ich versetzte ihm einen Faustschlag direkt auf das Kinn. Er fiel vom Stuhl, berappelte sich und machte nun Anstalten mich anzugreifen. Da setzte ich noch zweimal nach und Arnold verschwand – endlich! – auf allen vieren kriechend in seiner Kammer. Nach dieser üblen Szene empfand ich absolut kein Triumphgefühl, ich hatte aber auch keine andere Wahl, als das Faustrecht walten zu lassen. Unruhig und grübelnd darüber sinnierend übermannte mich nach einer Weile der Schlaf.

***

»Was war denn hier los, überall Blut, wir sind hier doch nicht in der ›Ritze‹ (Boxerlokal auf St. Pauli)!«, entfuhr es ziemlich lautstark dem Alten, als er am nächsten Morgen die Treppe zu den unteren Kammern hinunterging.

»Kleine Meinungsverschiedenheit, Kaptein, ging nich anners«, antwortete ich. Im gleichen Moment erschrak ich doch gewaltig, als ich überall im Gang Blutflecken entdeckte. Arnold lugte aus seiner Kammer, ein großes Pflaster überdeckte seine rechte Augenbraue.

»Alles halb so wild, bin wieder fit, kommt nich wieder vor!« Dies ließ darauf schließen, dass sich der Leichtmatrose sehr wohl an den Hergang nach Mitternacht erinnern konnte. Trotz alledem hatte ich ein verdammt schlechtes Gewissen. Das steigerte sich noch, als mir der Alte am Mittag befahl: »Stürmann, geh unter Deck!« (Leg dich mal hin).

Am Abend lief unser Kümo aus. Ich übernahm meine gewohnte Mitternachtswache bis 6:00 Uhr morgens und navigierte die ›Maro‹ durch das wohl meist befahrene Nadelöhr der Schifffahrt, die Straße von Dover. Erschwerend damals wie heute ist an dieser Stelle vor allem der rege Fährverkehr von den französischen Fährhäfen Boulogne-sur-Mer, Dünkirchen und Calais nach Folkestone, Ramsgate und Dover in England.

In meinen Freiwachen las ich, völlig unpassend zur Vorweihnachtszeit, Erich Maria Remarques 1. Weltkriegs-Epos ›Im

Westen nichts Neues‹. Die Nordsee zeigte sich ganz anders als zwölf Tage zuvor – hämisch das fahle Sonnenlicht widerspiegelnd bei ganz leicht gekräuselter See.

Weihnachten in Brunsbüttel

Am 21. Dezember machte die ›Maro‹ vor der Brunsbütteler Schleuse fest. Ich geriet mit dem Alten ziemlich aneinander, weil er mir einen kleinen Vorschuss von 50 DM gewähren sollte. Dieses kleinliche Verhalten, wenn es um das liebe Geld ging, war ja auf den Eigner-Kümos gang und gäbe. Außer Arnold fuhren alle anderen über Weihnachten nach Hause. Nun hatte ich als Stellvertreter des Kapitäns die alleinige Verantwortung für das Schiff.

Am Heiligabend fand im nahe gelegenen Seemannsheim eine kleine Weihnachtsandacht statt. Alle Anwesenden, hauptsächlich Kümo-Janmaaten im besten Landgangszwirn, wussten sich zu benehmen, als der Seemannspastor die Weihnachtsgeschichte ›Es begab sich zu der Zeit, als Kaiser Augustus…‹ verlas. Danach hielt es ein Dutzend Seelords nicht davon ab, in den Prärie-Salon zu wechseln, um die Geburt Jesu ordentlich zu begießen.

Am 1. Weihnachtsfeiertag wurde mit reichlich Bowle auf der hinter uns liegenden ›Heimwärts‹, einem kleinen Kümo-Neubau, weitergefeiert. Die kleine Messe dort füllte sich im Laufe des frühen Abends bis auf den letzten Platz, als die Maaten von der ›Adriana‹, mit ihren 2.000 Tonnen Tragfähigkeit schon ein richtiger Stückgutdampfer, dazukamen. Bei dieser Feier ging das Gerücht um, dass sich ein ›Schlickrutscher‹ (abwertend für kleine Kümos) um Mitternacht mit der Megaphon-Ansage ›Hier kommt MS Extrabreit, macht das Tor auf!‹ der Schleuse genähert hätte. Die Wasserschutz-Polizei bereitete diesem schlechten Scherz ein schnelles Ende. Sicherlich war auch dort der Schiffsführer nicht an Bord und die verbliebenden beiden

Jantjes hatten sich (Christ-)sternhagelvoll eine üble ›Wetten, dass...‹-Aktion ausgedacht. Wie sich wenig später herausstellte, erwies sich dieser gefährliche Schabernack als wahr.

Arnold hatte über das Christfest die Kombüse übernommen und zelebrierte für uns beide einen köstlichen Weihnachtsschmaus: Ente mit Rotkohl und Thüringer Klößen. Das unselige Geschehen in Le Tréport hatten wir beide ganz schnell vergessen. Arnold befolgte ohne Murren brav meine Anweisungen. Dienstgradmäßig waren Autorität und Ordnung wieder hergestellt. Während der Leichtmatrose oben in der Kombüse Pfannen und Töpfe schwang, bereitete mir unten im Maschinenraum der Hilfsdiesel (Jockel) zur Stromerzeugung Schwierigkeiten. Er lief ziemlich unrund und es qualmte ein wenig. Die Ursache war, dass der zentrale Vorratsbehälter für alle Schmierstellen fast leer war. Nach dem Auffüllen von Öl schnatterte der Motor zufrieden wie immer.

Am zweiten Weihnachtstag kamen der Alte, Wolfgang und der neue Koch Jürgen an Bord. Seppl und Friedel aber glänzten durch Abwesenheit. Trotz der Unterbesetzung setzte dann unser Kahn die Reise durch den Kiel-Kanal fort. In Holtenau erschien auch Friedel. Seppl hatte sich eigenständig weiteren Urlaub genehmigt.

Im Nord-Ostsee-Kanal

Danzig – Kolberg – Stettin

Ich übernahm mal wieder die 6:00-bis-12:00-Kapitänswache bis Gedser Odde, dem südlichsten Zipfel Dänemarks. Danach fuhr die ›Maro‹ entlang der pommerschen Küste auf östlichem Kurs bis nach Danzig, wo innerhalb weniger Stunden – leider – die fast 700 Tonnen Kalkstein von Kränen mit Riesenschaufeln entladen wurden. Spätabends legte die ›Maro‹ ab und schipperte nun mit Ziel Stettin wieder in die andere Richtung. Auf meiner Nachmittagswache konnte ich es mir nicht verkneifen, die pommersche Küste mit der Stadt Kolberg in Augenschein zu nehmen. Dazu musste ich den Kurs leicht nach Backbord auf West-Südwest ändern, um näher an die Küste zu kommen.

Durch mein (Fern-)Glas sah ich einen einzigen, nicht enden wollenden breiten Sandstrand mit niedrigen und höheren Abbruchkanten und dahinterliegenden Kiefern- und Fichtenwäldern. Nur die Hafeneinfahrt von Kolberg unterbrach den Strand. Mehrere hohe Wachtürme, die ich anfangs für Hochsitze hielt, verschandelten diesen herrlichen Küstenabschnitt. Am Ende des 2. Weltkriegs (März 1945) wurde die Stadt zu 90 Prozent durch blutige Kämpfe zwischen der Roten Armee und der Wehrmacht zerstört, nur der große markante Leuchtturm schien den Krieg überstanden zu haben.

Andere ältere, historische Bauten konnte ich nicht erkennen. Das war schon der zweite schwere Schicksalsschlag für die Stadt, die sich bereits hundertachtunddreißig Jahre zuvor einer Belagerung durch Truppen Napoleons hatte erwehren müssen. Ich beobachtete das eingeschaltete Echolot unentwegt und stellte durch ständige Peilungen unseren Abstand zur Küste fest. Weil meine Neugier obsiegte, war unser Schiff mittlerweile in die hoheitliche Dreimeilen-Zone geraten. ›*Schisko jedno*‹, dachte ich. Plötzlich schossen zwei unschwer zu erkennende

Schnellboote der polnischen Marine aus der Hafeneinfahrt direkt auf die ›Maro‹ zu.

»Hart Steuerbord!«, befahl ich Friedel am Ruder und ging von halber auf volle Kraft voraus, um schnell wieder aus der Dreimeilen-Zone zu kommen. Als die Schnellboote sich rasch näherten, konnte ich mit der flugs vorgenommenen Peilung den aktuellen Standort auf der Seekarte eintragen.

Wir befanden uns glücklicherweise dreieinhalb Meilen von der Küste entfernt. Trotzdem umkreisten die beiden grauen, etwa 15 Meter langen, Furcht einflößenden Kriegskähne zweimal den ›Spionage-Kreuzer Maro‹ und drehten dann – Gott sei Dank – ab.

Mein jugendlicher Leichtsinn hätte mich garantiert mein gerade erworbenes Patent gekostet, wusste ich doch, das Schiffe, die die ›hoheitlichen Gewässer‹ verletzten, ohne weiteres aufgebracht werden konnten, zumal in kommunistischen Ländern in Zeiten des Kalten Krieges. Von alledem hatte der Kapitän in seiner Koje nichts mitbekommen.

Was hätte er wohl getobt, wenn ich ihm im Kolberger Kriegsmarine-Hafenbecken hätte erklären müssen, dass wir für Spione gehalten wurden! So konnte ich beruhigt meine Fahrt fortsetzen, aber außerhalb der Hoheitsgewässer.

Jahrzehnte später, während einer Kur in Kolberg, konnte ich mir die Stadt und den Hafen zu Fuß anschauen, auch die Stelle, in der nun die modernen Schnellboote lagen, jetzt im EU- und NATO-Land Polen.

Als ich am 16. März während meines Aufenthaltes die deutschsprachige Betreuerin im Kurhotel fragte, was es denn mit der unübersehbaren Beflaggung (weiß-rote Fahnen) auf sich hätte, antwortete sie nur knapp: »Heute ist der Tag der Befreiung!«

»Auch für die Deutschen, die hier lebten und ihre Heimat verlassen mussten?«

Darauf bekam ich von der sonst so freundlichen, angenehmen Elsbieta keine Antwort, sie drehte sich um und ging. In der

BRD hätte es bei vielen nach jener Frage wohl die gleiche Reaktion gegeben. Unsensibilität gegenüber den Schicksalen von Flüchtlingen, die alles verloren haben, ist keine Erscheinung der heutigen Zeit. In der DDR wurde das Thema Flucht und Vertreibung tabuisiert.

Bevor wir in Stettin festmachen konnten, um Zucker zu laden, warteten wir in Swinemünde auf den Lotsen. Der erschien am nächsten, letzten Tag des Jahres, einem Sonntag. Durch das Stettiner Haff und dann weiter in der mal breiten, mal schmalen Oder hinauf ging es mit langsamer Fahrt fast fünf Stunden lang zu unserem Liegeplatz an der Wartepier.

Ich wollte zusammen mit Wolfgang den Rutsch ins Neue Jahr an Land feiern, aber in sämtlichen Lokalitäten der Stadt feierte man unter sich: Geschlossene Gesellschaft. Es blieb uns nichts anderes übrig, als das Neue Jahr 1968 an Bord willkommen zu heißen. Womit? Natürlich ausgiebig mit polnischem Wodka.

Am Neujahrstag wurde ich abends von Kristyna im ›Club Atlantiz‹ eingefangen und in ihre kleine, gemütliche Wohnung geschleppt. Ihr Zuhause lag in einem großen Mietshaus, einem der wenigen, die der Krieg nicht zerstört hatte. Gewöhnungsbedürftig war allerdings ein Berg von Briketts neben dem Kachelofen in ihrem Domizil. Aber dafür hatten wir es auch schön warm. Ich blieb bis zum nächsten Morgen.

Danach beschäftigte ich unsere drei verbliebenen Decksbauern mit Malerarbeiten im Logis unter Deck. Abends hielt es mich nicht an Bord, und so landete ich im ›Kaffee Club‹, wo ich Kuddel von der ›Peter Pan‹ wiedertraf. Wir hatten reichlich Gesprächsstoff und begossen das Neue Jahr.

Zu vorgerückter Stunde, um 2:00 Uhr nachts, erschien meine schwarzhaarige Perle Kristyna und die nächsten zwei Tage blieb meine Koje auf der ›Maro‹ unbenutzt. Da ich bereits etliche Seesonntage auf meinem Urlaubs- bzw. Freie-Tage-Konto verbucht hatte, hatte der Kapitän nichts dagegen, dass ich diese im Hafen abbummelte. Außerdem musste unser Kahn immer noch auf das Übernehmen der Zuckerladung warten, es herrschte also Stillstand an Bord.

Natürlich war der Alte darüber ziemlich verärgert. Ein Schiff verdient nur Geld, wenn es fährt. In Polen gingen die Uhren eben manchmal anders. »Kommst du heute, kommst du morgen, übermorgen ganz bestimmt!«

Derweil pflegten meine *zona* (Ehefrau auf Zeit) und ich ganz inniglich die deutsch-polnischen Beziehungen ohne große Verständigungsprobleme. Krystina beherrschte ein etwas holpriges Deutsch.

Am 4. Januar, einem Donnerstag, machten wir einen Spaziergang durch die Hansestadt mit ihrer siebenhundertjährigen deutschen Geschichte. Beim Anblick all der zerstörten Gebäude und Trümmerflächen überkamen mich mal wieder Trauer, Zorn und Wut darüber, warum der Mensch, das angeblich vernunftbegabte Wesen, so etwas wie Krieg mit Tod, Zerstörung und Leid, zulässt. Was für ein Grauen hatte sich hier wohl vor dreiundzwanzig Jahren ereignet?!

Krystinas Vorschlag ins Kino zu gehen kam mir sehr gelegen, um mich von meinen Gedanken über die Verführbarkeit und Dummheit der Menschen etwas abzulenken. Im Kintopp lief der Wildwest-Film ›The last hunt‹, ein von der staatlichen Zensur genehmigtes Indianer-Drama, in Englisch mit polnischen Untertiteln. Am Freitagmorgen verabredete ich mich mit meinem *dziewczyna* (Mädchen) für den Abend. Leider sollte alles anders kommen.

Tagsüber brachte ich im Vormast eine Lampenhalterung an, die beim Sturm einen Monat zuvor in die Brüche gegangen war. Diese schwierige Arbeit schaffte ich gerade noch, fühlte mich aber zunehmend angeschlagen und ermattet. An mein geplantes Treffen mit Krystina war nicht mehr zu denken. Am nächsten Tag hatte mich die vermeintliche Grippe mit Erbrechen und hohem Fieber voll im Griff. Mein Sprechen schlug um in ein heiseres Krächzen. Bei winterlicher, aber nicht allzu großer Kälte verholte die ›Maro‹ an die Ladepier – endlich nach über einer Woche. Ich musste die Koje hüten. Zu allem Überfluss breiteten sich immer mehr Herpes-Bläschen vom Mund über das ganze Gesicht aus. Trotz alledem übernahm ich am Montagnachmittag die Seewache von 6:00 Uhr abends bis 2:00 Uhr nachts, ohne Stimme, mit Fieber und einem Gesicht wie aus einem Gruselfilm. Natürlich führte mich dann mein erster Weg in Kiel-Holtenau zum Arzt, der mich umgehend in die Uni-Hautklinik einwies, sehr zum Missfallen des Alten. Nun musste sein Schwiegervater, der Eigner, für mich einspringen. Die beiden waren ja nicht gerade ziemlich beste Freunde.

Ein paar Tage später, die Blasen bedeckten nun vollends das ganze Gesicht, wurde ich im Hörsaal von Medizinstudenten beäugt und regelrecht begafft, wie eine seltene Spezies im Zoo. Meine seelische Verfassung erreichte einen Tiefpunkt. Verstärkt wurde er noch dadurch, dass Ärzte mit Aussprüchen wie ›Wie, hat er auch noch was zu sagen?‹ nicht gerade zur psychischen Erbauung beitrugen. So waren sie eben, die arroganten Halbgötter in Weiß, anno 1968. Die Rekonvaleszenz zog sich einschließlich einer Mandeloperation noch einige Zeit hin. Die ›Maro‹ musste ohne mich auskommen.

Oldenburg und Ålborg (Dänemark)

Am Sonntag, den 18. Februar, hatte mich ›mein‹ Kümo wieder. Dieses Mal stieg ich in Oldenburg ein. Durch schmales Fahrwasser, die Hunte abwärts bis Elsfleth und mit der Flut, fuhr unser Pöttchen die Weser aufwärts bis Bremen, um dort Kali zu laden. In nicht gerade euphorischer Stimmung musste ich mich nach meiner Auszeit wieder an das Bordleben gewöhnen. Mittlerweile war die Stelle des Kochs unbesetzt, also schwang der Kapitän höchstselbst Pfannen und Politikus (große Schöpfkelle), während ›Opa‹ Backschaft machte – der Eigner als Tellerwäscher! Nun, auch das gehörte halt zum Seemannsleben auf einem Kümo.

Innerhalb von sieben Stunden hatten in Bremen fast 700 Tonnen Kali im Laderaum Platz gefunden und am nächsten Morgen ging es die Weser abwärts wieder Richtung Kiel-Kanal. In einem großen Bogen drehte ich unseren Kahn vorbei an Scharhörn im Wattenmeer und in die Elbmündung mit ihrem regen Verkehr bis nach Brunsbüttel. Nach dem Durchfahren des Kanals setzte heftiges Schneetreiben ein, Grund genug, das Radargerät einzuschalten, aber der Schirm blieb dunkel. Nichts wäre gefährlicher, als bei einer mäßigen Sicht eine Kollision mit einem anderen Schiff zu verursachen. Nun beorderte ich Arnold als Ausguck auf die Back und drosselte unsere Fahrtgeschwindigkeit. Erfreulicherweise ließ der Schneeschauer nach.

Ich konnte aufatmen, nahm Kurs auf die Meerenge zwischen Langeland und Lolland und danach in den Großen Belt. Auf etwa 57° Nord fuhr die ›Maro‹ vom ›Kabelgatt‹ (Kattegat) in den Limfjord und machte gegen Mitternacht in Ålborg, dem Hauptort Nord-Jütlands, fest. Um 5:00 Uhr verholte unser kleiner *bulk-carrier* (Massengut-Frachter) an die Kalipier. Mit mickrigen Autokränen begann das Löschen.

Der Alte fiel aus allen Wolken, als er die kleinen Schaufeln sah, wusste er doch nur zu gut, dass wir dadurch über das Wochenende in Ålborg festliegen würden und entschloss sich daher, kurzerhand für drei Tage nach Hause zu seiner Familie zu fahren. Jetzt war ich am Wochenende wieder der Obermacker an Bord.

Die folgenden Landgänge gestalteten sich recht teuer und gutbürgerlich. An Lokalitäten herrschte in der nördlichsten Großstadt Dänemarks kein Mangel, aber ein nicht gerade normaler Eintrittspreis in den Diskotheken und hochpreisige Getränke trübten doch unsere Erwartungsfreude.

In einem Beatschuppen machte ich die Bekanntschaft mit einem dänischen Seemann von der Maersk-Reederei, heute eines der größten Schifffahrtsunternehmen für Containerfracht weltweit. Schon drei Jahre zuvor war ich in Ostasien vielen Seelords von den Maersk-Linern begegnet, vor allem in Bangkok.

Auch Ole hatte etliche Reisen zur thailändischen Hauptstadt hinter sich und so tauschten wir uns umfassend über unsere Episoden aus, in Erinnerungen schwelgend an die große, weite Welt – hier im kalten, nebligen Ålborg.

Seppl hatte mal wieder eine Menge Außenbordskollegen geangelt und so gab es am Sonntag viel verschiedenen, gebratenen Fisch. Am Montagnachmittag war unsere Ladung gelöscht, doch bei der vorherrschenden ›Suppe‹ (dichter Nebel) war an Auslaufen nicht zu denken. Erst am nächsten Vormittag klarte es ein wenig auf und die ›Maro‹ nahm Kurs auf den Öresund.

Malmö/Hamburg und die ›Gorch Fock‹

An der Insel Anholt im Kattegat vorbei steuerte unser Kümo in die Meerenge zwischen der dänischen Insel Seeland und Südschweden. Um Mitternacht erreichten wir Malmö. Unsere außergewöhnliche Fracht, kleine Pflastersteine, verschwand schnell in den beiden Luken und sollte in Hamburg gelöscht werden. Nun wäre die kürzeste Route dahin durch den Kiel-Kanal gewesen, doch der Kapitän wählte den Umweg über Skagen an der Nordspitze Jütlands, da für die gesamte westliche Ostsee weiterhin Nebel vorausgesagt war.

Dadurch lernte ich durch ein für mich neues Revier, die dänische und nordfriesische Westküste, zu navigieren. Wir passierten Sylt, Amrum, Helgoland und Feuerschiff ›Elbe I‹. Neun Stunden später machten wir in meinem geliebten Hamburg fest, an einem optimalen Wochentag – Sonnabend, den 2. März.

Beim fälligen Landgang kehrte ich erst einmal im gutbürgerlichen ›Zillertal‹ ein. Bei bayrischem Bier und Blasmusik mochte man annehmen nicht in Hamburg, sondern in München gelandet zu sein. Wie doch der Zufall seine Hand im Spiel hatte! Ich traf nacheinander gleich zwei ›alte‹ Fahrensmänner, Matrose Jürgen von der ›Nürnberg‹ und Volker von der Seefahrtschule, der auch auf einem Eigner-Ewer gelandet war und anfangs viel Mühe damit hatte, sich an die Gepflogenheiten auf einem Kümo zu gewöhnen. Wir hatten also sattsam Gesprächsstoff. Danach verfiel ich wieder in meine alte, lasterhafte Gewohnheit, den verschiedenen altbekannten Kneipen ›auf dem Hügel‹ (St. Pauli) einen Besuch abzustatten.

»Watt, du bis nu op 'nem Kümo, bis doch sonst immer op grohte Fahrt ween?«, entsetzte sich Paula mit dem phänomenalen Personengedächtnis im ›Piccolo‹. »Hebb Pitent moukt, op lütte Faht, domit kann ik nich gligs as Ersten bi Hapag op nen groten Dampfer anheuern.« Schön, dass es noch Lokale gab, in denen man mich wiedererkannte.

Zu vorgerückter Stunde am Morgen zog es mich zum Fischmarkt, wo ich auf meine beiden Spezis Seppl und Arnold stieß. Warum nur traf ich immer auf bekannte Leute an bestimmten Orten? Klare Antwort: Weil alle anderen Seelords auch dahin zu gehen pflegten, zur selben Zeit, zum gleichen Ort.

Bei Eier-Cohrs gab es lauten Krawall, zogen doch dort einige langhaarige Studenten und Revoluzzer (Zeitjargon) mit ›Ho, ho, ho tschi min!‹-Rufen vorbei.

»Sollen mal lieber arbeiten gehen oder gleich in die Ostzone!«, äußerte sich ziemlich laut und einhellig das Publikum. Auch ich konnte mich (damals) für demonstrierende ›Unruhestifter‹ nicht erwärmen, die unverhohlen ihre Sympathien für den Sozialismus kundtaten und das Rote Buch von Mao-Tse-Tung schwenkten. Wie wir wissen, hat der chinesische Revolutionsführer noch mehr Millionen Menschen auf dem Gewissen als Hitler oder Stalin. Außerdem hatte ich den real existierenden Sozialismus zur Genüge in China, Nord-Vietnam, Rumänien und auch bei meinen Besuchen in der DDR hautnah erlebt. Da verwundert es nicht, dass meine Generation und Gesellschaftsschicht den Weltverbesserern nicht gerade freundlich, sondern ablehnend gegenüberstand. Nur in einer Hinsicht gingen insbesondere wir Seeleute mit den heute hochgelobten sogenannten 68ern konform: Mit der Ablehnung einer spießigen Bürgerlichkeit in vielen Lebensbereichen, ohne dabei gleich die ganze Gesellschaft auf den Kopf zu stellen. Auch aus meiner heutigen Sicht waren die 68er keine breite Massenbewegung. Hauptsächlich kamen ihre Protagonisten aus der Mittel- und Oberschicht, nicht aus der Arbeiterschicht, die zum Wohlstand der Gesellschaft den allergrößten Beitrag leistet. Dabei schäm(t)en sie sich nicht zu behaupten, sich für die hart schaffenden Arbeiter*innen einzusetzen. Diese perfide Selbstdarstellung scheint heute noch ausgeprägter zu sein.

Eigentlich hätte mich die Müdigkeit an diesem Sonntagmorgen schon längst übermannen müssen. Mit Arnold und Seppl im Schlepptau wollte ich mir aber unbedingt die ›Gorch Fock‹, das Schulschiff der BUMA (Bundesmarine), aus allernächster Nähe anschauen. Dieser erst nach dem Krieg gebaute eiserne Segler hatte an den Landungsbrücken festgemacht. Mir erschien sie gleich etwas kleiner als die ›Passat‹, auf der ich meine Matrosenprüfung abgelegt hatte.

»Keine Besichtigung an Bord, da ist heute Kap-Horniers-Treffen«, erklärte mir ein ziviler Wachmann. Es brachte mich trotzdem auf die grandiose Idee, doch dieses bekannte Schiff, welches unseren Zehn-Mark-Schein zierte, zu entern.

»Wie willst du das denn schaffen, da an Deck zu kommen?«, gab Seppl zu bedenken. »Du bist kein Kap Hornier!« (Der erlauchte Kreis von Kapitänen und Offizieren, die das Kap an der Südspitze Südamerikas noch umsegelt hatten – später durften sich auch Bootsmänner und sogar Matrosen dazuzählen).

»Ihr werdet's schon sehen, wetten, dass…!«, entgegnete ich voller Tatendrang – und mit etlichem Gerstensaft und einigem Köm im Oberstübchen. Ich ging kühn und wagemutig geradewegs auf das Fallreep zu, vor der ein Kriegsmarine-Maat in Uniform stand.

»Sie dürfen hier nicht rauf!«

»Na, hör'n Se mal, wissen Se eigentlich, wer ich bin? Bin der jüngste Sohn von Kapitän Meyer!«, giftete ich den Wachposten an. Der war nun durch meinen forschen Ton so verdutzt, dass er mich nicht daran hinderte, die Gangway hinaufzusteigen. An

Deck angekommen, wurde mir erst einmal ein Sekt zur Begrüßung gereicht. Später kamen dazu noch etliche Köm in Gläschen mit dem Bundesadler. Es entging mir nicht, dass ich vom überwiegend älteren Publikum misstrauisch beäugt wurde.

Die meisten Silberköpfe trugen Schirmmützen mit Ansteckern der Reedereiflaggen von Hapag, Lloyd und Laeisz. Sie flanierten auf dem Hauptdeck und hielten Klönschnack. Mein Interesse galt vor allem der umfangreichen Takelage an Bord, bestehend aus hundert verschiedenen Tauen und Rahen, vom Vor-Royalstag bis zum Besanschot, von der Halteleine für den vorderen Mast bis zum Flaschenzug für das hinterste Segel.

Nachdem ich, mittlerweile schon zum zweiten Mal, von einem Kap Hornier vernommen hatte – nicht gerade für meine Ohren bestimmt – »Was mach der denn hier?«, wusste ich, dass mein Besuch auf der ›Gorch Fock‹ bald ablaufen würde. Ein skeptisch blickender Offizier in schneeweißer Uniform verlangte von mir das Einladungsschreiben. Daraufhin verzichtete ich auf einen dreisten Spruch.

»Hab die Einladung vergessen.«

»Können Sie sich ausweisen?«

»Geh ja schon.«

Er packte mich an der Schulter und bugsierte mich zur Gangway. »Lass dich nicht noch mal hier blicken!«

»War mir ein Vergnügen, mal bei der BUMA vorbeizuschauen, danke für die feine Verköstigung!«, verabschiedete ich mich mit einem überaus höhnischen Grinsen.

»Na, da schaut ihr aber, hab's doch geschafft!«, rief ich Arnold und Seppl triumphierend zu, als ich vom Fallreep aus auf die beiden zumarschierte, nun mit noch gerade ungefährlicher Schlagseite.

»Hab euch auch was mitgebracht: Kleine Köm-Gläser mit Bundesadler!« Großspurig überreichte ich ihnen ohne schlechtes Gewissen meine einbehaltenen Mitbringsel. Schließlich war ich ja auch Steuerzahler, der damit für das fragwürdige und äußerst kostspielige Militär aufkommen musste.

Bis zum Sonntagabend holte ich in meiner Koje meinen versäumten Schlaf nach, träumte noch von der Eskapade auf Deutschlands bekanntestem Segelschiff und kehrte danach am Hansaplatz (heute Hans-Albers-Platz) im ›Silbersack‹ ein.

Am Montag wurde in wenigen Stunden unsere Ladung Pflastersteine gelöscht. Beim Verholen (Liegeplatzwechsel) in die Rethe (Flussarm und Hafenbecken der Süderelbe) fehlte etwa nur ein halber Meter, um unseren Achtermast bei der Durchfahrt einer Bahnbrücke abzurasieren. Ohne Ladung, bei geringem Tiefgang und nicht gefluteten Ballasttanks erreichte unser Kahn schon eine kritische Höhe. Der Kapitän wurde kreidebleich, als die ›Maro‹ die Überführung passierte. Selbst ein schnelles Umschalten der Maschine auf ›Volle Kraft rückwärts‹ hätte das Tempo nicht augenblicklich stoppen können.

Nur einen Katzensprung vom Liegeplatz entfernt, lockte die ›Rethe-Klause‹, eine urige Seemannskneipe inmitten des Hafengebiets. Hier wurde dem allerneuesten Schrei, dem Modetanz ›La Bostella‹ gehuldigt, zu dem auch Kniebeugen und Händeklatschen über dem Kopf gehörten. An ausgelassenen, fröhlichen Tanzpartnerinnen bestand kein Mangel. Meine Auserwählte Monika entpuppte sich als temperament- und humorvolle Deern, die weder zugeknöpft noch prüde war.

Vejle (Dänemark) und Stettin

Am nächsten Tag war die ›Maro‹ mit fast 700 Tonnen Kali vollgeschüttet – Bestimmungshafen Vejle. Die übliche Reiseroute war die Elbe abwärts, Kiel-Kanal, Kleiner Belt, bei Fredericia durch die engste Stelle, an der Trelde Naes Kursänderung von fast 90° in den Vejle Fjord.

Nachdem der Laderaum und Bilgen vom Kali-Staub gesäubert und gewaschen waren, gab es zum Abendbrot wieder mal frisch geangelte Außenbordskameraden und danach wurde ausgiebig Skat gekloppt. Es bereitete meinen Decksjantjes jedes Mal eine Riesenfreude, wenn der Stürmann mal wieder verloren hatte. Im Nachhinein glaube ich aber, dass es bei manchem Spiel nicht mit rechten Dingen zuging. Sei's drum: Wolfgang, Friedel, Seppl und Arnold hatten ihren Spaß!

Die nächste Fracht wartete zur Freude aller, mit Ausnahme des Alten, in Stettin. Am 8. März, einem Freitag, legte die ›Maro‹ morgens in Vejle ab. Auf meiner Wache konnte ich mit Mühe und Not einem anderen westdeutschen Kümo ausweichen. Der wachhabende Steuermann hielt sich stur auf direktem Gegenkurs, ohne nach Steuerbord auszuweichen, obwohl genügend Platz im Fahrwasser war. In der Mecklenburger Bucht schob uns starker Wind von achtern, West 6-7, so gut voran, dass wir schon am nächsten Mittag Swinemünde erreichten. Das Warten auf den Lotsen im Stettiner Vorhafen zog sich mal wieder in die Länge, trotzdem konnten wir schon am späten Abend in Stettin anlegen.

Kurz danach blieb der Alte allein an Bord. Die komplette übrige Besatzung konnte gar nicht schnell genug an Land kommen, die nun polnisch gewordenen Häfen Stettin, Gdingen und Danzig bedeuteten ja das El Dorado der Kümo-Maaten.

Dieses Mal entdeckte ich einen Club, in dem es auf drei Ebenen recht unterschiedlich zuging. Im Parterre befand sich eine große Kneipe für Speis und Trank mit zivilen Preisen für jedermann. Darüber, in einem Tanz-Tempel, musste Frau/Mann schon ein saftiges Eintrittsgeld entrichten, um eine Band zu hören, die auch westliche Popmusik spielte, aber keine Lieder von Heino oder Lolita.

Ganz oben, im zweiten Stock, vermutete ich, was sich auch als richtig herausstellte, einen fast schon luxuriös anmutenden Nachtclub. Hier konnten nur Ausländer (aus dem Westen), Seeleute oder aber korrupte Parteibonzen die unverschämten Mondpreise berappen. Das Preisniveau bezog sich wohlgemerkt auf den Verdienst eines durchschnittlich entlohnten polnischen Arbeiters, nicht auf den eines Seelords mit geschmuggeltem Westgeld. Dieser konnte für zwanzig D-Mark, illegal in die Landeswährung Zloty umgetauscht, leben wie Gott in Frankreich! Im teuren Nachtclub hörte ich das Publikum überwiegend polnisch sprechen. Warum nur gab es im ›besseren‹ existierenden Sozialismus Leute, die so viel mehr Geld ausgeben konnten als der normale polnische Durchschnittsbürger?! Den Namen für diese Lokalitäten unter einem Dach – ›Kaskada‹ – fand ich recht passend. Ansonsten erschien mir dieses Lokal genau als das Gegenteil der gepriesenen, klassenlosen Gesellschaft.

Im Nachtclub traf ich auf Wanda, mit der ich auch wieder die deutsch-polnische Verständigung vertiefte, wie schon zuvor mit Krystina, nur mit dem Unterschied, dass Wanda ziemlich perfekt deutsch sprach. Hatte sie gar deutsche Eltern? Darauf angesprochen, kam die knappe Antwort: Njä (nie)/Nein.

Am Montag wurde die ›Maro‹ von morgens bis weit nach Mitternacht mit Raps beladen. Am späten Nachmittag erschien der überfällige Arnold. Der Kapitän ermahnte ihn lediglich; ein Donnerwetter blieb aus. Langatmige Gardinenpredigten und Erklärungen für den späten Dienstantritt blieben aus und erübrigten sich in Polen, ebenso gut konnte man Katzen das Mausen nicht verbieten.

Hamburg und Ålborg

Am frühen Morgen tuckerte unser Kahn die Oder abwärts durch das Stettiner Haff. Als ich meine Wache antrat, kurz vor Kap Arkona, lachte vom blauen Himmel mit wenigen Cumulus (Haufen)-Wolken die Sonne herab, als wäre schon der Frühling über Nacht angekommen.

Nach der Durchfahrt des Nord-Ostsee-Kanals ging es weiter elbaufwärts bis Hamburg, wo schon um Mitternacht mit dem Löschen unserer Raps-Ladung angefangen wurde. Warum nur diese Hektik und Eile? ›*Time is money*‹, aber gottlob nicht überall. Am Morgen sollte die ›Maro‹, nun mit leerem Laderaum, vom Liegeplatz am Neuhöfer Kanal mit den vielen Getreidesilos zur Rethe an die Kali-Pier verholen. Unsere Maschine wollte aber partout nicht anspringen, der Luftdruck in den beiden überdimensionalen Pressluftflaschen reichte nicht aus. Also musste unser Jockel (Hilfsdiesel) erstmal für mehr Druck sorgen. Es sollte noch besser kommen. Der West-Südwest hinderte unseren Kahn daran, auf üblichem Weg an der Pier festzumachen. Ein Schiff in Ballast mit entleerter Ladung kann dann sehr leicht zum Spielball des Windes werden. So dauerte es fast eine Stunde, mit mehreren Versuchen und unter Zuhilfenahme beider Anker, bis der Kapitän es schaffte, unseren Kümo an die Kaimauer zu drücken. Größere Pötte ordern für solch schwierige Anlegemanöver natürlich einen oder mehrere Schlepper als Drückeberger!

Da die Übernahme der Kaliladung erst für den nächsten Morgen anstand, konnte ich am Abend in die ›Rethe-Klause‹ einkehren und ein Wiedersehen mit Monika feiern.

Schon am Mittag war die ›Maro‹ wieder zur großen Kali-Schute geworden. Der Alte erlaubte Seppl die Mitnahme seiner Frau bis Brunsbüttel. Unser Bayer und ›sine Olsch‹ schienen rein äußerlich so gar nicht zueinander zu passen. Während der dunkelhaarige Seppl von schlanker, großer Statur war, hatte seine blonde, kleine Frau doch etliche Pfunde zuviel, ein Pummelchen also – nun ja, wo die Liebe hinfällt.

Später, im Großen Belt, übernahmen wir von einem dänischen Fischer eine ganze Pütz (Eimer) voll frischer Schollen, für fünf Schachteln Zigaretten, Wert ca. zwei DM (ein Euro). Die Kontaktaufnahme gestaltete sich recht einfach: Arnold wurde auf die Back beordert, winkte dem Fischerboot mit einem gelben Eimer zu und das Boot kam längsseits. Solche Szenerie war etwas ganz Alltägliches in der Ostsee, nur die Währung variierte, in der nördlichen Ostsee bevorzugten die Fischer lieber Hochprozentiges.

Fischübernahme auf der Ostsee

Unser Alter zeigte beim Verarbeiten und Zubereiten der verschiedenen Außenbordskollegen wahre Meisterschaft. Sicherlich schmeckten uns seine eingelegten Bratheringe auch deshalb so gut, weil das Rezept mit einfachen, nicht exotischen Zutaten von seiner Oma stammte, wie er mit breitem Grinsen versicherte. Vor Antritt meiner Wache mussten meistens zwei Heringe kurz vor Mitternacht endgültig das Zeitliche segnen.

Wieder mal in Ålborg, holte ich versäumten Schlaf nach und enterte, nach höflicher Anfrage, die ›Ahrenshoop‹, einen ›ostzonalen‹ Kümo. Anders als sechs Jahre zuvor in Neufundland auf dem DDR-Fischdampfer ›Leuna‹, gab es auf diesem kleinen Schiff keinen Polit-Offizier, der West-Kontakte unterband. Mit zwei an Bord verbliebenen Janmaaten hielt ich Klönschnack, hauptsächlich über Fahrrouten und Häfen unserer beiden Gefäße. Politik streiften wir nur am Rande – war auch besser so.

Gdingen, Hamburg, Antwerpen

Nach dem üblichen Raumwaschen bekam der Kapitän von der Fracht-Agentur Order, Gdingen anzulaufen. Doch zuvor zwang uns wieder mal ein Defekt am Generator für zwei Stunden Kopenhagen anzulaufen, um die Lichtmaschine reparieren zu lassen. Wie gern hätte ich mir Dänemarks Hauptstadt und die kleine Meerjungfrau angesehen! Aber die Aussicht auf einen polnischen Hafen brachte meine Stimmung wieder ins Lot.

Das Wetter bescherte uns von der Køgebugt bis zur pommerschen Küste typisches Aprilwetter mit Regenschauern und Sonnenschein. Nach dem Passieren der Halbinsel Hela in der Danziger Bucht war es nicht mehr weit bis nach Gotenhafen, wie Gdingen für eine Zeit lang genannt wurde.

Um 10:00 Uhr abends wurde die ›Maro‹ an der Pier vertäut. Eine Viertelstunde später war, wie sollte es auch anders sein, nur noch der Alte an Bord. Wie in Danzig und Stettin gab es hier im Nachtjacken-Kiez alles, was das Herz des Fahrensmanns höherschlagen ließ: Musik, Tanz und Kneipen mit vielen hübschen Mädels (der Reiz der Polinnen ist unerreicht.). Um 3:00 Uhr landeten wir zur ›deutsch-polnischen Verständigung‹ in Elsbietas Domizil, das ich um 7:00 Uhr verließ, um das korrekte Stauen der Ladung zu überwachen.

Jetzt erhielt die ›Maro‹ den Status eines kleinen Stückgutfrachters. Statt Holz, Massengüter (Kali und Steinkohle) oder Schüttgut (Getreide) füllte sich der durchgehende Laderaum von Luke I und II mit Kaffeesäcken und anderen diversen Stückgütern (Kartons, Kisten, Ballen und Fässern) mit Zielhäfen Hamburg und Antwerpen. Warum unser Kleinfrachter ausgerechnet auch Kaffee dorthin brachte, blieb mir ein Rätsel. Die grünen Bohnen konnten trotz aller sozialistischer Anstrengungen wohl nicht in Polen gewachsen sein. Kapitän – und Eigner – gaben mir keinen Einblick in die Frachtgeschäfte, die bestimmt oft sehr gute Erträge brachten. Beim Geld hört ja bekanntlich nicht nur die Freundschaft auf. Ich vermute, dass bestimmte lukrative Zoll- und Steuertricks für diesen merkwürdigen Transport den Ausschlag gaben.

Nach über dreißig(!) Stunden ohne nennenswerten Schlaf fiel ich abends todmüde in die Koje. Wie so oft, bestimmten in den Häfen, insbesondere den polnischen, die äußeren Umstände Arbeits-, Schlaf- und Landgangszeiten. Zur Geisterstunde, nach dem Auslaufen und Umfahren der Dünen-Halbinsel Hela, trat ich auf der Brücke meine reguläre 12:00-06:00-Wache an, um mich danach gleich wieder in die Horizontale zu begeben. Der

Schlafentzug zuvor forderte seinen Tribut. Bei ruhiger See steuerte die ›Maro‹ auf westlichem Kurs, wie gehabt, Kap Arkona auf Rügen und später Gedser Odde auf Lolland an.

In Kiel-Holtenau erfreuten mich dann einige Briefe, unentbehrlich für einen Seemann, um Kontakte mit den Landratten nicht abreißen zu lassen. Über die Reling hinaus existierte ja noch die normale, übliche Welt! Nach der Fahrt durch den Kiel-Kanal, dem meist befahrenen der Welt, und weiter elbaufwärts, alles wie gehabt, machten wir morgens in Hamburg fest. Die beiden Luken mussten wegen einsetzendem Regen geschlossen bleiben. Als sich die Sonne wieder zeigte, war das Stückgut professionell und fix gelöscht, und die restliche Ladung wurde zum Teil von meinen Decksbauern und mir umgestaut, um eine stabile Lage des Schiffs herzustellen.

Am Abend navigierte ich zum ersten Mal bei Dunkelheit die ›Maro‹ elbabwärts bis Brunsbüttel. Für kleinere Kähne besteht auf dem Fluss kein Lotsenzwang. Es bedeutete für mich schon eine gewisse Herausforderung, unseren Kümo sicher in die Elbmündung zu bringen.

Die Fahrrinne vom Hamburger Hafen bis etwa Freiburg, meinem späteren ersten Lehrerort, verlangt auf etwa 35 Meilen viel Umsicht und ständige Kurskorrektur, ganz abgesehen von dem regen Verkehr kleinerer und größerer Pötte.

Die Sicht war bei einsetzendem Nordwest(-Wind) klar. Die verschiedenen Feuer konnte ich gut ausmachen (sehen), alles in allem eine abwechslungsreiche und reizvolle Beschäftigung. Schließlich gehört die Navigation durch etwas schwierigere Gewässer zur Tätigkeit eines Steuermanns. Es erfüllte mich doch mit ein wenig Stolz, dass der Kapitän mir Schiff, Ladung und Besatzung in diesem Revier bei Dunkelheit anvertraute, denn eigentlich wäre es sein Wachtörn gewesen.

Auf der Höhe der Kanaleinfahrt löste er mich ab. Der Wind briste auf und unser Ewer kam ganz ordentlich ins Rollen und Stampfen. Frau Weckerle, Seppls bessere Hälfte, die mal wieder bis Antwerpen und zurück nach Hamburg mitfahren durfte, wurde prompt seekrank und fütterte in der Nordsee unsere Außenbordskumpel. In Belgiens größter Hafenstadt wurden die restlichen Stückgüter schnell gelöscht. Ich musste meine Post abschicken und abends unbedingt in die ›Lachende Koe‹, dem Janmaaten-Treffpunkt in Antwerpen.

Am nächsten Tag kam es zu einer heftigen Auseinandersetzung mit dem Alten über das leidige Thema ›Arbeitseinsatz des Steuermanns im Hafen‹. Natürlich hatte ich meistens mitgeholfen, wenn alle Hände an Deck gebraucht wurden. Nun verlangte er aber von mir, den Rosthammer und den Pinsel zu schwingen.

»Kaptein, ich habe nicht Patent gemacht, um hier wie ein Decksmann zu arbeiten!«, entgegnete ich ihm mit lauter, zorniger Stimme. Zur Antwort bekam ich einen giftigen und bösen Blick.

»Farben, Pinsel und Rollen für unser Decksjantjes richte ich schon her, einen Rostmoker (Hammer) nehme ich aber nicht mehr in die Hand, sonst können Sie sich einen anderen Stürmann suchen!« Diese Kündigungsandrohung blieb nicht ohne Wirkung. Er behelligte mich nicht mehr mit diesem Thema – bis zum nächsten Mal und das kam viel schneller, als ich dachte. Von Antwerpen fuhr die ›Maro‹, halb beladen mit einigem Stückgut, zurück nach Hamburg.

Werftzeit

Einen Tag später verholte unser Kahn zur kleinen Rancke-Werft in Hamburg-Neuenfelde. Hier wurde der kleine Pott mit dem Steven voran auf Rollen bei Hochwasser an Land gezogen. Nun lagen wir ›auf Slip‹, wie Binnenschiffe und Boote auch. Für kleinere Gefäße gab es aus Kostengründen keine Trocken- oder Schwimmdocks.

Seit meiner Anmusterung am 10. Oktober fuhr die ›Maro‹ mit lädiertem Vordersteven. Für die große Beule trug mein Vorgänger wohl die Hauptverantwortung, als er beim Anlegemanöver den Abstand vom Steven zur Kaimauer zu gering einschätzte, das Schiff noch zu viel Fahrt machte und auf den Beton der Pier knallte. Zum Glück geschah dies bei Niedrigwasser, so dass nur der obere Teil des Stevens eingedrückt wurde, unerheblich für die Seetüchtigkeit.

Außer dieser Reparatur waren noch etliche kleinere und größere Schäden am Generator und am Jockel (Hilfsdiesel) im Maschinenraum zu beheben. Diese Arbeiten zogen sich über eine Woche hin, ausgiebige Möglichkeiten für Landgangs-Erlebnisse. Nun konnte ich natürlich tagsüber nicht mit beiden Händen in den Hosentaschen und im Steuermannszwirn untätig über Deck marschieren.

Es blieb mir nichts anderes übrig, als mich doch auf freiwilliger Basis mit Malerarbeiten nützlich zu machen. So pinselte ich beide Anker und markierte die Fadenlänge (1 Faden = 1,852 m) der Ankerkette. Auch die Freibordmarke mitschiffs und die Ahmings (Tiefgangsskalen vorn und achtern) erhielten einen neuen Anstrich. Diese beiden etwas filigraneren Tätigkeiten hatte ich auch als Matrose des Öfteren gern verrichtet. Nun sah mich der Alte etwas wohlwollender an, schließlich waren wir beide aufeinander angewiesen. Streit und Zank sind, wie überall sonst auch, dem Betriebsklima abträglich. Meine An- oder Abwesenheit auf unserem Kümo bestimmte ich während der Werftzeit größtenteils nun selbst.

Schon am ersten Abend in Hammonia lernte ich im ›Zillertal‹ Wassia kennen, eine waschechte, aparte Griechin in meinem Alter. Wir verabredeten uns für den übernächsten Tag, Treffpunkt Hamburger Rathaus. Warum nur zweifelte ich daran, ob das Treffen überhaupt zustande kommen würde? Aber sie erschien, leicht verspätet! Insgeheim verfluchte ich meine dummen und total überflüssigen Gedankengänge, meinen Pessimismus, nicht nur in jener Situation. Mir fehlte doch etwas mehr Kölner Gelassenheit, nach dem Motto ›Et hätt noch allet jot jejange‹. Wir verbrachten einen wundervollen Nachmittag auf der Alster, bei Planten un Blomen, an den Landungsbrücken und zu guter Letzt im Tanzlokal ›Bocaccio‹ . Ich verabschiedete sie brav mit einem Kuss und machte mich auf den Weg nach Neuenfelde, wo ich an Bord meine Polleraffen schon ziemlich duhn bei ihrer Bordparty antraf. Ich ging ihnen geflissentlich aus dem Weg. Blaue Jungs erträgt man leichter und besser, wenn man selbst auch blau ist. Meine nächste Verabredung mit meiner ›Hellenin‹ ernüchterte mich allemal.

»Ich habe nur zwei Stunden Zeit«, eröffnete sie mir.

»Und ich hab mir extra einen Käfer geliehen, wollte mit dir in die Vierlande fahren, gehört auch zu Hamburg, da war ich noch nicht.«

»Mama ist krank geworden, da kann ich nicht so lang wegbleiben!«

›Na ja, Familie geht bei den Südländern vor‹, ging es mir durch den Kopf. Wir schlenderten noch zum Michel und genossen den grandiosen Ausblick auf die Stadt und den Hafen. Danach willigte sie in kein weiteres Treffen ein – Mama könnte ja noch schlimmer krank werden. Mich schmerzte ihre Absage, aber ich hatte ja noch ein anderes Rendezvous *in petto*.

Erst einmal fuhr ich kurzentschlossen nach Grünendeich, um nach einem halben Jahr meine ehemalige Wirtsfamilie Düwer zu besuchen und natürlich bei Hanna Schulz einzukehren.

Für den nächsten Tag hatte sich Britta aus Marburg mit mir verabredet. Ich hatte sie im Sommer '66 während meines Urlaubs in Gmunden am Traunsee kennengelernt und einen regen, inspirierenden Briefkontakt gehalten. Dass Seeleute in punkto Alkohol nicht gerade abstinent lebten, missfiel ihr sehr. Als Krankenschwester hatte sie auch mit vielen Süchtigen und ihrem Elend zu tun. Beim Wiedersehen erschrak ich, trug sie jetzt doch einen unpassenden kurzen Putz (Frisur), der mir überhaupt nicht gefiel. Darauf angesprochen, erwiderte sie nur, dass es in ihrem Beruf praktischer sei. (Schwestern trugen damals durchweg Kopfhäubchen). Da sie ohnehin zu Besuch bei der buckligen Verwandtschaft in Hamburg weilte, verzichtete ich auf eine Tour durch die Hansestadt, meiner zweiten Heimat. Stattdessen fuhr ich mit dem knallroten Käfer ins Alte Land, wo ich mich mittlerweile ja schon gut auskannte.

Am Abend bestand sie darauf, einen Reeperbahnbummel zu unternehmen. Dabei vermied ich es tunlichst in Lokalitäten einzukehren, in denen man schon allein vom Bierdunst duhn werden konnte. Somit entging ich auch einer langen ausführlichen Belehrung über Teufel Alkohol. Nach unserem Treffen versandete sehr bald unser Kontakt, *c'est la vie*.

Norrköping, London, LeHavre (Schweden, England, Frankreich)

Am 11. April endete das entspannte, geruhsame Werftleben, die ›Maro‹ lief nach Norrköping (Schweden) aus, nun mit glattem Vordersteven, aber dort noch rot leuchtend mit aufgetragener Bleimenninge (Rostschutzfarbe).

Seppl hatte gekündigt und zwei neue Janmaaten heuerten an, Matrose Peter I und Jungmann Peter II. In der westlichen Ostsee herrschte am Karfreitag bei ruhiger See frühlingshaftes Wetter. Nachts navigierte ich unseren schmuck gewordenen Kümo durch den Kalmarsund, zwischen der Insel Öland und dem schwedischen Festland. Nur bei Kalmar wurde es bei dieser Abkürzung etwas eng, sowohl was die Fahrrinne als auch den Verkehr betraf.

Am nördlichen Ausgang des Sunds musste an der Blå Jungfruhn (Blaue Jungfrau) vorbeigefahren werden. Der Kapitän hatte mich schon beim Wachwechsel ausdrücklich über die Besonderheit der kleinen Insel aufgeklärt. Steuerbord voraus sichtete ich das Feuer des Eilandes. Wie von Geisterhand bewegt, drehte sich die Kompassrose um über 40°, obwohl der Rudergänger, Matrose Friedel, nach meiner Anweisung strikt auf das Richtfeuer zuhielt und keine größeren Ruderausschläge vollführte.

Als die Insel dwars (quer) von der ›Maro‹ passiert wurde, fing die Kompassrose an, vollends verrückt zu spielen und drehte sich fast wie ein Brummkreisel nach links und rechts. Für etwa fünf Minuten fiel der Kompass also total aus. Diese kurze Zeitspanne erschien mir wie eine Ewigkeit.

Ein Schiff ohne funktionstüchtigen Kompass ist wie russisches Roulette und genauso gefährlich. So unvermittelt der Spuk begann, so schnell war er auch wieder vorbei. Des Rätsels Lösung: Eigentlich hatte man es im wahrsten Sinne des Wortes nicht mit einer blauen, sondern mit einer eisernen Jungfrau zu tun, die hauptsächlich aus Gestein mit einem sehr hohen Anteil Eisenerz besteht und so den Kompass verführte und um seinen Verstand brachte.

Die bewaldete Insel stand schon damals unter Naturschutz, so verhinderte der schwedische Staat den Abbau des Erzes durch profitgierige Investoren. Trotz des Kompassausfalles bereitete das Navigieren keine großen Probleme, etliche Feuer in der näheren und weiteren Umgebung leiteten in der Dunkelheit zuverlässig Boote und Schiffe an diesem bizarren Eiland vorbei.

Am Nachmittag des Ostersonnabends übernahm für vier Stunden ein Lotse das Kommando auf der Brücke bis nach Norrköping. Offiziell hat zwar der Kapitän die Verantwortung, de facto richtet er sich aber ganz und gar nach den Anweisungen des Revier-Experten. Nun war ich schon das zweite Mal in dieser bedeutenden Industrie- und Hafenstadt südwestlich von Stockholm gelandet. Die Erlebnisse fünf Jahre zuvor mit der ›Reinhard Lorenz Russ‹ hafteten noch in bester Erinnerung in meinem Gedächtnis. Aber dieses Mal beschickten (erreichten) Koch Jürgen, der neue Matrose Peter und ich außer ein paar Tänzchen in einem Beat-Schuppen rein gar nichts. So begruben wir fürs Erste den Traum von nordischen Nächten mit *svenska flickas*.

Am Ostermontag, dem 15. April wurde an Bord der ›Heimatland‹, einem Kümo gleicher Größe wie die ›Maro‹, eine kleine Party bis 3:00 Uhr morgens gefeiert, zusammen mit Steuermann

Peter Wegener vom A2-Lehrgang in Grünendeich. Auf uns wartete eine spezielle Ladung, Eisenträger verschiedener Stärken und Längen, für *merry old England.*

Am letzten Abend versuchten Jürgen und ich unser Glück im ›Café Skandia‹, mir noch in bester Erinnerung aus dem Jahr 1963. Aber hier verabschiedeten wir uns mit säuerlicher Miene schon um 10:00 Uhr abends. Früher war dort natürlich mehr los, als es noch eine freie Auswahl bei den vielen offenherzigen schwedischen Mädchen gab. Nun ja, früher war alles besser, was aufs ›Café Skandia‹ ausnahmsweise zutraf.

Nach fünf Tagen Liegezeit schipperte die ›Maro‹ wieder zurück Richtung Nord-Ostsee-Kanal. Auf meiner ersten Wache musste ich ohne Rudergänger auskommen. Alle Hände der Deckskameraden wurden gebraucht, um die schweren Eisenträger-Elemente ganz fest zu laschen. Sie durften bei Schlechtwetter keinesfalls ins Rutschen kommen. Selbst der Eigner, der auf dieser Reise mitfuhr, und der Kapitän arbeiteten bei dieser Aktion mit. So kreierte ich eine Spezial-Selbststeuerung mit zwei seitlich angebrachten dünnen Tampen, die das große Steuerrad fixierten. Natürlich musste ich trotzdem wachsam sein, um nicht vom Kurs abzukommen. Dieses System funktionierte nur bei klarer Sicht, geringem Wind und ruhiger See. Jetzt sprang ich vom Peildiopter in der Brückennock zum Kartentisch und zum Ruder hin und her. Dabei bereiteten mir die Fischer wieder einmal den größten Ärger, weil man nie sicher sein konnte, welche Kursänderung sie im Schilde führten. Das verursachte oft Ausweichmanöver, bei denen das Schiff naturgemäß vom vorgesehenen Kurs abdriftete und dann eine nachträgliche Kurskorrektur erforderte.

Im Nord-Ostsee-Kanal übernahmen wir Proviant und füllten unsere Treibstofftanks. Ich trieb nach viel Lauferei die aktuellste Version des Funkpeilbuchs auf. In Brunsbüttel stieg ›Opa‹, der Eigner, wieder aus, wohl sehr zur klammheimlichen Freude des Kapitäns. Nach wie vor hatte die Chemie zwischen beiden doch im Argen gelegen.

Durch die friedliche Nordsee tuckerte die ›Maro‹ der Themsemündung entgegen. Bei Gravesend musste unser Kahn auf Hochwasser warten und ging vor Anker. Am frühen Morgen führte uns der Themse-Lotse bis nach Barking, etwa 10 Kilometer westlich der Londoner City. In der Nähe, in Dogenham, waren die Schornsteine der Ford-Werke nicht zu übersehen. Am Abend gabelten Jürgen und ich am Themse-Ufer zwei ältere Teenager auf, die uns nach einer gefühlten Weltreise mit dem Doppeldecker-Bus nach Tottenham im Norden der Metropole verschleppten. Im ›Cinderella‹, einem hauptsächlich

London/ Barking

von jugendlichem Publikum bevölkerten Pub, stellten Mary und Vanessa uns ihren Freundinnen und Freunden vor. Wir fühlten uns dabei wie Exoten, aber im anerkennenden Sinne – und beantworteten ihre wissbegierigen Fragen.

»*Oh, what a surprise! German sailors in our pub, never had before!* (Was für eine Überraschung, deutsche Seeleute hatten wir noch nie).« Wieder einmal zeigten sich die *english natives* (Einheimischen) unvoreingenommen, interessiert und angenehm gesprächig. In fröhlicher Atmosphäre bei neuestem British Pop aus der Musicbox und etlichen, zumeist spendierten Bieren stellten wir uns nicht die Frage nach dem Warum (waren gerade wir hier gelandet?). Wir genossen einfach unterhaltsame, vergnügliche Stunden im Kreise Gleichaltriger. Auch am darauffolgenden Abend machte die Mannschaft erstaunliche Erfahrungen, dieses Mal mit der Polizei. Bis auf den Alten, der wie gewöhnlich an Bord blieb, zog es die übrigen sechs an Land, um all die Pubs in der Umgebung abzuklappern. Natürlich erregte unser Trupp fast überall Aufmerksamkeit, aber hier in Themse- und Hafennähe war man an Seeleute gewöhnt. Nirgendwo fiel eine abfällige Bemerkung oder gab es gar offen gezeigte Ablehnung, wenn die Pubbesucher/innen unsere Nationalität herausfanden. Vielleicht konnten sie sehr wohl einordnen, dass uns durch die ›Gnade der späten Geburt‹ in keinster Weise am verbrecherischen Handeln der Nazis irgendeine Schuld traf. Im eigenen Land sind wir ja, auch nach über siebzig Jahren, immer noch die Kinder und Enkel der Nazi-Väter und Großväter.

Auf dem Heimweg Richtung Liegeplatz fing der neu angemusterte Peter zu singen an, oder besser gesagt zu grölen: ›*What shall we do with the drunken sailor …*‹, und die anderen stimmten mit ein. Nach einigen weiteren Shanties, von denen meistens nur die erste Strophe krakeelt wurde, änderte sich das Liedgut – vom ›Polenstädtchen‹ bis zum ›Westerwald‹. Ich hatte etwas Abstand gehalten, aber bei den letzten Liedern läuteten meine Alarmglocken.

»Seid ihr bescheuert? Wie könnt ihr hier bloß Wehrmachtslieder singen?«

Kaum hatte ich meinen Zorn ausgerufen, als schon die unverwechselbare Sirene eines Polizeiwagens ertönte und zwei Polizisten neben unserer Gruppe aus dem Auto sprangen.

»*It's late, people like to sleep. Please you better move on board your German vessel!* (Es ist spät, die Leute wollen schlafen. Bitte geht auf euer deutsches Schiff).«

»*OK, excuse the noise. My workmates drank a little bit too much* (Entschuldigt den Lärm. Meine Arbeitskollegen haben ein bisschen viel getrunken)«, versuchte ich, das Verhalten meiner Leute zu entschuldigen.

»*Alright, but no noise anymore! Have a good night!* (In Ordnung, aber kein Lärm mehr).« Hier wünschte uns ein Polizeibeamter also noch eine gute Nacht, obwohl jemand die Ordnungshüter wegen der nächtlichen Ruhestörung alarmiert haben musste.

»Jungs, nun gehen wir schön brav an Bord. Können von Glück reden, dass die uns nicht gleich auf die Wache mitgenommen haben.«

»Wieso wussten die, dass wir Deutsche sind?«

»Na, meinst du, die Älteren haben noch keine Wehrmachtslieder gehört, zum Beispiel im Kino oder Radio? Hättet ihr das auf der anderen Seite gegrölt, säßen wir alle schon im französischen Knast.«

Nachdem die Stahlträger gelöscht waren, wartete die ›Maro‹ auf die Flut. Gegen Mitternacht nahmen wir Kurs auf die andere Seite des Ärmel-Kanals, Zielhafen Le Havre. Hatte ich auf meinen Wachen (Mitternacht bis 6:00 und 12:00 bis 18:00 Uhr) gute Sicht, so zog am Abend Nebel auf. In verantwortungsloser Weise und aus purem Geiz war das Radargerät immer noch nicht repariert worden. Nun musste der Alte zusehen, wie er den Kahn unbeschadet durch dieses verkehrsreiche Revier Richtung Frankreich brachte. Als ich ihn wieder zur Geisterstunde um 0:00 Uhr auf der Brücke ablöste, hatte sich glücklicherweise durch aufkommenden Südwest-Wind der Dunst verzogen.

Um 9:00 Uhr machte die ›Maro‹ in der großen Hafenstadt im äußersten Mündungsgebiet der Seine fest und nach dem Abtragen der schweren Holz-Lukendeckel per Hand (System MacStemm) wurde sofort mit dem Laden begonnen. Das Schüttgut, fast 700 Tonnen Sonnenblumenexpeller (zermahlene und gepresste Sonnenblumenkerne) war bereits am Mittag des nächsten Tages im Bauch des Kümos verschwunden.

Den Landgang am Abend zuvor mit Jürgen in ein großes Lokal hätten wir uns schenken können: Teure Getränke, unfreundliches, fast abweisendes Personal – kein ›Leben wie Gott in Frankreich‹, eher etwas zum schnellen Vergessen.

Norwegen, Oslo-Fjord/ Bremen/ Kalundborg (Dänemark)

So setzte nicht gerade Traurigkeit ein, als die ›Maro‹ um 12:00 Uhr in Richtung nördlicher Kanal, Nordsee, Westküste Dänemark, Skagerrak und Oslo-Fjord auslief. Auf diesem dreitägigen Seetörn bei ruhiger See sichtete ich die Nachrichten für Seefahrer (N+S) und trug Änderungen in die jeweiligen Seekarten ein. Außerdem war mal wieder große Zeugwäsche fällig – per Hand. Dem Ansinnen des Kapitäns, doch ohne Rudergänger allein auf der Brücke klarzukommen, erteilte ich eine eindeutige Absage.

»Vor zwei Wochen, nach Auslaufen Norrköping, war es ja wohl 'ne Ausnahme. Ich riskier nicht Kopf und Kragen und dann noch in diesem Revier! Hier, vor dem Oslo-Fjord ist es wohl was anderes als in der Ostsee!«

Später, am 1. Mai-Feiertag, hatte ich Zeit für einen ausgiebigen Spaziergang in Norwegens Hauptstadt. An den folgenden abendlichen Landgängen zu den bekannten Teenager-Schuppen passierte nichts Weltbewegendes, aber es war allemal besser, als an Bord hocken zu bleiben. Nach dem Entladen unserer Sonnenblumenkerne fuhr die ›Maro‹ mit Lotsenhilfe nach Drammen, an einem Seitenarm des Fjords. Hier luden wir Zeitungs-Papierrollen für den ›Weser-Kurier‹. Ich konnte meinen gebunkerten Sprit (Wodka) mit kapitalistischer Gewinnspanne an den Mann bringen. So ertrug man das schon damals allgemein hohe Preisniveau in Norwegen. Nach zwei Tagen ging es bei Südost 5-6 mit Spritzwasser an Deck zurück in die Nordsee, dicht an Helgoland vorbei nach Bremen, wo die ›Maro‹ nach dem Löschen der tonnenschweren Papierrollen eine Ladung Kali für Kalundborg in Dänemark übernehmen sollte. Arnold hatte sich gleich am ersten Abend, wohl nicht mehr ganz nüchtern, eine ältere Dame an Bord geholt. Er schloss sich in seiner Kammer ein und hatte angeblich den Schlüssel verlegt, als ich ihn wecken wollte. Nach einer Stunde erschien die Hafenbraut mit einem fröhlichen Lächeln an Deck. »Muss wohl ganz scheun duhn gewesen sein«, gab er von sich, als ich ihn beim Abgang des späten Mädchens spöttisch ansah.

Oslo-Fjord

In Bremen mied ich die Hafen-Nachtjacken-Schuppen und kehrte in den etwas bürgerlicheren Lokalen ›Pfau‹ und ›Elefant‹ ein. Das berühmt-berüchtigte ›Golden City‹ ließ ich links liegen. Im ›Pfau‹ traf ich den Koch von der ›Pallas‹, meinem ersten Kahn als Leichtmatrose anno 1963. Wie üblich kreiste unser Gespräch um Schiffe, Fahrtgebiete und Güte der Beglückung in den Häfen. Unsere Düngemittel-Ladung für Kalundborg am Großen Belt auf der Westseite der Insel Seeland brauchte für ihre Reise, einschließlich der Kanaldurchfahrt, gerade mal etwas mehr als dreißig Stunden. Wie gewohnt hatte sich der Kalistaub während des eintägigen Löschens in jeder Ritze niedergelassen, an Deck sowieso, aber auch in den Kammern und in den Haaren. Das konnte unsere Gemütslage nicht sonderlich beeinträchtigen, denn unser nächster Bestimmungshafen hieß Danzig. Die ziemlich ereignislosen und abstinenten letzten drei Wochen würden ganz gewiss erst einmal ein Ende haben.

Danzig – zum Zweiten

Als könne Poseidon auch mal etwas Gutes vollbringen, schob uns ein starker achterlicher Wind aus West in Rekordzeit innerhalb eineinhalb Tagen durch die Ostsee und entlang der pommerschen Küste ins Kümo-Seemanns-Paradies.

Während der Normalbürger schon längst schlief, schwirrte unsere kleine Mannschaft sofort nach dem Anlegen, eine Stunde vor Mitternacht, aus. Vom Lokal ›Aquarium‹ wurde ich von Maria in ihre Wohnung geschleppt und erlebte mal wieder etwas Neues, Ungewöhnliches. Ich musste zuvor die übrigen Mitbewohnerinnen, ihre Mutter und ihre ältere Schwester, begrüßen. Sie hießen mich herzlich willkommen, wir tranken einen weichen polnischen Wodka Marke ›Cytnia‹, und dann entfernten sich die beiden älteren Damen ganz diskret in ihre Zimmer. Donnerlüttchen, eintörnen mit Familienanschluss war ja nun wirklich etwas Anderes. Natürlich wussten Mutter und Schwester, was sich abspielte, störte aber wohl niemanden, mich am wenigsten. Allerdings irritierten mich etliche Devotionalien, vor allem Marienstatuen und -bilder.

Als ich aber erst gegen Mittag an Bord erschien, empfing mich der Alte mit einem Blick, als wolle er mich umgehend über die Reling werfen. Ich erlaubte mir, meine vielen Überstunden, zu denen ich nicht verpflichtet war, in Eigenregie abzubummeln. Mittlerweile ließen mich seine Reaktionen in dieser Hinsicht ziemlich unbeeindruckt.

Da die ›Maro‹ in Ballast, ohne Ladung, von Kalundborg nach Danzig fuhr, lag an Bord nichts an. Erst einmal musste unser Kümo auch noch am nächsten Tag warten, bis ein Platz an der Kohle-Pier frei wurde. Im Gegensatz zum Alten, dem alles zu zeitraubend verlief, nutzten wir, hocherfreut über die Liegezeit, schon den späten Nachmittag zur Kontaktpflege. Einige Etablissements, die ich noch nicht geentert hatte, warteten schon auf mich. So landete ich im ›Viking‹, wo mich die schwarzhaarige Aglaia unter ihre Fittiche nahm.

Warum sie im Lokal auch Al Capone genannt wurde, erfuhr ich schon am frühen Abend in ihrem schönen, gepflegten Zuhause. Genau wie der Verbrecherboss machte sie dort kurzen Prozess mit mir, ließ mich aber am Leben.

Am nächsten Abend, nachdem unser Kahn an die Kohlepier verholt hatte, brachte es Jürgen fertig, innerhalb einer Stunde die vier Nylonhemden, die er am Oberkörper trug, für ein stattliches Sümmchen zu verkaufen – nach dem Motto: Angebot und Nachfrage bestimmen den Preis. Mir blieb es unerklärlich, dass man sogar in Polen jeder noch so dummen Mode nachlief. In dieser Hinsicht gab es wohl keinen Unterschied zwischen den Menschen im kapitalistischen Westen und dem sozialistischen Osten.

Helsinki/Finnische Südküste

Als endlich das schwarze Gold aus Oberschlesien in den beiden Luken verschwunden war, lag nun ein knapp dreitägiger Seetörn nach Helsinki vor uns.

Bei auffrischendem Wind aus West geriet die ›Maro‹, obwohl voll beladen, arg ins Schlingern. Im südlichen Teil der Ostsee, zwischen Litauen, Lettland und Schweden, war keine Landmarke mehr auszumachen (zu sehen), eine übliche terrestrische Navigation also nicht möglich, da der Kurs fernab der Küsten verlief. Unser Funkpeiler lieferte ungenaue, unbrauchbare Peilungen. Ausnahmsweise musste demzufolge durch zweimaliges Anpeilen der Sonne der Standort durch astronomische Navigation bestimmt werden.

Ich brannte förmlich darauf, die exakte Winkelhöhe der Sonne mit dem Sextanten zu messen und die Mittagsbreite zu berechnen. Nach einer späteren Messung unter Einbeziehung der ungefähren Schiffsgeschwindigkeit, des Kurses und der Abtrift durch Wind und Seegang erhielt man ziemlich genau den Schiffsstandort. Diese Aktion ›Mittagsbreite mit Versegelung‹ fiel glücklicherweise in meinen Wachtörn, so dass ich dem Kapitän beim Wachwechsel meine Ergebnisse mit stark geschwollener Brust präsentieren konnte.

»Na, is goud, Stürmann!«, kommentierte er knapp meine Operation. Wenig später hatte sich die astronomische Standortbestimmung erübrigt, Landmarken und Feuer der estnischen Inseln Saaremaa und Hiiumaa wiesen uns den Weg in den Finnischen Meerbusen bis zur finnischen Hauptstadt Helsinki/ Helsingfors. Der schwarze Brennstoff war schnell gelöscht und die ›Maro‹ verholte danach in den weiter östlich gelegenen Hafen Tolkinnen, um Holz für Frankreich zu übernehmen.

Am Vatertag, dem 23. Mai, fuhren Jürgen, Arnold und ich mit dem Bus in die benachbarte Kleinstadt Porvoo, schwedisch: Borgå. Neben der recht eigenwilligen finnischen Sprache ist schwedisch die gleichberechtigte Sprache im Süden Finnlands und vor allem auf den Åland-Inseln am Eingang des Botten.

Im Zentrum von Porvoo, das fast einem sauberen, aufgeräumten Puppenstübchen gleicht, steht ein älteres Rathaus, das mit seiner etwas verspielt wirkenden Architektur auch überall in Deutschland stehen könnte. Obwohl man hier die größte Bevölkerungsdichte des Landes vorfindet, so ist doch die Natur mit ihren vielen Seen, Flüsschen und Nadelwäldern überall gegenwärtig. Da wirkte der etwas laute und geschäftige

Folkets-Park mit seiner Jahrmarkts-Atmosphäre in dieser Beschaulichkeit fast schon wie ein Fremdkörper. Auffallend war auch auf den offenen, aber überdachten Tanzflächen der Anteil der recht jungen Mädchen und Halbstarken.

»So viel junges Gemüse – aus dem Alter sind wir ja wohl raus«, entfuhr es Jürgen. »Das ist wohl mehr etwas für unseren Pipifax!« Damit war der fünfzehnjährige Knabe aus der Eigner-Verwandtschaft gemeint, der in Bremen an Bord gekommen war, um etwas vom Kümo-Seemannsleben zu erfahren. Sorgte etwa ›Opa, der Reeder‹ mit diesem Schnupperkurs für spätere Zeiten vor?

Nach vier Tagen stapelten sich dicke Holzbretter und -bohlen wieder mal bis zu zwei Meter über Deck, die ›Maro‹ konnte auslaufen. Schon auf meiner ersten Wache versetzten mich kleine Lichter über der Wasserfläche, die fast den gesamten Horizont einzunehmen schienen, in helle Aufregung. Ich stoppte die Maschine und weckte den Kapitän, der unverzüglich auf der Brücke erschien.

Porvoo

»Kaptein, was sind das bloß für Lichter, so lang kann doch kein Fischernetz sein!«

»Ach, de verdammten Lachsfischer! Stürmann, hest richtich moukt, hatten schon mal 'nen Netz inner Schraube.«

»Un, wat nu?«

»Rumfahren, anners geiht dat nich.«

»Aber dat sin mindestens twei Meilen, dwars (quer) zum Kurs!« Ich schmiss die Maschine wieder an, musste den Kurs um fast 90° ändern und fuhr tatsächlich zwei Meilen längsseits am Netz vorbei, bis danach keine Lichter mehr zu sehen waren und ich aufatmen konnte.

Drei Wochen Frankreich

Auf dieser Rückreise bestimmte der Alte einen Kurs zwischen Gotland und Öland, nicht wie sonst durch den Kalmarsund. Nach vier Tagen, in denen ich mal wieder zum Lesen kam (dieses Mal: Golo Manns ›Deutsche Geschichte‹), landeten wir vor der Schleuse in Kiel und wer stand, zu unserer vollständigen Überraschung, mit Koffer und Seesack an der Pier? Kein Geringerer als Seppl, der vor sieben Wochen abgemustert war!

Nun ging es wieder durch den Kiel-Kanal weiter in die Nordsee nach Fécamp an der französischen Kanalküste. Südwestwärts fahrende Schiffe mussten tunlichst auf der englischen Seite des Ärmelkanals fahren, die mit nordöstlichem Kurs auf der französischen Seite, eine Regelung fast wie im Straßenverkehr. In der Zeit vor dieser geltenden Bestimmung war es zu vielen Kollisionen oder Beinah-Havarien gekommen, weil sich jeder Kapitän seinen eigenen Weg in Richtung Atlantik oder in die Nordsee suchte. Also fuhr die ›Maro‹ erst entlang der englischen Küste bis zum Leuchtturm Beachy Head bei Eastbourne, um dann eine Kursänderung von etwa 80° vorzunehmen, und dann quer über den Kanal auf direktem Kurs Fécamp anzusteuern.

Schon in Sichtweite der imposanten Steilküste, beinahe so majestätisch wie die White Cliffs of Dover auf der anderen Seite in England, traute ich meinen Augen nicht. Steuerbord voraus erspähte ich durch das (Fern-)Glas eine mittelgroße Yacht, die sich im Kreis zu drehen schien und hielt daraufhin auf das Boot zu. Da nur ein laues Lüftchen aus Südwest wehte und ich weder einen Mann an Deck oder ein Segelmanöver erkennen konnte, musste ich dem merkwürdigen Vorgang auf den Grund gehen. Als sich die ›Maro‹ bis auf etwa 30 Meter genähert hatte, sah ich niemanden an Deck und hörte nur ein schwaches Tuckern des Motors.

Vor Fécamp

Im Cockpit der Motor-Segelyacht erkannte ich ein dunkles Etwas, anscheinend war der Skipper schlichtweg am Steuer eingeschlafen. Ich zog an der Signalleine an der Decke unseres Ruderhauses und ein unüberhörbarer langer Ton dröhnte aus dem Typhon. Das blieb nicht ohne Wirkung – plötzlich erschienen ein halbes Dutzend Weiblein und Männlein halbnackt an Deck der Yacht und der unförmige Schatten im Cockpit entpuppte sich als der zusammengesackte Skipper. Aber auch an Bord der ›Maro‹ wurden alle aufgescheucht. Der Alte erschien als Erster auf der Brücke.

»Was is los, Stürmann?« Ich reichte ihm das Glas.

»Hatten wohl eine ausgiebige Bordparty, der Skipper war eingepennt und die Barke drehte sich im Kreis.«

»Kann doch wohl nicht woar sin!«, entrüstete sich der Kapitän. Wenig später machte unser Holzkahn im idyllischen Hafen fest. Wir hatten gerade noch den letzten Liegeplatz ergattert, danach hieß es: *rien ne va plus*!

Natürlich hätte ich der französischen Wasserschutzpolizei oder der Küstenwache über den Vorfall mit der Yacht Meldung machen müssen, verzichtete aber darauf. Ich vermute, dass den eingeschlafenen Skipper der ›Madeleine‹ unser durchdringender Signalton noch oft verfolgt hat, und sei es auch nur im Traum. Die kreisende Yacht sollte an diesem Pfingstsonntag, dem 2. Juni, nicht die einzige Überraschung bleiben. Mit aschfahlem Gesicht eröffnete mir der Kapitän: »Die Hafenarbeiter streiken, das kann dauern!«

Da unsere Holzladung ausschließlich für den französischen Importeur bestimmt war, blieb dem Alten nichts anderes übrig, als das Ende des Streiks abzuwarten. Initiiert wurde diese Arbeitsniederlegung von der Gewerkschaft CGT, wobei das ›C‹ für kommunistisch stand, auch heute noch steht.

Kirche in Fécamp

Die Vorahnung des Alten bestätigte sich. Erst nach neun(!) Tagen wurde der Streik beigelegt und unser Holz von und unter Deck entladen. ›Wat den een sin Uhl, is den annern sin Nachtigall‹ – was den Kapitän (und den Eigner) zu Recht ärgerte, war für die Besatzung fast ein Grund zum Jubeln. Das galt nicht nur für die ›Maro‹. Mittlerweile warteten vor dem Hafen im Departement Seine Maritime allein noch sechs andere deutsche Kümos auf die Wiederaufnahme des Umschlagbetriebs.

Schon am ersten Abend hatten Arnold, Seppl und ich wohl ein glückliches Gespür für eine der vielen Kneipen in diesem Hafen und Seebad. In der Bar ›La Paillotte‹ (Strohhütte) hießen uns gleich drei reizende Damen willkommen. Die blondierte, ältere, aber noch höchst attraktive Wirtin Yvette stellte uns ihre ebenso schnuckeligen Töchter Francoise und Carol vor. Wie erfreulich, dass mein ehemaliger Klassenlehrer Heinz Schlichtmann an der Knaben-Mittelschule III in Hannover-Linden mich neun Jahre zuvor geradezu gezwungen hatte, die zweite Fremdsprache Französisch nicht aufzugeben und abzuwählen.

Angeregt parlierte ich, sicherlich nicht immer mit korrekter Grammatik, mit den charmanten Damen über das Woher, Wohin, über *la vie d'un marin* (Seemannsleben). Je länger unsere Konversation dauerte, desto mehr entwickelte sich ein zartes Pflänzchen von Sympathie – und sogar ein Verliebtheitsgefühl für alle drei Evastöchter. Mehr wurde es dann auch in der folgenden Zeit nicht.

Das ständige Übersetzen, an meine Kumpane gerichtet, beendete ich, als die drei Sirenen mir schon recht persönliche und private Fragen stellten. Das beflügelte verständlicherweise meinen Pernod-Konsum. Mit jedem weiteren Drink wurden die Grazien noch anziehender. Ich entwickelte auch das Gefühl, dass sich meine sprachliche Kompetenz scheinbar verbesserte. Nun waren es Arnold und Seppl leid, nicht weiter in unsere Unterhaltung eingebunden zu sein. Mürrisch und leicht vergrätzt verließen die beiden das ›La Paillotte‹.

Oh, Frankreich und ihr Französinnen und Franzosen! Wie schon einige Male zuvor pendelte mein Ambivalenz-Zeiger dieses Mal in die positive Richtung, *bon merveilleux*. Leider füllte sich das Lokal gegen Abend mit vielen Gästen, Einheimischen, Touristen, Urlaubern und Seeleuten. Die Möglichkeiten, die Plauderei fortzuführen, sanken auf ein Minimum, da sich die holden Damen nun um die anderen Gäste kümmern mussten. Außerdem hatte ich eine goldene Lebensregel wohl überschritten: Alles, wo man ein ›zu‹ davor setzen kann, ist von Übel – zu wenig, aber auch zu viel. Leider waren es zu viele Pernods geworden, die ich konsumierte. Mit leichter Schlagseite, aber froher Gemütsverfassung trabte ich zurück an Bord. Das Dreimädels-Bistro blieb aber noch für fast zwei Wochen meine Stammkneipe.

Im ›Bleu Marin‹ (Blauer Seemann), was für ein angemessener Name für eine Fischer- und Seemannspinte(!), trafen wir auf andere deutsche Kümo-Janmaaten von der ›Gesine‹, einem modernen Schiff mit Selbststeueranlage, etwas größer als die ›Maro‹ und auf die Decksgang der ›Abbenfleth‹. Als ein älterer Matrose Seppl fragte: »Und wer ist der junge Dachs neben dir?«

»Das ist unser Steuermann.«

»Ha, von so 'nem jungen Schnösel müsst ihr euch was sagen lassen?«

»Hast du was gegen unseren Steuermann?«

Seppl packte den vorlauten Maat, schüttelte ihn durch, versetzte ihm einen Schlag auf das Kinn und beförderte ihn filmreif nach draußen. Jetzt sah ich schon eine ausgewachsene Keilerei auf uns zu kommen. Der Pöbler aber blieb vor der Kneipe, seine

Kumpane hielten sich am Tresen fest und ich sprach meinem ältesten Decksmann ein dickes Lob aus.

»Hast es ihm aber gezeigt, der nächste Pernod geht auf meine Kappe.«

In einem anderen Lokal mit einem spanischen Kneipenwirt lernte ich den vierschrötigen Steuermann von der ›Abbenfleth‹ kennen, der einige Lokalrunden für die anwesenden, meist deutschen Seelords, schmiss. Vielleicht hatte ihm, wie anderen auch, die sündhaft hübsche und ständig verführerisch lächelnde Maria-Rosa, pechschwarzhaarige Tochter des Wirts, seinen Verstand vernebelt. Mir mundete der spendierte heimische Benediktiner-Likör ganz vorzüglich.

Daneben gab es noch, wie es sich für ein Seebad gehörte, ein ›Kasino‹ genanntes Gesellschaftshaus, in dem sich die *jeunesse doré* (goldene Jugend) bei Tanzveranstaltungen austoben konnte. *Naturellement* wurde hauptsächlich französische Popmusik gespielt, von den Interpretinnen ist mir France Gall in Erinnerung geblieben. Verschiedene Bord-Parties auf den anderen deutschen Kümos ergänzten die abendliche Freizeitgestaltung. Dabei entwickelte sich mit dem etwas älteren Steuermann der ›Gesine‹ fast schon eine gewisse Freundschaft. Das unschöne Thema ›Arbeitsverpflichtung eines Kümo-Steuermanns‹ war auch auf der ›Gesine‹ ein Dauerbrenner, wie wohl bei den meisten von nur einem oder mehreren geizigen Eignern betriebenen Schiffen.

Auf der ›Magda Wegener‹ traf ich den Steward der ›Paul Rickmers‹ wieder, der nun auf dem Kümo als Koch arbeitete. Wir schwärmten von den ›guten alten Zeiten‹ in Ostasien und sprachen etwas geringschätzig über die Nord- und Ostsee-Schipperei.

Seppl hatte es mal wieder mit der Fischerei. Bei Ebbe legte er Aal-Reusen aus, die sich während der Flut mit reichlich Beute füllten. Demzufolge gab es an Bord Aal satt – gekocht, gebraten und geräuchert in der bordeigenen Räucherei, einer ausgemusterten Tonne. Auch die besten Delikatessen sind nichts Besonderes mehr, wenn sie in Hülle und Fülle genossen werden. Die Einheimischen auf beiden Seiten des Kanals, Franzosen und Engländer, verschmähten den ausgezeichneten Speisefisch.

Trotz des vielfältigen Freizeitangebots kam ich noch zum Lesen meines bevorzugten Genres Geschichte. Ich las ›Deutschland – aber wo liegt es?‹ von Gudrun Tempel und ›100 Jahre deutsche Geschichte‹ von Golo Mann.

Nun befanden wir uns nicht auf Vergnügungsurlaub, die Arbeit an Bord ging ja nie aus. Die ›Maro‹ musste sich innen und außen einer Verschönerungskur unterziehen. An allen möglichen Ecken wurde dem Erzfeind Rost der Kampf angesagt. Ich machte mich nun doch bei den unterschiedlichsten Malerarbeiten nützlich. Am 11. Juni beendeten die Hafenarbeiter ihren Streik und unser finnisches Holz konnte endlich an Land gehievt werden.

Honfleur

Fünf Tage später verabschiedete ich mich von Yvette, Francoise, Carol und Maria-Rosa, so wie es der Anstand gebot. Schließlich hatten sie uns doch mit ihrer Gesellschaft die idyllische Hafenzeit bereichert. Die ›Maro‹ hatte es an diesem Wochenende nicht besonders eilig abzulegen, schließlich wurde in den Häfen am Sonnabendnachmittag und sonntags nicht gearbeitet und wir hatten ja auch noch einen zusätzlichen Feiertag, den ›Tag der deutschen Einheit‹ am 17. Juni.

Unser nächster *port of destination* lag gleich um die Ecke, direkt am südlichen Ufer der Seine-Mündung, das kleine Städtchen Honfleur an der Côte de Grace (Küste der Gnade). Direkt gegenüber unserem Liegeplatz lag, sehr praktisch, die Kneipe ›Le Petit Filet‹. Der verträumt wirkende Ort strahlte eine eigentümliche Ruhe aus, ganz im Gegensatz zum Seebad Fècamp. Leider störten am späten Abend grölende und betrunkene Janmaaten diese beschauliche Stille, vor allem deutsche Seeleute, für deren Benehmen man sich fremdschämen musste.

Mit dem Kapitän und dem Steuermann August von Allwörden von der ›Nereus‹, die hinter uns an der Pier lag, pflegte ich engen Kontakt. Das Schwesterschiff der ›Magda Wegener‹ konnte, wie die ›Maro‹, etwa 700 Tonnen transportieren. In der Größe, im Aufbau, in der Anzahl der Luken und Ladebäume unterschied sich die deutsche Kümo-Armada in beiden Häfen wenig. Da konnte der Janmaat in der Nacht schon mal auf dem falschen Dampfer landen.

Mit dem adlig klingenden Namen des ›Nereus‹-Steuermanns hatte es eine besondere Bewandtnis, was sich fünf Jahre später aufklärte. Da wohnte ich nämlich in Allwörden, einem Ortsteil von Freiburg/Elbe, und Leute mit dem Nachnamen ›von Allwörden‹ kamen in dieser Landschaft Kehdingen so häufig vor, wie anderswo Meyer oder Schmidt. Nicht selten gibt es dort auch ›von Bargen‹, ›von Borstel‹ und ›von Rönn‹.

Für die sichere Lagerung des weißen, kreidehaltigen Schüttguts bauten wir in unserem durchgehenden Laderaum Längs- und Querschotten, die ein Verrutschen der Ladung verhindern sollten. In der Nordsee konnte es zwar nicht mehr so ungemütlich werden wie im Herbst, Winter oder Frühling, aber Sicherheit für Schiff, Ladung und Besatzung hatte absoluten Vorrang.

Odense (Dänemark) und Kemi

Am 24. Juni, nach über drei(!) Wochen in der Normandie, lief die ›Maro‹ mit Bestimmungshafen Odense auf Fünen aus. Die Fahrt durch den Ärmelkanal, die Nordsee und wieder mal durch den Nord-Ostsee-Kanal in knapp drei Tagen verlief routinemäßig und ausnahmsweise ohne besondere Vorkommnisse.

In Kiel hatte ich mehr Post erwartet, aber die Enttäuschung darüber legte sich bald. Durch den Großen Belt und an der Halbinsel Hindsholm im Nordosten Fünens entlang musste ich die ›Maro‹ mit einer Kursänderung von 325° (Nordwest) auf 180° (Süd) in den Odense-Fjord steuern. Der fünf Meilen lange Odense-Kanal verbindet die Geburtsstadt von Hans-Christian Andersen mit dem Meer. Im 17. Jahrhundert war Odense sogar für einige Jahre Dänemarks Hauptstadt. Ursprünglich bedeutete ihr Name Odins Heiligtum. Eine Se(h)mannstour durch die geschichtsträchtige Großstadt musste bedauerlicherweise ausfallen, schon am nächsten Tag war die Ladung gelöscht und in Ballast (ohne Ladung) begann die Reise wieder ins finnische Kemi am Ende des Botten. Dort warteten eine Menge Stander (Frachtmaß) Holz auf uns, die für England bestimmt waren.

Angeblich wurden damals beachtliche Frachtraten (Währung: Britisches Pfund/£ = 12 DM) für den Holztransport ins United Kingdom bezahlt. Es hielt sich das Gerücht, dass der Ertrag von gut einem Dutzend Fahrten Finnland-Großbritannien ausreichte, um den Neubau eines Kümos mit 600 bis 700 Ladetonnen zu finanzieren.

Auf der viertägigen Reise durch die westliche Ostsee, den Kalmarsund, an den Åland-Inseln vorbei in den Bottnischen Meerbusen geschah etwas Außergewöhnliches. Der Kapitän erschien auf der Brücke mit einer Flasche bestem französischen Rotweins und lud mich und Rudergänger Friedel zu einem kleinen Umtrunk ein. Eigentlich war Alkoholkonsum hier oben ein strenges Tabu, es blieb denn auch nur bei wenigen ›wenzigen Schlöckchen‹. Redseligkeit gehörte nicht gerade zu den Charaktereigenschaften des Alten, es hätte mich dennoch interessiert, wie er zu dieser Gemütsanwandlung kam. So blieb der Anlass im Ungewissen, war es der Hochzeitstag oder Geburtstag?

Je weiter unsere Fahrt Richtung Norden verlief, desto länger wurden die Tage und die Nächte kürzer, bis es fast gar keine Dunkelheit mehr gab. Am Mittag des 3. Julis legte die ›Maro‹ nach acht Monaten wieder in Kemi an. An der Pier erschien wenig später Anita, mit der ich den Briefkontakt auf deutsch aufrecht gehalten hatte. Die Begrüßung erschien mir aber nach dieser langen Zeit ziemlich unterkühlt. Warum sollte ich unnötigen Gedanken nachhängen? Auch gab ich mich nicht der Illusion hin, dass die Deern so lange nur auf mich gewartet hatte. Da ich nun so weit im Norden angelangt war, musste ich folgerichtig auch einmal am Polarkreis gewesen sein, und wenn schon, dann natürlich mit Anita.

Der Alte gab mir den nächsten Nachmittag frei und übernahm meine Aufgabe der Kontrolle beim Holzstauen. Ich mietete einen Ford Anglia, mit gewöhnungsbedürftiger schräg nach vorn abfallender Heckscheibe und startete am Kemijoki entlang unsere Fahrt Richtung Rovaniemi. Heutzutage tobt dort in der Weihnachtszeit ein großer Touristenrummel. Der Weihnachtsmann soll ja auch mit seinen Rentieren an diesem Ort zu Hause sein. An der rechten Seite der Straße fließt Finnlands längster Fluss, auf beiden Seiten umgeben von nicht enden wollenden Fichten- und Kiefernwäldern, nur unterbrochen durch das kleine Städtchen Tervola. Wie langweilig wäre eine ereignislose Autofahrt über 100 Kilometer neben einem im Sommer träge dahinfließenden Fluss und grenzenlos erscheinenden Wäldern in reinster Monokultur? Auf halber Strecke, schon weit nördlich von Tervola, quollen aus der Motorhaube erst leichte, dann stärker werdende Dampfwolken. Das Kühlthermometer zeigte nun weit über 100° C an.

»Oh, Schreck lass nach! Ausgerechnet hier, mitten in der Walachei gibt die Mühle ihren Geist auf«, dachte ich ganz laut. Ich öffnete die Motorhaube und erkannte sofort den Defekt. Der Dampf entwich dem Kühler, also war eine Weile warten angezeigt und Wasser musste aufgefüllt werden. Davon gab es ja reichlich. Ich musste trotz großer Aufgeregtheit dennoch ganz vorsichtig und besonnen das steile, steinige Ufer hinabsteigen und eine Flasche füllen, bis ich beim zweiten und dritten Mal dabei eine gewisse Routine entwickelte. Anita blieb während der Aktion, ganz nordisch, gelassen und ruhig. Als der Kühlwasserbehälter wieder randvoll gefüllt war, ruckelte beim Anlassen der Motor zwar noch ein wenig unwillig, ließ uns aber danach nicht mehr in Stich.

Am nördlichen Stadtrand von Rovaniemi musste das obligatorische Foto vom Napapiiri (finnisch: Polarkreis) gemacht werden. Auf dem Weg zurück ließen wir die Souvenirbuden links liegen und gönnten uns in einer der Touristen-Lokalitäten einen Kaffee und Kuchen, der irgendwie nach Hartholz schmeckte. Wieder in Kemi angekommen, eröffnete mir Anita, dass sie keine Zeit hätte mit mir an Bord unseren Polarkreis-Ausflug ausklingen zu lassen. Das Waldeinerlei und nun Anitas Absage ließen mich beinahe melancholisch werden. Auch beim Treffen am nächsten Tag, als der Laderaum schon vollgefüllt war, druckste sie herum, erfand unglaubwürdige und plumpe Ausreden.

»Sei doch ehrlich, sag gleich, dass du einen Freund gefunden hast, dann ist wenigstens Klarheit. Ich bin darüber wohl traurig, aber ich jammere nicht. Danke für alles, leb wohl!« Dieser kurze, schmerzliche Abschied hielt mich nicht davon ab, bestärkte mich sogar, Trost bei Laila vom Hafenkiosk zu suchen. Von dieser Bude führte ich meine vorherigen Telefonate mit der eben gerade Verflossenen, Laila war also bestens im Bilde. »Nächstes Mal brauchst du bestimmt nicht mehr telefonieren, ich bin ja da.« Mit diesen tröstenden Worten ging ich an Bord und begoss mit Koch Jürgen das vorhersehbare Ende meiner

Freundschaft zu Anita. Das Holz stapelte sich mittlerweile wieder fast zwei Meter über Deck und Luken. Wie üblich zogen wir acht schwere Ketten mit massiven, großen Spannschrauben über die Deckslast und errichteten auf der Mitte über den Luken einen provisorischen Steg. Diese Arbeiten kannte ich ja schon von meiner ersten Reise nach Zentralafrika, als das Schiff tonnenschwere Tropenholz-Stämme geladen hatte. Damals, vor fast sieben Jahren, war auf der ›Georg Russ‹, meinem ersten Dampfer, aber alles mehrere Nummern größer.

Bei ruhiger See lief die ›Maro‹ am 6. Juli mit Zielhafen Southampton aus. Auf der Höhe der Stockholmer Schären verabschiedete sich der Kapitän bei Wachwechsel um Mitternacht nicht mit den traditionellen Worten ›Gute Wache‹ (worauf der ablösende Wachhabende, also ich, üblicherweise ›Gute Ruh‹ entgegnete), sondern blieb auf der Brücke und behielt vorerst noch das Kommando. Er drosselte die Drehzahl der Maschine,

Koch bei Proviantbeschaffung

stoppte und anschließend machte in der Dunkelheit ein Boot mit drei Mann längsseits fest und etliche Kisten Schnaps wechselten von der ›Maro‹ in das Schmugglerboot. Bei dieser Aktion erschien der Alte auf dem Hauptdeck, während Seppl bei eingeschalteter Decksbeleuchtung die Kartons in das Boot fierte (hinunterließ). Mit ungläubigem Staunen verfolgte ich von der Brückennock aus diese Übergabe. Als der Kapitän wieder auf der Brücke anlangte und mir die Führung übergab, konnte ich mir nicht verkneifen, zu bemerken:

»Das waren ja wohl keine Care- oder Spendenpakete, kann mich auch demnächst daran beteiligen.« Meine Frotzelei erwiderte der Alte mit vielsagender, ärgerlicher Miene: »Dat geiht di goar nix an!« Damit hatte sich für mich das Kapitel Schmuggelei im großen Stil erledigt.

Nach dem Passieren des Kiel-Kanals änderte sich schlagartig das Wetter, es entwickelte sich ein Sturm aus West in Böen bis zu Beaufort 10. Die ›Maro‹ schaffte es am 11. Juli um die Mittagszeit gerade noch in die Helgoländer Bucht und in die Wesermündung, wo unser Nord-Ostsee-Kahn auf Medem-Reede vor Anker ging. Das Klatschen der Wellen an den Vordersteven und das auf- und abschwellende Heulen des Sturms ließen erahnen, wie es weiter draußen auf der Nordsee zuging, als ich meine nächtliche Ankerwache hielt.

Am nächsten Morgen legte sich der Wind. Wir hievten den Anker und nahmen Kurs auf die südliche Nordsee, an den Ost- und Westfriesischen Inseln vorbei. Auf meiner Wache versuchte ich vergeblich, das Feuerschiff ›Terschelling‹ auszumachen (zu sehen), es lag einfach nicht aus. In den aktuellen NfS (Nachrichten für Seefahrer) hatte es davon keine Meldung gegeben, es musste wohl in der Sturmnacht etwas Unvorhergesehenes passiert sein.

Southampton, Terneuzen (NL), Cuxhaven

Auf südwestlichem Kurs konnte ich als Nächstes die White Cliffs of Dover bestaunen, die ich bei späteren Besuchen bei meiner Schwägerin im bedeutendsten Fährhafen Englands des Öfteren betrat. Auch an Land sind die Steilküste und das Dover Castle überwältigende Sehenswürdigkeiten.

Wenig später ging unser Holzkahn auf Reede vor Southampton. Mit der Flut am nächsten Morgen fuhr die ›Maro‹ nach Eling, ebenso wie das in der Nähe gelegene Totton ein westlicher Vorort der südenglischen Hafenstadt. Hier schien es fürwahr die größte Pub-Dichte im United Kingdom zu geben.

Maro liegt ›op Schiet‹

Fast an jeder Ecke und in jeder Straße gab es die unterschiedlichsten Kneipen, eines war ihnen allen gemeinsam: Nirgendwo fehlte die obligatorische Dartscheibe. Mit wechselnder Besetzung, zu der sich auch die Janmaaten des vor uns liegenden Uralt-Kümos ›Charlotte‹ gesellten, schwärmten wir in die Pubs aus. Es schadete unserer Gesundheit und unserem Schlafbedürfnis absolut nicht, dass die bierseligen Abende zur gleichen Zeit um 11:00 Uhr ein Ende hatten: ›*Last order, time please*! (Letzte Bestellung, Feierabend)‹.

Tagsüber schwang ich den Malerpinsel und brachte die kleine Funkerbude im Ruderhaus auf der Brücke auf Vordermann. Den Schiffsführer piesackte ein ›Hexenschuss‹ allerfeinster Güte, so dass er sich flachlegen musste. Für den Löschbetrieb und die Hafenformalitäten war nun der Steuermann zuständig.

Am 19. Juli hatte uns am Abend der Ärmelkanal wieder. Tags darauf wurde die ›Maro‹ über den Funk-Sammelanruf statt nach Hamburg nun nach Terneuzen in der holländischen Westerscheldemündung umbeordert. Hier wurden etliche Stückgüter für Cuxhaven geladen. Schon am übernächsten Tag steuerte unser Kümo an der ›Alten Liebe‹ (Landmarke und Wahrzeichen) vorbei und machte in dem nicht gerade überwältigend großen Überseehafen fest. Der Alte fuhr danach gleich nach Hause, um seinen Ischias behandeln zu lassen. Kisten und Kartons waren bald an Land gehievt und bei typischem Aprilwetter mitten im Sommer, Wind und Regenschauern, machten wir das Schiff seeklar – Luken zu, darüber Persenninge ziehen, Ladebäume hinunter in die Halterungen fieren.

Bei der Überfahrt von ›Cuxendorf‹ nach Brunsbüttel kreuzte unser Kurs in der breiten Elbmündung die Route der ›United States‹, damals das größte und schnellste zivile Schiff der Welt. Hartnäckig hielt sich das Gerücht, dass dieser riesige Musikdampfer (Passagierschiff) von der Maschi-

nenanlage eines deutschen Kriegsschiffs, das den Krieg überstanden hatte, angetrieben wurde. Angesichts dieses riesigen Potts kam uns die ›Maro‹ wie ein mickriger ›Klöten-Ewer‹ vor.

Seppl hatte seine Plünnen gepackt und musterte – mal wieder – in Kiel ab.

Kemi, zum dritten Mal

Auf dieser Reise in den Botten wählte der Kapitän die kürzeste Route, durch den Kalmarsund und durch die Stockholmer Schären. In diesem anstrengenden und gefährlichen Revier mit häufig enger Fahrrinne und einem Gewirr von Untiefen, kleinen Inseln und Felsbrocken in und unter Wasser, sah ich mich gezwungen mein komplettes nautisches Rüstzeug einzusetzen.

Ich flitzte von der Steuerbord– zur Backbord-Brückennock und zum Kartentisch hin und her, gab dem verlässlichen Rudergänger Arnold Steueranweisungen und musste mich in erster Linie auf das Navigieren konzentrieren. Bei bestem Bilderbuch-Sommerwetter stellten jedoch die halbnackten oder ganz und gar textillosen schwedischen Mädchen und Frauen die schwierigste Beanspruchung dar.

Auf den vielen entgegenkommenden oder überholten kleineren und größeren Booten und Yachten räkelten sich die Evastöchter an Deck, offenbar ohne irgendeine Scham zu empfinden. Welcher Mann war schon in der Lage, sich dem Anblick meist wohlgeformter und vollkommener weiblicher Körper mit langer, blonder Haarpracht zu entziehen?! Unwillkürlich fiel mir dabei die Mär von der Loreley ein, die am Rhein die Schiffer so vernebelte, dass sie ihre Kähne auf die Felsen setzten.

Obwohl die schwedischen Loreleyen nicht mit Sirenenklängen aufwarteten, so glaube ich allemal an einen gewissen Wahrheitsgehalt der Legende vom schönen Mädchen auf dem Felsen am Rhein. Diese Momente blieben in meinem Gedächtnis ehern haften. Was gab es Herrlicheres als unter dem blauen Firmament mit ein paar weißen Cumulus-Wolken durch diese vor Urzeiten entstandene Wasser- und Insellandschaft zu schippern, dazu noch als Steuermann! Es erfüllte mich ebenso mit einem gewissen Wertgefühl, dass der Kapitän mir die Fahrt durch diese heikle Passage anvertraut hatte.

Am 30. Juli hatte die ›Maro‹ nach vier Kanal- und Seetagen wieder Kemi erreicht. Ich machte mich landgangsfein und hoffte, im Kiosk Laila wiederzusehen. Aber mein blonder, junger, finnischer Engel glänzte durch Abwesenheit. Nach einem kleinen Rundgang durch die Stadt trabte ich übellaunig zurück an Bord. Damit nicht genug: Am nächsten Tag brach (riss) die Vorleine, als ich das etwas abgedriftete Schiff näher an die Pier heranhieven musste.

Die Vorarbeiterin der Stauerfrauen soff nach wie vor wie ein Loch, machte ihre Arbeit dennoch gut und fehlerfrei. Nach drei Tagen stapelte sich über Deck unsere Holzladung, wieder mit *port of destination* Southampton.

Dieses Mal vertraute mir der Alte sogar die Durchfahrt der Schären von Nord nach Süd auf meiner 00:00-06:00-Uhr-Wache an, also bei Dunkelheit, die hier um diese Jahreszeit nicht lange anhielt. Ich trug außerdem noch für drei Mitreisende die Verantwortung. In Cuxhaven hatte der Kapitän bei seiner Rückkehr von Zuhause seine Frau und zwei schnöselige Jungen, sechs und acht Jahre alt, im Schlepptau. Auf Rufweite überholte uns mit wenig Seitenabstand die ›Gloria‹, ein moderner Kümo mit stärkerer Maschine.

»Moin, moin, Kaptein!«

»Bin de Stürmann, nich de Kaptein!«

»Nomalerwies is hier de Kaptein op de Brück.«

»Ik kann dat ouk.«

Noch so ein Erlebnis, was meinem Ego wieder mal besonders guttat. Auf diesem Seetörn hatte ich die Gelegenheit meine Buch- und Literaturkenntnisse zu erweitern. Ich las ›Die Caine war ihr Schicksal‹ von Herman Wouk, ausnahmsweise mal eine Kriegsmarine-Geschichte, die mit Humphrey Bogart in der Hauptrolle verfilmt wurde. Zum großen Teil bediente ich mich in unserer kleinen Bordbücherei, erwarb aber schon mal das eine oder andere Werk in einer Buchhandlung.

Während ich auf meiner Freiwache schlief, wurde ich morgens um halb elf unsanft aus dem Schlaf gerissen. ›Opa‹ klopfte mal wieder wie ein Derwisch Rost am Achteraufbau. Der Eigner, Vater der Kapitänsfrau, war ebenfalls in Cuxhaven an Bord gekommen und verärgerte mich ganz gehörig mit seiner nicht gerade rücksichtsvollen Aktion. Im Lauf der Zeit hatte ich nun genug Selbstvertrauen entwickelt, um auch den Eigner, meinen eigentlichen Arbeitgeber, anzupflaumen.

»Kannst ouk dran denken, dat ik min Schlaf brouk!«

»Is schon gaut, heb nich dran dacht«, gab er kleinlaut zurück.

Nachdem die ›Maro‹ in Kiel-Holtenau vor der Schleuse festmachte, freute ich mich auf Post, die aber gänzlich ausblieb. Eigentlich gehörten Briefschreiber*innen noch nicht einer aussterbenden Spezies an. Ich war enttäuscht von der Schreibfaulheit der Landratten. In Brunsbüttel gingen Frau Kapitän und ihre beiden Blagen von Bord.

Southampton – zum dritten Mal

Später, ausgerechnet in der Straße von Dover, zog trübe, fast neblige Sicht auf und der Fährverkehr über den Kanal ließ keine ruhige Wache auf der Brücke zu.

Am 9. August musste die ›Maro‹ vor Southampton ankern, um mal wieder die auflaufende Tide abzuwarten. Auf dem Achterdeck feierte die Besatzung den sechsunddreißigsten Geburtstag des Alten, bei nicht gerade überschwänglicher Unterhaltung, aber bis zur letzten Flasche Bier. Selbst ›Opa‹ trank fleißig mit, bis auch er duhn war.

Tags darauf machte unser Holzkutter am wohlbekannten Liegeplatz in Totton fest. Die mit Dampf betriebenen vorsintflutlichen Kräne hatten immer noch nicht das Zeitliche gesegnet. Am zweiten Tag fuhr ich mit dem Bus aufs Land, nach Brockenhurst im New Forrest. Die kleinen, unverwechselbaren, typischen Landhäuschen mit ihren Kaminschornsteinen (*cottages*) strahlten rein äußerlich das aus, wofür es im Englischen kein adäquates Wort gibt: Gemütlichkeit – und stehen gebliebene

Zeit. Das Besondere in dem südwestlich der Hafenstadt gelegenen Distrikt: Pferde, nicht besonders großwüchsig, genießen hier nicht alltägliche Narrenfreiheit. Sie traben überall umher, knabbern an Reklameschildern oder Ansichtskarten, ohne dass sich ernstlich jemand daran zu stören scheint.

William the Conqueror hatte nach der Schlacht bei Hastings 1066 verfügt, dass in einem bestimmten Bereich des New Forrests die Pferde frei herumlaufen dürfen. Fürwahr *›very british‹*, diesen Erlass noch nach 900 Jahren einzuhalten. Briten halten Traditionen hoch, im Gegensatz zu Deutschen, weil Brauchtum von den Nazis missbraucht wurde.

Der Kontrast hätte nicht größer sein können, als ich vom beschaulichen Pferdeparadies im New Forrest weiter nach Bounemouth fuhr. Menschenmassen wälzten sich am Strand entlang, zwischen mannigfaltigen Gelegenheiten zum Essen und Trinken und zum Amüsieren. Es ging zu wie auf einem Rummelplatz. Fahrgeschäfte, Karussells und andere Belustigungen für Klein und Groß brauchten auf Kundschaft nicht zu warten. Es war Hochsaison und Sonntag, kein Wunder, dass sich Bournemouth an diesem Tag als Magnet des Massentourismus zeigte.

Am Montag gab es mal wieder eine kleine Party in meiner

Kammer. Im Stammpub ›Red Lion‹ konnte ich Maggie und ihre Freundin Rose beschwatzen, zu mir an Bord zu kommen. Bei Guinness-Bier und dem Teufelslikör Escorial grün zeigte sich die wasserstoffblonde Maggie zunehmend aufgeschlossener, nachdem sich Rose schon verabschiedet hatte. Der vermaledeite Hochprozentige schien meine englischen Sprachfähigkeiten zu beflügeln, brachte aber meine körperliche Verfassung auf den Tiefpunkt. Am Morgen verfluchte ich den infamen Schnaps und schwor mir, nicht zum ersten Mal, die Finger von solcherlei Feuerwasser zu lassen.

Fowey (Cornwall) – Kemi – Southampton

Tags darauf waren alle Holzplanken an die Pier gehievt. Nachmittags konnten wir das nur bei Hochwasser zugängliche Hafenrevier verlassen und nahmen Kurs auf Fowey, etwa 200 Meilen weiter westlich in Cornwall.

Beim Auslaufen verzichtete der Alte darauf, die Luken mit den schweren Persenningen abzudecken. Es regte sich nur ein laues Lüftchen aus Südwest. Auf Höhe der Lyme Bay hatte sich ein starker Wind entwickelt, der schon mal Wellen entfachte, die als Spritzwasser nach den nicht abgedichteten Luken trachteten. Die ›Maro‹ musste beidrehen, um die schweren, grünen Tücher aufziehen zu können. Ein paar Stunden später, als wir den Hafen des pittoresken Städtchens erreichten, wiederholte sich die Prozedur, nur anders herum. Wie einfach hätte es die Decksbesatzung mit den klappbaren, eisernen, wasserdichten Lukenabdeckungen, die mit Seil und Winde auf- und zugezogen werden konnten (System McGregor) gehabt. Stattdessen mühten sich die Decksbauern mit einzelnen schweren Hartholzbohlen ab – eine zeit- und kraftraubende Arbeit, dazu noch eine höchstgefährliche. Ein Fehltritt in eine nicht abgedeckte Lücke genügte und man stürzte einige Meter tief in den Laderaum.

Unsere Fracht, *china clay* = Kaolin, wurde nah im Hinterland problemlos im Tagebau gefördert. Nach dem Laden der Porzellanerde setzte Regen ein, und die Luken mussten unter Zeitdruck in Windeseile geschlossen werden. Die weiße Schicht, die sich beim Schütten überall abgesetzt hatte, verwandelte sich in eine glitschige Schmiere. Die Mannschaft hatte gut zu tun, um das Zeug mit dem Deckswaschschlauch nach außenbords zu befördern.

In Fowey blieben mir und Koch Jürgen nur am einzigen Abend zwei Stunden, um uns den Touristenort etwas näher anzuschauen. Anscheinend liebten die Bewohner an ihren Häusern unterschiedliche Farben in allen Schattierungen außer Grau, die dem Städtchen zu einem einzigartigen Flair verhalfen.

Schon am nächsten Tag mussten wir diesen sehenswerten Küstenabschnitt verlassen, um auf die östliche, französische Kanalseite zu wechseln und in Richtung Nordsee zu steuern.

Hier erwischte die ›Maro‹ ein steifer Wind aus West-Nordwest (Stärke 7), der unseren Kahn bis zu 30° krängen ließ. Unserem jüngsten Mann, Rainer, dem fünfzehnjährigen Schüler aus der Verwandtschaft ›Opas‹, der für drei Wochen Seeluft schnuppern wollte, konnte das Stampfen und Rollen des Schiffes nichts mehr anhaben. Mittlerweile hatte er eine stabile Seefestigkeit entwickelt und brauchte keine Außenbordskollegen zu füttern. Für ihn war dann einen Tag später in Kiel Endstation. Ich habe leider nicht in Erfahrung bringen können, ob er sich später, nach der Schule, für die Schifffahrt entschieden hat.

Die gewohnte Route führte uns bei schlechter Sicht außen um die Insel Öland herum. Weiter nördlich klarte es auf und ich navigierte schon wie ein abgeklärter, erfahrener, alter Hase das dritte Mal durch die Stockholmer Schären. In den Freiwachen studierte ich diverse Journale, vor allem ›Stern‹ und ›Spiegel‹, tätigte große Zeugwäsche und beantwortete den ersten und letzten Brief meines vierzehnjährigen Bruders. Nun ja, in diesem Alter überwogen andere Interessen.

Am 24. August, einem Sonnabend, lief die ›Maro‹ zum vierten Mal während meiner Steuermannszeit in Kemi ein. Ich hatte abends nichts Eiligeres tun, als Laila zu treffen. Mein erster Versuch schlug fehl, sie hatte keinen Dienst im Kiosk. Am Wochenende konnte sie wahrscheinlich nur im großen Tanzschuppen, in der Turnhalle der größten Schule anzutreffen sein. Und richtig, im Gewühl des Riesen-Schwofs lief mir meine kleine Finnin direkt in die Arme, als sie mich erspähte. Wir blieben die ganze Nacht zusammen. Am Sonntag schleppte sie mich in eine kleine Kirche, mit einem Gemäuer aus unterschiedlich kleinen und größeren Feldsteinen. Hier konnten die Besucher auf einen mumifizierten Mann aus dem 15. Jahrhundert blicken. Warum nur hatte sie mich bloß dorthin geführt? Schließlich denkt doch eine junge Deern von fast achtzehn Jahren nicht an die Vergänglichkeit des Menschen!

Zweites Vorhaben an diesem Tag: Im Kino lief der Streifen ›In der Hitze der Nacht‹, der Filmklassiker über Rassismus in den Südstaaten der USA. Zweimal also ziemlich starker Tobak, den mir mein Backfisch an diesem Tag auftischte! Ich schloss daraus, dass in dieser jungen Frau ein gewisser Intellekt schlummerte.

Lappland (nördlich von Haparanda)

Als Drittes: Was konnte besser sein, als an diesem lauen Spätsommerabend eine Spritztour zu unternehmen? Folglich lieh ich mir einen Ford Cortina und fuhr mal eben über Tornio und Haparanda nach Schweden. Mit einer weiblichen Beifahrerin machte eine solche Spazierfahrt natürlich viel mehr Spaß und Freude als auf einem Egotrip, vor allem auch, wenn der Fahrer nicht dauernd belehrt wurde. An der zum Teil felsigen Küstenstraße mit herrlichen Ausblicken auf kleinere Inseln im Botten kamen wir bis Ytterbyn, tranken einen ›Svenska Kaffee‹ und fuhren zurück nach Finnland.

Am Montag wurde unser Kahn ziemlich zügig mit modernen Kränen und großen Schaufeln von der China-Clay-Ladung erleichtert und die ›Maro‹ verholte an die Holz-Verladepier. Nach gründlichem Spülen auf und unter Deck war unser Kahn bereit für das ›finnische Gold‹. Der Alte überraschte mich einmal mehr. So lud er mich abends zum ersten Mal in den kleinen Salon, dem Vorzeige-Empfangsraum eines Schiffes ein. Beim Bier erkundigte der Schiffsführer sich nach meinen Plänen. Schon in Forwey hatte ich gekündigt, bis zum Abmustern blieben aber noch mindestens sechs Wochen Kündigungsfrist. Außerdem hatte ich dann meine einjährige Steuermannszeit erfüllt und konnte bei gutem Zeugnis und guter Beurteilung das nächsthöhere Patent A3 (Kapitän auf Kleiner Fahrt) erwerben – ohne eine zusätzliche Prüfung. Am Donnerstag verabschiedete ich mich am Kiosk von Laila, die dort ihr Taschengeld aufstockte. Ich wünschte ihr viel Erfolg fürs letzte Schuljahr und konnte mir nicht sicher sein, dass die ›Maro‹ vor Eintreten des Winters im zugefrorenen Botten noch einmal eine Holzladung transportieren würde. Unser Kahn schipperte wie gewohnt auf alter Route gen ›Engelland‹.

Eine Woche später machte die ›Maro‹ bei sonnigem, frühherbstlichen Wetter in Totton/ Southampton fest. Immerhin legte unser kleiner Tramp-Dampfer auf diesem Törn fast 3.000 Kilometer zurück, bei einer Geschwindigkeit von 10 Knoten, ca. 18,5 km/h.

Am Abend traf ich Maggie wieder. Sie hatte bedauerlicherweise keine Zeit oder sie zierte sich, an Bord zu kommen. Letztendlich hatte sie als Mutter eines vierjährigen Sohnes aus geschiedener Ehe existenzielle, wichtigere Verpflichtungen.

Am Sonntag kutschierte sie Rose, ihre Freundin, Andrew, ihren lütten Stoppelhopser und den *merchant navy mate* (Handelsmarine-Steuermann) zum Schloss Beaulieu südlich von Southampton in der Grafschaft Hampshire. Hauptattraktion waren nicht die Gemächer des Herrschaftssitzes, sondern ein Technik- und Automuseum. Hier konnte das erste Luftkissenboot SR-N1, eine britische Erfindung, bestaunt werden.

Wieder zuhause, um 4:00 Uhr nachmittags, musste traditionell in Margrets Wohnung Tee getrunken werden – *it's teatime.* Meine Hoffnung, sie danach in mein Borddomizil locken zu können, erfüllte sich nicht, sie vertröstete mich dagegen auf den nächsten Abend.

Vor lauter Erlebnis-Vorfreude und Unruhe setzte mich mein Herzklopfen außerstande, geruhsamen Schlaf zu finden. Müde und angeschlagen erschien ich abends an unserem Treffpunkt außerhalb des Hafengeländes und brachte sie in meine Kammer. Hier erweckte sie in mir alle Lebensgeister wieder zu voller Entfaltung. Die perfekte Übereinstimmung mit ihr blieb

Luftkissenboot SR-N1

mein Leben lang eine meiner schönsten Erinnerungen. Unseligerweise hieß es am Morgen Abschied nehmen. Danach hielt unser Briefkontakt lange an.

Par (Cornwall)

Mittags legte die ›Maro‹ ab und wir fuhren weiter westwärts zur St. Austell Bay in Cornwall, wo unser Kümo mit anderen Kähnen erst einmal ankerte.

Am 12. September landeten Jürgen und ich nach dem Festmachen in Par in einem Beat-Schuppen, in dem meist junge Weiblein und Männlein (Backfische und Halbstarke) sich getrennt auf langen Bänken gegenüber saßen. Nach drei getanzten Titeln des neuesten Brit-Pop wurden die Paare neu gemischt. Dabei spurteten die Jungs quer über die Tanzfläche und forderten ihre Herzdamen auf. Hatte man(n) Pech, war einem schon jemand zuvorgekommen und es blieben einem nur die sitzengelassenen Mauerblümchen.

Nach über einer Stunde beendeten wir diese gnadenlose und fast diskriminierende Jagd, tranken noch ein Lager im Touristenpub und trotteten zurück an Bord.

Hätte der Seewetterbericht für Freitag, den 13. auch nur etwas Wind gemeldet, wäre der Kapitän nicht ausgelaufen. Das war hier, wie ebenfalls in anderen kleinen Häfen nur bei Hochwasser möglich. Die meisten kleineren Schiffe lagen bei Ebbe im Schlick auf Grund.

Wieder mit Porzellanerde beladen, ging es nach Finnland, auf meine letzte längere Reise. Im Ärmelkanal ließen zunehmender Wind und Regen nichts Gutes erahnen. In der Nordsee entwickelte sich ein handfester Nordwest mit Böen der Windstärke 9. Die ›Maro‹ stampfte tapfer mit voller Kraft an den Waddeneilanden (holländische westfriesische Inseln) vorbei Richtung Nord-Ostsee-Kanal. Gerade mal 4 Knoten (ca. 7 km/h) schaffte das 400-PS-Maschinchen.

Brunsbütteler Nächte

Nach fünf Tagen auf See machte die ›Maro‹ in Brunsbüttel fest. Dort blieben wir drei Tage, weil sich unser Diesel überanstrengt hatte und eine Reparatur verlangte. Ein Kolben sowie die dazugehörige Laufbuchse mussten gezogen und erneuert werden.

Noch heute hadere ich mit dem Schicksal, denn was sich in der Folge ereignete, stellt wahrhaftig kein Ruhmesblatt in meiner Vita dar. Peter, unser schon etwas älterer, neunundzwanzig Lenze zählender Decksmann, Koch Jürgen und ich mussten unbedingt erkunden, ob es außer der Seemanns-Mission nicht auch andere Anlaufstellen gab.

So landete unser Trio in der vielsagenden ›Hafenbar‹. In dieser nicht gerade fantasievoll benannten Kaschemme ließen wir Bier und Köm hochleben. Zu vorgerückter Stunde, nach dem Bezahlen unserer Zeche, nahm Peter seinen Barhocker und tänzelte damit aus der Kneipe hinaus, als der Wirt gerade in der Kombüse beschäftigt war.

Jürgen und meine Dämlichkeit dachten, dieses originelle Kunststück gleichermaßen vollführen zu können, und liefen mit dem Gestühl Richtung Liegeplatz. Als das Tatütata einer Polizeikäfersirene ertönte, sagte mir das schlechte Gewissen, dass der Einsatz wohl uns gelten könnte.

Ich tauchte mitsamt Barhocker in voller Landgangsmontur in einem nahe gelegenen Teich unter, peilte verdeckt die Lage und hörte den Wirt mit aufgeregter Stimme an zwei Beamte gewandt sagen: »Die müssen da langgelaufen sein!« Nach einer Viertelstunde stieg ich aus dem kalten Tümpel und machte mich, so gut es mit meinen pitschenassen Plünnen ging, schnurstracks zurück an Bord.

Am nächsten Morgen erschien ein Ordnungshüter mitsamt Wirt beim Frühstück in der kleinen Messe.

»Ja, ja, das sind sie. Der und der und der da!«

»Sie werden beschuldigt, in der ›Hafenbar‹ Barhocker entwendet zu haben.«

»Was? Sehen Sie hier irgendwo einen Hocker? Sie können überall nachgucken.«

»Das werd ich auch tun!« Aber der Polizist fand keinen einzigen an Bord. Meiner schwamm im Teich, Peter und Jürgen hatten ihre irgendwo auf dem Weg zum Schiff vor eine Haustür gestellt.

»Sie alle sind wegen Diebstahls angezeigt und werden strafrechtlich belangt!«, erklärte in lautem Ton die Exekutive, der kleine korpulente Polizist mit roter Knollen-Schnapsnase.

»Sie kriegen Post vom Staatsanwalt.«

Die bekam ich dann auch Anfang Januar 1969 vom Landgericht Itzehoe mit dem Wortlaut: »Ich habe das Verfahren wegen Geringfügigkeit eingestellt.« Da befand ich mich gerade an der Westküste Nordamerikas in Vancouver.

Am nächsten Morgen wollte mir Jürgen seine Heimatstadt Heide zeigen. Wir fuhren mit einem gemieteten neuen Käfer in den wichtigsten Ort Dithmarschens, im Westen Schleswig-Holsteins. Hervorstechende Merkmale der Stadt sind der große Marktplatz und die Kirche St. Jürgen. Warum ich dann fatalerweise am frühen Morgen allein wieder zurückfuhr, bleibt mir ein Rätsel. In etlichen gut besuchten Kneipen und Bars, in denen zudem der eine oder andere Kumpel von unserem Koch aufkreuzte, tranken wir alles andere als Wasser. Es kam, wie es kommen musste. Fünfzehn Kilometer vor Brunsbüttel landete ich mitsamt Käfer im Graben, in einem Fleet. Ein Landwirt, der zur gleichen Zeit in Richtung Süden fuhr, bot mir an, den Käfer aus dem Graben zu ziehen und mich an Bord zu bringen. Dabei wurde nicht viel gesprochen, nicht kommentiert und nicht geschimpft. ›So sind sie eben, die Dithmarscher Bauern, wortkarg und hilfsbereit‹, ging es mir durch den Kopf. Nach dieser Aktion wartete auf der ›Maro‹ schon das nächste Schlamassel auf mich. Noch völlig entnervt vom Auto-Grabenrutscher, wartete ein jüngerer, schneidiger Polizist auf mich.

»Ich muss Sie nochmal verhören. Wo sind die Barhocker abgeblieben?«

»Keine Ahnung, vielleicht hatte der Wirt ja Halluzinationen.«

Dass ich trotz meiner miserablen Gemütslage so dreist antwortete, erstaunte mich selbst, kam ich mir doch eigentlich vor wie ein Häufchen Elend. Der Kapitän hatte von alledem einiges, aber nicht alles mitbekommen. Er schüttelte verständnislos mit ziemlicher Verachtung im Blick sein Haupt.

»Stürmann, wat hest dor bloß wedder moukt!«

Die Kanalfahrt nach Kiel verbrachte ich während meiner Freiwache mit allerlei Selbstvorwürfen, Katzenjammer und einem absoluten Stimmungstief. Da half mir der Kalenderspruch ›Die Zeit heilt alle Wunden‹ auch nicht viel.

Oulo – Kemi zum letzten Mal und Abmusterung

In der Ostsee hellte sich mein seelisches Befinden langsam auf. Bei der nunmehr vierten Wache durch die Schären ließ ich mich nicht mehr von meinen bösen Geistern verfolgen.

›Glücklich ist, wer vergisst, was nicht mehr zu ändern ist.‹

Zunehmend wurde es im Botten mit nördlichem Polarwind kälter als die ›Maro‹ am 26. September in Oulo, der großen finnischen Hafenstadt, 100 Kilometer südlich von Kemi, festmachte und *china clay* löschte. Hier gab es fast ein richtiges Nachtjacken-Hafenviertel mit allem, was dazu gehörte: Bars, Musik – und jede Menge ordinäre Dockschwalben. Das ganze Drum und Dran dieses Viertels gefiel mir gar nicht und die Damen an der Bordsteinkante noch viel weniger. Am übernächsten Tag verholte unser Kümo nach Kemi und lud, wie gehabt, 220 Stander Holz. Anita traf ich nicht mehr an.

Am 1. Oktober begann die Rückreise nach Kiel durch die Stockholmer Schären und Kalmarsund. Drei volle Seetage halfen mir, mein seelisches Gleichgewicht wieder ins Lot zu bringen und die beiden vermaledeiten Brunsbütteler Nächte abzuhaken.

Am 6. Oktober, Erntedankfest, hatte auch ich allen Grund, dem Schicksal oder wem auch immer dankbar zu sein. Mein Steuermannsjahr war nun abgelaufen! Trotz mancher Konflikte und Eskapaden im zurückliegenden Dienstjahr, über die sich der Kapitän nicht amüsieren konnte, stellte er mir ein makelloses Zeugnis aus. Wir beide hatten, abgesehen vom Dienstverständnis, oft gegensätzliche Ansichten und fochten so manche Kontroverse aus. Als älterer, verheirateter, verantwortungsvoller Familienvater hatte der Alte naturgemäß in vielen Lebensbereichen andere Einstellungen als ich, insbesondere was

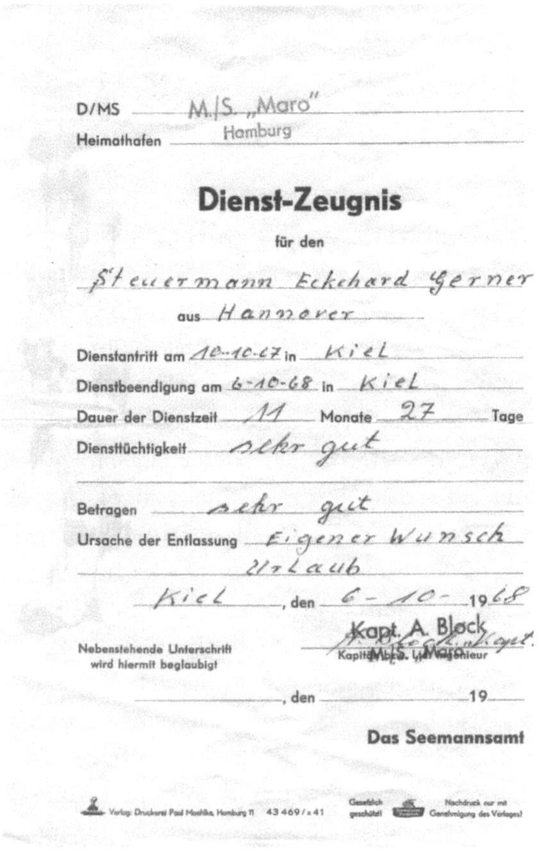
D/MS M./S. „Maro"
Heimathafen Hamburg

Dienst-Zeugnis

für den

Steuermann Eckehard Gerner

aus Hannover

Dienstantritt am 10-10-67 in Kiel
Dienstbeendigung am 6-10-68 in Kiel
Dauer der Dienstzeit 11 Monate 27 Tage
Diensttüchtigkeit sehr gut

Betragen sehr gut
Ursache der Entlassung Eigener Wunsch
Urlaub

Kiel, den 6-10-1968

Kapt. A. Block
M./S. Maro
Kapitän bzw. Ingenieur

Nebenstehende Unterschrift wird hiermit beglaubigt

, den 19

Das Seemannsamt

Verlag: Druckerei Paul Mochlke, Hamburg 11 43 469 / x 41 Gesetzlich geschützt! Nachdruck nur mit Genehmigung des Verlages!

meine Landgangsaktivitäten anbelangte. Letztendlich waren wir beide gezwungen, auf diesem kleinen Pott gut miteinander auszukommen, dienstlich und menschlich. In der Kümoschifffahrt lernte ich reizvolle Häfen, Landschaften – und Menschen kennen. Es muss nicht immer die große, ganz weite Welt sein. Europa hat überall auch sehenswerte, anziehende, einmalige Orte und Plätze zu bieten.

Nach einem Kurzbesuch im Kieler ›Seeteufel‹ fuhr ich mit der Bahn für zwei Tage nach Hamburg, erledigte Formalitäten, machte einen ›Rundgang durch die Gemeinde‹ auf St. Pauli und trank dabei allenfalls Alsterwasser. Danach traf ich im gutbürgerlichen ›Bayerisch-Zell‹ Margret, eine flotte Mittzwanzigerin mit attraktiver Cleopara-Frisur, haarscharf meinem Geschmack entsprechend … und ich blieb einen Tag länger in meiner zweiten Heimat Hammonia. Kurz vor meinem Abflug zum Urlaubsziel Mallorca wurde mir mein Patent A3 (Kapitän auf Kleiner Fahrt) zugesandt.

Bundesrepublik Deutschland

Zeugnis

über die Befähigung zum

Kapitän

auf kleiner Fahrt II

A3

Eigenhändige Unterschrift des Zeugnisinhabers

V. MS ›Ditmar Koel‹ (16. Schiff) Pazifik-Küste Nordamerikas/ Anmusterung

In der grauen, bleiernen Zeit zwischen Volkstrauertag und Totensonntag hielt es mich nicht länger an Land. Nach dem Buß- und Bettag enterte ich den D-Zug nach Hamburg, um auf meinem nächsten Dampfer anzuheuern, eine Fahrt ins Ungewisse. Ich wusste lediglich, dass mir vermutlich eine Zukunft als Steuermann in der Kleinen oder sogar Mittleren Fahrt bevorstand. Auf keinen Fall aber wollte ich wieder auf einem mittelprächtigen Kümo anmustern, schon gar nicht auf einem Schiff mit einem erbsenzählenden, geizigen Eigner.

Während der Bahnfahrt kreisten – wieder mal – die überflüssigen und unergiebigen Gedanken darum, was mich wohl demnächst erwartete. Mit welchem Kahn würde ich womöglich zu neuen, unbekannten Ufern gelangen? Und vor allem: Mit welchen Vorgesetzten und Untergebenen würde ich es zu tun haben? Der Faktor Mensch spielt an Bord die existenziellste Rolle, zumal Arbeit, Wohnen und Freizeit auf einem Schiff untrennbar miteinander verzahnt sind. Welchen Nutzen hat ein moderner, nach dem neuesten Stand der Technik gefertigter Dampfer, der die exotischsten Ziele anläuft, wenn die Chemie der Besatzungsmitglieder untereinander nicht stimmt? In dieser Hinsicht hatte ich ja schon auf fünfzehn Kähnen zu Genüge Erfahrungen gesammelt.

Aber auch dieses Mal stand mein Gang zum Arbeitsamt unter einem guten Stern. Ich präsentierte dem jungen, aber leutseligen Arbeitsvermittler nicht ganz ohne Stolz mein neu erworbenes Patent A3 und mein Seefahrtbuch. Nachdem sich sein Erstaunen über meinen einjährigen Dienst auf der ›Maro‹ gelegt hatte und ich seine wissbegierigen Fragen, insbesondere über die Details der Arbeit eines Steuermanns, wortreich beantwortete, folgte eine kleine Pause.

»Wissen Sie was, ich hab da etwas Besonderes für Sie. Wollen Sie auf der ›Ditmar Koel‹ als Dritter (Offizier) anmustern? Is 'n großer Stückgutfrachter, fährt Westküste Nord, manchmal auch mit 'nem Abstecher nach Hawaii.«

Sein Angebot machte mich augenblicklich sprachlos, ich atmete tief durch, bis ich einwandte: »Aber ich hab doch nur A3 (Kapitän auf Kleiner Fahrt), kein A5 (Offizier auf Großer Fahrt)!«

»Gibt in Einzelfällen Ausnahmen, über die ich und dann die Reederei entscheiden können. Sie schaffen das!«

Jetzt wurde mir klar, warum er mich mit all den vielen Fragen gelöchert hatte, z. B. ob ich auf dem Kümo auch den Sextanten zur astronomischen Navigation benutzt hätte. Was für ein veritabler Aufstieg – vom Steuermann auf einem ›Schlickrutscher‹ zum Offizier auf einen großen Überseefrachter! Und dann auch noch zur Pazifikküste Kanadas und den USA. So konnte ich also meine Fahrtgebiete in der Neuen Welt komplettieren. Nach den Großen Seen, der nordamerikanische Atlantikküste, der Karibik, Mittelamerika, Ost- und Westküste Südamerikas nun Kalifornien und British Columbia (Kanada).

Ich ließ keine Angst vor der eigenen Courage aufkommen und machte mich umgehend auf den Weg zur Hanseatischen Reederei Emil Offen u. Co., an der vornehmen Adresse Ballindamm 5 an der Binnenalster. Dort unterschrieb ich mit Vergnügen den Heuerschein und danach wurde mir eine Fahrkarte nach Antwerpen ausgehändigt.

Heuerschein

Vorzulegen bei Dienstantritt und Anmusterung!

für III. Offizier (Dienststellung) Eckehard G e r n e r (Vor- und Zuname) A (Pat

geboren am 9. 2. 1945 in Augustusburg

Anschrift: Vater: Wilhelm Gerner, Hannover, Stärkestraße 23

Schiffsname: M.S. „Ditmar Koel"

Heuer per Monat laut Heuertarifvertrag für die deutsche Seeschiffahrt*

Sonstige Bedingungen: laut Manteltarifvertrag für die deutsche Seeschiffahrt*

Dauer des Vertrages für: unbestimmte Zeit/die Reise unbest. Zeit

Die Anmusterung erfolgt vor dem Seemannsamt in Bremerhaven am

Dienstantritt** am 21. November 1968 Uhr in Antwerpe

Untersuchung durch Arzt der Reederei ist (nicht) erfolgt.

Gesundheitspapiere gültig bis: April 1969

mit Einschränkungen: keine

Impfung gegen: Pocken

am: 25.2.66 in: Hamburg

Liegeplatz des Schiffes Antwerpen, Schuppen 357/59, Stauerei He

Bemerkungen: keine

Hamburg, den 21. November 1968

E. Gerner
Unterschrift des Besatzungsmitgliedes

i.A.: R. B...
Unterschrift der Reed
Hanseatische
Emil Offer
Abt. Insp

Schiedsgerichtsbarkeit

Es wird vereinbart, daß alle bürgerlichen Rechtsstreitigkeiten aus dem mit obigem Heue bestätigten Heuerverhältnis unter Ausschluß der Zuständigkeit der Arbeitsgerichte der all Entscheidung durch das Tarifschiedsgericht für die deutsche Seeschiffahrt gemäß der jeweil

Die ersten Tage an Bord

Am nächsten Morgen reiste ich nun ganz standesgemäß in der 1. Klasse zur belgischen Hafenstadt. Gegen 8:00 Uhr abends konnte ich am Schuppen 357 die Umrisse meines Dampfers in Augenschein nehmen. Bei schwacher Beleuchtung an der Pier erschien mir der Frachter wohl noch größer als bei Tageslicht. Mit über 10.000 Tonnen Tragfähigkeit, 150 Meter Länge, 20 Meter Breite und einem Tiefgang von über 8 Meter hatte die ›Ditmar Koel‹ annähernd die Maße der ›Cap San Diego‹, dem Relikt aus der guten alten Zeit der Stückgutfahrt, welches heute nahe der Elb-Philharmonie zu besichtigen ist. Dieser ›weiße Schwan des Südatlantiks‹ konnte zusätzlich zwölf Passagiere mitnehmen und wurde von einem 12.000 PS starken MAN-Dieselmotor angetrieben, der das Schiff bis über 20 Knoten (37 km/h) schnell werden ließ. Die ›Ditmar Koel‹ schaffte bei erheblich kleinerer Maschine bestenfalls gerade mal 14 Knoten (Seemeilen pro Stunde). Mit dem Seesack auf der Schulter und einem großen Koffer erklomm ich schnellen Schrittes auf dem langen Fallreep das Hauptdeck, auf dem ich schon von einem Decksmann erwartet wurde.

MS Ditmar Koel

»N'Abend, bin der neue Dritte«, stellte ich mich vor.

»*Ah, comprende, nuevo oficial.*«

»*Si, soy nuevo tercero oficial.*«

»*Uno momento, por favor.*«

Er verschwand kurz im Mittelschiffsaufbau und wenig später erschien ein noch jung wirkender Mann an Deck, den ich auf Anhieb als sehr angenehm empfand. Meine erste Einschätzung hatte mich nicht getäuscht und wurde in den nächsten Monaten bestätigt.

»Na, gute Reise gehabt? Bin Fritjof Ahlgrimm, der *first mate*. Zeig Ihnen erstmal ihr Domizil, ist gleich hier vorn an Backbordseite.« Er führte mich zum seitwärtigen Haupteingang und öffnete die erste Tür.

»Willkommen an Bord, Sie können erstmal auspacken. Frühstück gibt's hier gleich um die Ecke. Alles andere erledigen wir morgen früh.«

Ich staunte über mein neues Zuhause. Meine Kammer hatte mehr als die dreifache Größe eines Matrosenkabuffs. Als Erstes fiel mir der gewaltige Schreibtisch auf, außerdem gehörte eine gepolsterte Sitzecke mit großem Tisch und drei Stühlen zur Ausstattung. Nun verfügte ich auch über einen eigenen Waschraum mit Dusche und WC.

›Donnerlüttchen, vor sieben Jahren musstest du dir noch mit Icke, deinem Kumpel aus Berlin, ein Rattenloch teilen und nun hast du fast schon einen Kapitänssalon‹, dachte ich im ersten Überschwang meiner Gefühle.

Nach dem Einräumen brauchte ich einige Zeit, um fest und glückselig einzuschlafen. Um Viertel nach sieben weckte mich ein Matrose und noch äußerst schlaftrunken musste ich kurz überlegen, wo ich frühstücken sollte, jedenfalls nicht in der achtern gelegenen Mannschaftsmesse, auch nicht in der Gemeinschaftsmesse wie auf der ›Maro‹, nein, ich speiste natürlich in der Offiziersmesse. Nachdem ich ganz wach geworden war, erinnerte ich mich sofort daran, dass mir der Erste nach meiner

Ankunft den Weg zur Offiziersmesse gezeigt hatte. Beim Frühstück lernte ich meinen Kollegen, den 2. Offizier kennen.

»Bin übermorgen in Bremerhaven schon weg, mache Urlaub. Hast Dusel, hier als Dritter anzufangen. Der Erste ist schwer in Ordnung, der Alte, 'nen oller Gramusel, steigt auch aus.«

Mit am Tisch schlürfte der betagte Funker, Jahrgang 1906, seinen Kaffee. Am anderen Back (Tisch) ließen sich ein paar ›Flurplatten-Indianer‹, Ingenieure und Ingenieurs-Assistenten, nieder. Beim Mittagessen, Abendbrot mit warmer Mahlzeit und in den beiden Viertelstunden-Pausen um zehn (*coffee-time*) und nachmittags um vier (*tea-time*) erfuhr ich mehr über die Besatzung. Wie der Kapitän ging auch der *Chief* (Leitender Ingenieur) keine Wache, daher gab es bei den ›Schluchtenscheißern‹ (Bezeichnung für Maschinenpersonal) sogar einen 4. Ingenieur.

Außer dem etwas besseren Ambiente in der Offiziersmesse und der Bedienung durch den Steward, gab es keinen Unterschied bei den Mahlzeiten aller Besatzungsmitglieder, das galt auch für den Kapitän, den 1. Offizier und den 1. Ingenieur (*chief*), die natürlich als Oberbosse im Salon speisten.

Im Allgemeinen gab es auf den meisten Schiffen über Speis und Trank kaum etwas zu mäkeln, zudem war ich es von Kindheit an gewohnt, keine allzu hohen Ansprüche an das Essen zu stellen. Genügsam kommt der Mensch besser durchs Leben. Nach dem Frühstück führte mich der Erste auf die Brücke. Alle Armaturen, Geräte und Schalter mussten mir nicht erläutert werden. Die Kommandobrücke gehörte ja schon von Anfang an, als Moses, zu den unterschiedlichsten Stätten meiner Arbeit an Bord. Von hier oben, vier Stockwerke über dem Hauptdeck, warf ich einen Blick über das Vorschiff, den mächtigen Vormast mit Schwergutbaum, die drei riesigen Luken und die Ladebäume. Auch dieser Anblick war mir ja nicht fremd, aber es stellte sich nun eine ganz andere Empfindung ein: Das ist in nächster Zeit dein Hauptarbeitsplatz. Bei der Einweisung ließ sich auch der Kapitän blicken, begrüßte mich kurz und verschwand danach mit den Worten: »Gute Reise, bin morgen

Abend schon weg, mache Urlaub und muss die ›Klaus Schoke‹ übernehmen.«

Ich überwachte den ganzen Tag das Laden verschiedener Stückgüter und Fahrzeuge aller Art an Deck und in den Luken. Diese Kontrolle sollte verhindern, dass uns die Stauereifirma beschädigte Kisten, Säcke, Fässer oder gar ramponierte LKW unterschob, denn das würde im *port of destination* (Bestimmungshafen) zu allerlei Scherereien und Komplikationen führen. Schon am Abend waren alle Ladungsgüter in den insgesamt fünf Luken verstaut. Beim Auslaufen bezog ich Station auf dem Achterdeck. Dort traf ich erstmals auf den Scheich (Bootsmann), einem älteren, gestandenen Seemann mit wettergegerbten, zerfurchten Gesichtszügen, einem der raren betagten Decksbauern, denen ich im Laufe meiner Seemannszeit begegnet bin.

»Stürmann, erst die Buten-Achterleine oder die Spring einholen?«

»Mach das mit deinen Leuten so, wie ihr das immer macht, is ja kein Wind und keine Strömung.« Ganz bewusst wollte ich mich nicht bei diesem Ablegemanöver schon zu Beginn als forscher Jungspund-Offizier aufführen, womöglich als arrogant angesehen werden. Allein die Tatsache, dass so ein erfahrener Seemann von mir einen Befehl erwartete, machte mir augenblicklich meine neue Position klar. Schon im Kindergarten gibt es die Bestimmer, und als solch ein tonangebender, egozentrischer Diktierer wollte ich gerade nicht gelten. Die Balance zwischen Befehlsgewalt als Vorgesetzter und einem menschlichen Umgang mit Untergebenen kann nicht immer erlernt werden. Es ist eben auch eine individuelle Charaktereinstellung. Leider gibt es überall zu viel schlechte Menschen, die sich daran ergötzen können, anderen ihren Willen aufzuzwingen, anstatt manierlich miteinander umzugehen. Also verzichtete ich auf überflüssige Anweisungen und ließ den Bootsmann mit seinen vier Janmaaten weitestgehend ungestört, um die Arbeit des Leineneinholens zu verrichten.

In der Regel wird ein Schiff durch zwei oder drei Vor- bzw. Achterleinen und zwei Springleinen an der Pier vertäut. Die sogenannte Spring soll die Bewegung des Schiffs in der Längsrichtung verhindern. Vor- oder Achterleinen unterbinden das Ausscheren des Bugs oder Hecks von der Pier. Von 8:00 bis 12:00 Uhr Mitternacht navigierte ich den 10.000-Tonner von der Schelde-Mündung mit Kurs 32° (etwa NNO) in Richtung westfriesische Inseln, ein Revier, das ich beinahe wie meine Westentasche kannte. Die gute Befeuerung auf diesem vorgeschriebenen sogenannten ›Zwangsweg‹ machte es bei guter Sicht jedem Wachoffizier ziemlich leicht, sicher durchs Fahrwasser zu kommen.

In der ersten halben Stunde blieb der 1. Offizier auch noch nach 8:00 Uhr als Assistent und Beobachter auf der schwach erhellten Brücke, verfolgte ohne Kommentar meine Arbeit an der Seekarte und die Steuerbefehle, verschwand dann nach einer Viertelstunde mit dem üblichen Gruß »Gute Wache!« in seiner Kammer – an Steuerbordseite, 1. Oberdeck unter der Kapitänswohnung. Nun war ich ja nicht allein auf der Brücke. Am Ruder (Steuer) führte ein spanischer Decksmann meine Kurzanweisungen aus, ein anderer stand in der offenen Brückennock und meldete in Sicht kommende Schiffe. Als sogenannter ›Flötentörn‹ sprang ein dritter Mann ein, wenn für unvorhergesehene Ereignisse ein zusätzlicher Jantje gebraucht wurde. Er hielt sich in der achtern gelegenen Mannschaftsmesse auf. Diese drei Wachgänger wechselten ihre jeweiligen Positionen – Rudergänger, Ausguck, Flötentörn – im Turnus von einer Stunde und zwanzig Minuten, so dass jeder auf seiner vierstündigen Wache alle Posten einmal besetzt hatte.

Dieser personelle Aufwand auf den drei vierstündigen Wachen, Wachoffizier und drei Seeleute, war aber nur in viel befahrenen Revieren, bei schlechter Sicht oder Sturm notwendig. Bei den längeren Seetörns, auf den sieben Weltmeeren genügte oft nur ein Ausguck auf der Brücke. Die anderen nicht eingesetzten Wachgänger wurden dann als sogenannte Tagelöhner an Deck eingesetzt. Die Decksmannschaft bestand aus fünf deutschen Seelords, dem Bootsmann, dem Zimmermann, einem Matrosen, einem Leichtmatrosen, einem Jungmann und sieben nicht mehr ganz jungen spanischen Seeleuten. In der *crew list* (Mannschaftsliste) wurden vier als A.B. und drei als O.S. geführt. Laut internationaler Vereinbarungen musste auf einem großen Frachter eine bestimmte Anzahl ausgebildeter Matrosen (A.B. = *able bodied seaman*) fahren. Daher tauchten diese vier offiziell als ABs auf, obwohl sie über keinen Matrosenbrief verfügten und als einfache Decksmänner (O.S. = *ordinary seaman*) mit geringerer Heuer bezahlt wurden. Die Qualifikationen der Decksmannschaft überprüften die Hafenbehörden nicht, wohl aber die der Offiziere und Ingenieure. Schließlich könnten Schiff und Ladung, deren Wert im zweistelligen Millionenbereich liegt, nicht mit unkundigem, unausgebildetem Personal bewegt werden, ganz abgesehen von den Menschen an Bord. Um Mitternacht erschien der 2. Offizier auf der Brücke. Mit über fünfzig Jahren zählte auch er schon zu den alten Seeleuten. Er löste mich ab, um die ›Hundswache‹ von Mitternacht bis 4:00 Uhr morgens zu übernehmen. Nach dem gewohnten Wachwechsel-Ritual – Meldung über Kurs und Standort, zu beachtende Gegenkommer oder Mitläufer, Sichtweite, Windstärke und Seegang – verabschiedete ich mich von ihm mit »Gute Wache!« Und nach altem Brauch bekam ich einen »Gute Ruh!«-Wunsch mit auf den Weg in meine ›gehobene Unterkunft‹. Die Seefahrt bereitete mir wieder Vergnügen, Spaß und Freude, wenngleich die Verantwortung eine größere Dimension erreicht hatte. Darüber zerbrach ich mir in keinster Weise den Kopf, es erfüllte mich im Gegenteil mit einem Glücksgefühl, dass ein Traum in Erfüllung gegangen war. Das leise, aber vernehmbare Wummern der Hauptmaschine störte mich nicht dabei, selig einzuschlafen.

Am nächsten Morgen, Totensonntag, saß bereits der junge 4. Ingenieur Franz Hirsch, ein Bayer, in der Offiziersmesse. Er musste in der Zeit von acht bis zwölf dafür sorgen, dass das

Herz des Schiffes mit einigen tausend PS wie geschmiert seine 120(!) Umdrehungen pro Minute absolvierte. Bei der zweiten Wache, dieses Mal morgens, löste ich den gutgelaunten Ersten ab, der traditionell die Wache von vier bis acht gegangen war.

»Na, wie fühlen Sie sich nach den ersten Tagen bei uns?«

»Danke, Herr Ahlgrimm, kann nicht klagen.«

Beinahe wäre mir sein Spitzname Ali herausgerutscht, den ich bei den Gesprächen in der Messe mitbekommen hatte. Das hätte einen schweren Fauxpas bedeutet, auf der gesamten Reise hatte er mir nicht ein vertrautes ›Du‹ angeboten, benutzte allenfalls das ›hanseatische Du‹. Davon abgesehen, wurde mir dieser Erste im Laufe der Reise zur wichtigsten Bezugsperson. Er half mir und unterstützte mich bei meiner Arbeit, ohne je den höheren Dienstgrad in den Vordergrund zu stellen.

Nach fast exakt zwei Tagen an Bord lief die ›Ditmar Koel‹ um halb neun abends in Bremerhaven ein, um ein ausgesprochen hochwertiges Ladungsgut zu übernehmen. Waren das auf meinen anderen Dampfern z. B. eine Lokomotive, ein komplettes Planetarium, Rosenöl oder Charolais-Zuchtrinder, so luden wir nun über dreihundert Luxusklasse-Benzinkutschen für Los Angeles, San Francisco und Vancouver. Mit Kränen wurden die Nobelschlitten der Marken Mercedes, BMW und Porsche an Bord gehievt, umständlich in den Zwischendecks und auf dem Hauptdeck beiderseits der Luken abgestellt und seefest gelascht (gezurrt, angebunden). Der Wert der Prunkautos belief sich auf eine fast zweistellige Millionensumme. Ein Kontingent dieser Oberklasse-Limousinen und Sportwagen, für Honolulu bestimmt, wurde dummerweise auf ein anderes Schiff der Reederei, die ›Simon von Utrecht‹ umdisponiert. Schade, wie gern hätte ich einmal am Strand von Waikiki auf Hawaii gelegen und im Pazifik ein Bad genommen, wie seinerzeit Captain Cook anno 1778. Es wäre zu viel des Glücks gewesen, alles kann man nicht auf einmal haben. Heutzutage fahren die Autos für den Export auf großen, klobigen ›Transportgefäßen‹ nach Übersee. Diese Riesenschiffe haben, ebenso wie die hässlichen Containerriesen, so gar nichts mehr gemein mit der Ausstrahlung, der Eleganz und dem Charisma der damaligen schmucken Stückgutfrachter.

Schon am Montagmorgen hatte sich der Alte verabschiedet, der Erste fuhr nach Lübeck und der Zweite musterte ab. Somit wurde ich bereits am vierten Tag der Chef an Bord, wenn auch nur für 24 Stunden. Das kannte ich ja schon von meinem Jahr auf der ›Maro‹, aber dieses Mal mit dem Unterschied, dass die ›Ditmar Koel‹ etwa 15 mal größer (nach Tragfähigkeit) war. Während meiner Arbeitszeit von 6:00 Uhr morgens bis spät abends um 23 Uhr überwachte ich das unpraktische Laden der Autos. Der Erste hatte mich vortrefflich in allen Tätigkeiten des Ladevorgangs unterwiesen. Außerdem befand sich noch ein Superkargo (Frachtbegleiter) an Bord, der eigens von der Reederei in Bremerhaven einbestellt worden war. Dessen Aufgabe bestand darin, die Stauerei anzuweisen, wo die Karossen an die jeweiligen Standorte in den fünf Luken oder an Deck gerollt werden sollten. Ich musste daneben bei der Store-(Ausrüstungs-)Übernahme darüber wachen, dass alle Kisten, Kartons, Farbeimer, Taue, Maschinenteile und dergleichen an den richtigen Platz kamen. Dafür standen mir der Bootsmann und der Storekeeper mit ihren Gangs zur Seite. Hundemüde und geschafft, aber zufrieden, dass alles gut geklappt hatte, sank ich in meine überdimensionale Koje und schlief fast augenblicklich wie ein Stein bis zum nächsten Morgen. Im Laufe des Tages trudelte mittags der neue Zweite (Offizier) ein und Ali kehrte am Abend zurück.

Am Mittwoch, dem 27. November waren die letzten Autos geladen, gelascht und die ›Kutschen‹ an Deck mit Planen überzogen. Nachmittags erschien der neue ›Alte‹, ein honorig aussehender Mittfünfziger. Kapitän Rudolf Koenigs, aus Aachen stammend, stellte sich für mich ebenfalls als Glücksfall heraus. Als Vorgesetzter und Schiffsführer entwickelte er sich im Laufe der Reise als angenehmer Gesprächspartner. Wir wechselten nicht ein einziges böses Wort miteinander.

Von Bremerhaven zur Westküste Nordamerikas

Kurz nach Mitternacht begann unsere über zwei Wochen dauernde Fahrt zum Panama-Kanal und meine 21. Atlantiküberquerung. Zu Beginn meines Wachtörns um 8:00 Uhr hatte unser Kahn schon Borkum hinter sich gelassen. Auf Höhe der westfriesischen Insel Terschelling änderte ich den Kurs auf Südwest in Richtung nordöstlicher Kanalausgang. Bei schwachem, schon ziemlich kaltem Nordwestwind mit Regenschauern riss die Wolkendecke nur selten auf und gab den Blick zum Himmel frei.

Mittags bei der Wachablösung lernte ich den 2. Offizier Walter Junge etwas näher kennen. Wie die meisten deutschen Seeleute stammte er aus ›Küstendeutschland‹, geboren in Cuxhaven anno 1917, für mich war er somit schon ein älterer Mann.

Nach meiner Wache hielt ich erst einmal ein Nachmittagsschläfchen und widmete mich danach der Sicherheitsrolle, einer Aufstellung der verschiedenen Positionen und Rollen bei den Rettungsboot- und Feuerschutzübungen und natürlich für den realen Seenotfall. Da ein großer Teil der Besatzung neu angemustert hatte, musste dieses Verzeichnis nun auf den aktuellen Stand gebracht werden. Damit fing auch meine Beschäftigung außerhalb des zweimaligen vierstündigen Wachegehens an. Durch diese Schreibarbeiten blieb die tägliche Arbeitszeit weit über dem Achtstundentag der Landratten. Gehörten Entrosten und Pönen (Anstreichen, Malen) vorher zu meinen maßgeblichen Beschäftigungen, gab es als Steuermann/Offizier immer etwas am Schreibtisch zu tun.

›Von der Wiege bis zur Bahre, Formulare, Formulare‹, eben auch an Bord. Meist ohne Schreibmaschine, fein säuberlich per Hand und mit Lineal fertigte ich Überstundenlisten für die

Decksbesatzung, Staupläne und sonstigen Bürokram an, ohne Taschenrechner, Drucker oder gar Computer. Das bürotechnische Glanzstück war eine Vervielfältigungsmaschine, bei der auf einer Rolle eine sogenannte (Papier-)Matrize eingespannt wurde. Per Handkurbel konnte dann eine kleine Anzahl von Kopien von meist mangelhafter Qualität erstellt werden. Diese ›Nudelmaschine‹ erforderte Geschick, Feingefühl und Geduld. Bei meinen ersten Versuchen brachte mich dieses technische Wunderwerk fast zur Weißglut, weil es nicht gleich so funktionierte, wie es eigentlich sollte – und Geduld bei Fehlschlägen gehört(e) zeit meines Lebens nicht gerade zu meinen Wesensstärken.

Selbstverständlich gab es auch Ungereimtheiten bei den Auto-Stauplänen und Unterlagen der Stauerei. So hatte ich tagelang mit der Korrektur dieser liederlichen, oberflächlichen und falschen Elaborate zu tun. Dabei konnte es auch nicht ausbleiben, mit einer starken Taschenlampe bewehrt in die Luken hinabsteigen zu müssen und die genauen Standorte der Kapitalisten- und Promikarossen zu überprüfen. Glücklicherweise schaffte ich es kurz vor Cristobal, korrekte Auto-Staupläne zu erstellen, die dann per Luftpost in die *ports of destination* (Bestimmungshäfen) gebracht wurden.

Bei meiner zweiten Abendwache am Südwest-Ausgang des Ärmelkanals beehrte mich der Kapitän mit einem Besuch auf der Brücke, dem ersten von vielen, die danach folgten.

»Wird ja Zeit, dass wir uns kennenlernen. Alles klar für Sie auf unserem Dampfer?«, fragte der Alte ganz fürsorglich.

»Na ja, einiges ist neu für mich, ich komme gut klar.«

»Will nicht weiter stören bei dem Schietwetter und Schietsicht.«

»Hier ist nicht mehr allzu viel los, die meisten Fährrouten liegen ja hinter uns. Hab trotzdem sicherheitshalber Radar eingeschaltet, hat 'n ganz tolles Bild, zeigt jedes ›Salat-Gefäß‹ mit nem scharfen Echo an.« Dabei dachte ich mit Grauen an das unzuverlässige Radargerät auf der ›Maro‹.

»Na denn, auf gute Zusammenarbeit. Gute Wache!«

»Gute Ruh, Kaptein!«

Die ›Ditmar Koel‹ passierte den südwestlichen Leuchtturm des United Kingdoms, Bishop Rock auf den Scilly-Isles. Es klarte auf und am Firmament konnte ich deutlich den Großen Wagen und Nord- bzw. Polarstern ausmachen. Ich machte die notwendigen Eintragungen in das Schiffstagebuch, vornehmlich über Kurs, Standort und mit detaillierten Wetterangaben. Nach Ende der Wache schlief ich bald zufrieden ein. Vielleicht lag es am gestirnten Himmel über mir, den ich seit Tagen vermisst hatte, sicherlich aber am freundlichen Kapitän.

Auf einer Orthodrome (Großkreis), der kürzesten Verbindung zweier Orte auf der Erdoberfläche, bewegte sich unser Dampfer von nun an exakt in Richtung Panama-Kanal. Aber schon zwei Tage später änderte der Alte wegen eines angekündigten Schlechtwetter-Tiefs den Kurs. Wir hielten jetzt direkt auf die Azoren zu, die wir ansonsten an Backbordseite, im wahrsten Sinne des Wortes, links liegen gelassen hätten.

Am 3. Dezember passierten wir die westlichste Azoreninsel Flores. Am Tag zuvor und in den Tagen danach, mitten auf dem Atlantik, waren meine Kenntnisse beim Berechnen in der sphärischen Trigonometrie gefragt. Der Standort unseres Schiffes musste mithilfe der astronomischen Navigation bestimmt werden. Zusammen mit Ali, dem 1. Offizier als Zeitnehmer nahm ich mit dem Sextanten die zweimalige, zeitversetzte Winkelmessung der Sonnenhöhe vor und errechnete aus den Daten unseren Standort. Bei dieser Aktion erwies sich der Erste als erfahrener Nautiker, von dem ich noch manch unbekannte Finesse lernen konnte, nicht nur bei der angeführten Standortbestimmung ›Mittagsbreite mit Versegelung‹.

Anders als in der Nord- und Ostsee, wo ich schon mal übungshalber die Sonne anpeilte, um Erlerntes nicht in der Versenkung verschwinden zu lassen, war hier, fernab aller Küsten, eine exakte Ortsbestimmung (über-)lebensnotwendig. In meinem Beobachtungsbuch, in dem die Standortbestimmungen, Rechnungen und Zeichnungen festgehalten wurden, spielte die Sonne bei der astronomischen Navigation die Hauptrolle. Schließlich müssen bei einer Messung (Beobachtung) das Gestirn und vor allem die Kimm (Horizont) unzweideutig und punktgenau ausgemacht (gesehen) werden. Aber auch der Mond, die Planeten, besonders die Venus, und die größeren Fixsterne wurden, wenn es denn die Umstände – klare Sicht und wolkenloser Himmel – zuließen, für die verschiedenen Messungen angepeilt, desgleichen zur Ablenkungskontrolle des Magnetkompasses. Dadurch lernte ich von Ali, der das Patent A5 besaß, vieles dazu was nicht zum Lernstoff der Seefahrtschule in Grünendeich gehört hatte. Wenn es doch viel mehr Menschen in der Welt der Erwachsenen gäbe, die ihr Wissen und Können selbstlos anderen zuteilwerden ließen! Wissen ist Macht und die geben nicht eben viele freiwillig aus der Hand.

***

Die Temperatur stieg von Tag zu Tag, nur eine nordwestliche Dünung ließ erahnen, dass hier, westlich der Azoren, vor kurzem noch Sturm und starker Seegang geherrscht hatten. Mittlerweile spielte die Freude bei meiner Arbeit auf der Brücke eine größere Rolle als der Drang nach anderen Erlebnissen, nach Rum, Weib und Gesang.

An der Back in der Messe, an der der 2. Offizier und der Funker ihren Stammplatz hatten, gesellten sich manchmal auch der 2. und 3. Ingenieur dazu. In dieser Truppe, Jahrgänge 1906(!), 1913, 1917 und 1922, war ich mit meinen dreiundzwanzig Lenzen der absolute Jungspund. Trotz des Altersunterschiedes kam ich mit diesen erfahrenen Männern bestens klar. Sie konnten ständig eine Unmenge von Geschichten über die Seefahrt zum Besten geben, die von den alten, nicht immer guten Zeiten handelten.

Am Abend des 14. Dezembers erreichte unser Kahn Cristobal, den nördlichen (Atlantik-)Ausgang des Panama-Kanals.

Schon von Weitem konnten wir die Lichter der Stadt erkennen. Zuvor, auf meiner Reise zur Westküste Südamerikas anno 1964, übten besonders die roten Laternen noch einen besonderen Reiz aus, den ich nun nicht mehr in gleicher Weise empfinden konnte. Erst einmal musste die ›Ditmar Koel‹ auf Reede gehen. Dabei hatte ich meinen Posten auf der Back (Vorschiff) und gab dem Zimmermann an der Ankerwinde Order.

Die Anweisungen erhielt ich über die Wechselsprechanlage vom Kapitän, der von der Brücke aus das Manöver leitete.

»Fallen Steuerbord-Anker, 45 Faden!«, ertönte die Stimme des Alten.

»Bremse los und sutje (langsam) wieder andrehen!«, rief ich dem Zimmermann zu. Anker und Kette rauschten in die Tiefe. Ich hatte jetzt das Problem, die markierten Schäkel nach jeder Kettenlänge (15 Faden = 27 m) zu erkennen, daher gab ich dem Zimmermann die Anweisung: »Bremse mehr anziehen, Kette läuft zu schnell!« Danach meldete ich zur Brücke: »45 Faden an der Klüse (Öffnung des Ankerkettenrohrs am Vordersteven)«

»Anker hat eingetörnt (am Grund eingehakt), Kette sichern!«, befahl der Schiffsführer. Damit war das Ankermanöver beendet. Für das Warten vor dem Kanal gab es einen simplen Grund, denn die vielen Dampfer konnten erst einfahren, wenn sie an der Reihe waren. Immerhin musste unser Kahn durch eines der meistbefahrenen Nadelöhre des Welthandels.

An der heruntergelassenen Gangway machte ein Boot der Reederei-Agentur fest, um Formalitäten zu erledigen und die Post zu überbringen. Die erhofften Briefe für mich trafen aber nicht ein. Ich überwand schnell meine Enttäuschung darüber, schließlich ist so manche Urlaubskarte auch noch heutzutage mysteriös lange unterwegs.

In der Nacht um 3:00 Uhr hieß es ›Anker auf‹ und unser Pott fuhr in den Kanal ein. Wenig später hoben uns die drei Kammern der Gatun-Schleuse fast dreißig Meter hoch.

Jeweils zwei kleine Dieselloks hielten uns an beiden Seiten der Schleusenkammern in der Mitte und schleppten das Schiff zur nächsten Kammer. Danach ankerten wir nochmals im Gatun-See, dessen Ufer vom tropischen Regenwald gesäumt ist.

Im anschließenden schmalen *corte culebra* konnten sich nicht zwei entgegenkommende Schiffe begegnen. Also wieder mal warten, bis die Pötte aus der Gegenrichtung vorbeigezogen

Panama-Kanal: Gatun-Schleuse

Panama-Kanal: Corte culebra

waren. Ähnliches läuft auch im Suez-Kanal ab, in dem die Kähne zu einem Konvoi zusammengestellt werden. Innerhalb des Großen Bittersees wird die jeweilige Gegenkommer-Schiffskolonne vorbeigelassen. Im Gegensatz zum Panama-Kanal müssen sich die Schiffe aber nicht der langwierigen Schleusungsprozedur unterziehen.

Endlich, um die Mittagszeit setzte sich die ›Ditmar Koel‹ wieder in Bewegung, durchfuhr den engen Schlangen-Durchstich und wurde danach in der Pedro-Miguel- und der zweistufigen Miraflores-Schleuse hinab auf Pazifik-Meeresspiegel gebracht. Für die eigentliche Durchfahrt hatten wir nur zehn Stunden gebraucht, alles in allem dauerte es exakt 24 Stunden, um in Nord-Süd-Richtung vom Atlantik in den vermeintlich Stillen Ozean zu gelangen. Nun begann ein neuntägiger Seetörn vorerst in Richtung Nordwest, fernab der Küsten von Panama, Costa Rica, Nicaragua, El Salvador, Guatemala und Mexiko.

Hatten wir noch in Kanalnähe Probleme mit den hohen Temperaturen gehabt, so wurde es langsam wieder angenehmer. Auf dieser Route sichteten wir nur einige Schiffe, so dass ich während meiner Wache fast eine ruhige Kugel schieben konnte. Ausweichmanöver erübrigten sich, anders als im Ärmelkanal, besonders in der Straße von Dover. Ohne Landmarken, Leuchtfeuer oder brauchbare Funksignale, war unser ›schwarzer Schwan des Nord-Pazifiks‹ auf die astronomische Navigation angewiesen. Nicht allzu häufig verdeckten Wolken unseren Lebensstern. So wurde fast jeden Morgen die Sonne ins Visier des Sextanten genommen. Dabei entwickelte ich mit Unterstützung des Ersten schon eine gewisse Routine.

Nach der Wache und der Mittagsmahlzeit mit anschließendem Verdauungsnickerchen werkelte ich an einem Plan für die verschiedenen Ballast- und Frischwassertanks, sowie für die Schweröl-Treibstofftanks im Doppelboden des Schiffsrumpfes. Auch in der Vor- und Achterpiek, dem Bereich am Vor- und Achtersteven befanden sich Wassertanks. Auf einer großen Holzplatte verzeichnete ich Inhalt und Volumen der unterschiedlichen Tanks. Dieser Übersichtsplan fehlte noch in der Kommandozentrale. Rechtzeitig zum Heiligabend prangte mein kreatives Opus in der Brücke. Der 1. Offizier, der den Plan in Auftrag gegeben hatte und der Kapitän lobten die Darstellung und den Künstler.

Während der Arbeit am Tankübersichtsplan wurde ich sehr unsentimental an meine allererste Reise nach Zentralafrika erinnert. Beim Reinigen des Frischwassertanks in der Achterpiek, direkt über dem Schaumschläger (Schiffsschraube) gelegen, spritzten mir Wasser und Schmutz auf den nackten Oberkörper und ins Gesicht. Damals, anno 1961, musste ich meine erste Sinnkrise bewältigen.

Hatte ich bei der Arbeit an meinem Kunstwerk noch eigene Ideen verwirklichen können, so empfand ich die Überstundenabrechnungen für die Decksmannschaft als nicht gerade originell. Aber auch diese Arbeit musste erledigt werden. Gegen solcherlei Tun entwickelte ich schon früh eine gewisse Abneigung, eine bloße Bürotätigkeit wäre in meinem Leben nicht denkbar gewesen und hätte mich nur unglücklich gemacht.

Endlich, nach über einer Woche, kam an Steuerbord Land in Sicht. Punta Eugenia auf der 1.200 Kilometer langen mexikanischen Halbinsel Niederkalifornien (Baja California) und wenig später die Isla Cedros. Jetzt war es nicht mehr weit bis Los Angeles, wo die ›Ditmar Koel‹ am ersten Weihnachtstag im *outer harbour* (Außenhafen) festmachte.

Los Angeles und San Francisco

Der Moloch L.A. zieht sich zusammen mit Long Beach, Anaheim und Santa Ana vom Nordwesten bis Südosten über 100(!) Kilometer hin. Unser Liegeplatz lag in Wilmington, einem Stadtteil westlich von Long Beach.

Schon am Heiligabend wollte an Bord keine rechte Weihnachtsstimmung aufkommen, trotz der geschmückten Tannenbäumchen in der Mannschafts- und Offiziersmesse und im Salon. Dieser Trübsinn musste verscheucht werden. Also zog ich nach dem Festmachen mit einer Kiste Bier ›auf dem Ast‹ (auf der Schulter) nach achtern, ins Logis der Decksmannschaft. An Deck lief mir Ali über den Weg, der diese Aktion gar nicht guthieß.

»Verbrüderung mit der Mannschaft gibt oft nur Probleme.«

»Aber heute ist doch Weihnachten«, entgegnete ich.

»Na, machen Sie, was Sie für richtig halten«, kommentierte er scharfzüngig. Ich ließ mich nicht beeindrucken und enterte die Mannschaftsmesse.

»Frohe Weihnacht, *feliz navidad*!«, rief ich den Janmaaten zu.

»Ah, der Herr Offizier lässt sich auch mal herab, sich in der Mannschaftsmesse blicken zu lassen. Na gut, trinken wir 'n Bier zusammen, setz dich!«, duzte mich der schon etwas ältere Matrose Karl. Es entwickelte sich eine ziemlich lebhafte Unterhaltung, zumindest mit dem Bootsmann, dem Zimmermann und den anderen deutschen Decksjantjes. Die Spanier hielten sich zurück, nicht nur der Sprache wegen. Sie tranken auch lieber ihren heimischen Rioja-Rotwein. Naturgemäß drehten sich die Gespräche hauptsächlich um unsere bisherigen Dampfer, Fahrtgebiete und die gewöhnlichen Seemannsfreuden. Ich verschwieg nicht, dass ich meinen bisherigen beruflichen Werdegang auch der Ausnahmegenehmigung bei der Schiffsbesetzungsordnung zu verdanken hatte. Dadurch konnte ich mit dem Patent A3 (Kapitän auf Kleiner Fahrt) zum Offizier auf Großer Fahrt avancieren. Mittlerweile war es bei einigen bekannten und großen Reedereien möglich geworden, nach dem Abitur als Offiziersanwärter (OA) anzumustern. Deshalb zollten mir die Janmaaten für meinen klassischen, althergebrachten Weg vom Moses zum Matrosen doch eine gewisse Hochachtung und Respekt. Im Nachhinein erstaunte es mich, dass an diesem Weihnachtsnachmittag niemand ein Klagelied über das fehlende, ach so traute Zusammensein mit Familie und Verwandtschaft unter dem Tannenbaum anstimmte. Unzweifelhaft standen Dialoge über Familie bei Seeleuten nicht besonders hoch im Kurs, auch nicht zum Christfest.

Meine Bierkiste und etliche Kömflaschen leerten sich schnell. Gelächter und Lautstärke erreichten fast die Hörschmerzgrenze und der Zigarettenqualm nebelte alle Seelords vollkommen ein. Ich verließ diskret und unauffällig diese Weihnachtsfeier und dachte mit Wehmut an meine erste, anfänglich stilvolle Feierlichkeit anno 1961 im Golf von Honduras.

Am zweiten Weihnachtstag mietete eine bunte Truppe einen Buick, einen richtig großen Ami-Straßenkreuzer, in dem für fünf Seelords genügend Platz war. Koch Wolfgang aus Burgdorf, inoffiziell der zweitwichtigste Mann an Bord, Ing.-Ass. Dietrich aus Buxtehude, der 4. Ingenieur Franz aus Allersberg/ Bayern, also ein Bazi, der neu angemusterte Bootsmann Stefan aus Hamburg, in Danzig geboren und mich verband vor allem unser Alter, Jahrgänge 1942 bis 1947 und die Gnade der späten Geburt. Alle drei Bereiche auf den größeren Dampfern waren somit vertreten: Deck, Maschine und Bedienung – Polleraffen, Flurplattenindianer und Kolonne Fress.

Zuerst fuhren wir mit dem Spritschlucker auf sechs- oder sogar achtspurigen Schnellstraßen zum Disneyland in Anaheim, damals noch das einzige weltweit. Auf dem Weg dorthin, in einem kurzen Stau, stand neben uns tatsächlich ein knallroter Käfer, was für ein Kontrast zu unserem barocken Buick! Da wir neben dem damals noch selten anzutreffenden VW standen, blieb es nicht aus, dass alle Kuddel Daddel Dus hinüberlugten und die lächelnde blonde, hübsche Frau zu uns schaute.

»Das ist doch Elke Sommer!«, rief Karl aus, als die schnuckelige Dame gerade wieder Gas gab. Sie gehörte damals zum überschaubaren Kreis der bekanntesten Schauspielerinnen in der BRD, die einen Ami geehelicht hatte.

Im Disneyland lernten wir auf Anhieb zwei wesentliche Merkmale kennen, die in den USA eine große Rolle spielen: Show und Business. Die gebotenen bunten und schillernden Darbietungen und Attraktionen fanden wir äußerst beeindruckend. Der Eintrittspreis war für unsere (Verdienst-)Verhältnisse recht happig, aber wo sieht man z. B. Dinosaurier, die gerade Eier legen?! Auch Schloss Neuschwanstein (*Sleeping Beauty's Castle*) blieb in der Erinnerung gut haften. Nach diesem Spektakel fuhr uns Stefan nach Hollywood. Leider konnten gerade an diesem Tag die Filmstudios nur von außen in Augenschein genommen werden. Die umzäunten Luxus-Domizile einiger Filmstars, vor Einblicken von Bäumen und Büschen geschützt, empfanden wir einigermaßen befremdlich, auch wegen der Security-Typen vor den Anwesen. Das Hollywood Wax Museum, unsere letzte Station am Abend, zeigte überwiegend amerikanische Filmpromis und Präsidenten, aber auch die

Disneyland: Dinos

Beatles und Mahatma Gandhi. Wie auch im Disneyland steht jedoch die eigene Nabelschau im Vordergrund – *America first*!

Abgesehen von den Promi-Wohnvierteln mit Palmen, großen Rasenflächen und anderem Grün erschien mir Los Angeles wie die meisten Millionenstädte in den USA gesichts- und geschichtslos. Das Häusermeer mit seinen vielen Hochhäusern/Wolkenkratzern und den mehrspurigen Stadtautobahnen empfand ich als kalt und abweisend im Vergleich zu europäischen und deutschen Städten. Diese weisen so etwas wie Atmosphäre, ein gewisses Fluidum und eine abwechslungsreiche Architektur auf, trotz der menschenverachtenden, unsinnigen Zerstörungen durch britische und amerikanische Bomben.

Nach vier Tagen an der Pier begann das Entladen der Oberklassefahrzeuge. Dabei musste ich immer wieder die Hafenarbeiter/Schauerleute zu einer vorsichtigen Behandlung der Nobelkarossen beim Heraushieven ermahnen. Trotzdem blieb es nicht aus, dass etliche Autos kleine Blessuren (Dellen, Beulen, Kratzer) kassierten. Diese *damages* mussten von mir dokumentiert werden.

Als ich den jungen Chef der Schauerleute an diesem Sonnabend fragte: »*What are you going to do today?* (Was machst du heute?)«, antwortete dieser: »*I make 50 dollars this afternoon* (Ich verdiene/mache 50 Dollar heute Nachmittag).«

Wieder mal ein Beweis dafür, dass sich in Amerika besonders extrem alles nur um das leidige Geld drehte, dabei wollte ich nur in Erfahrung bringen, wohin jüngere Leute am Wochenende ausgingen. Nachdem sich das sprachliche Missverständnis aufgeklärt hatte, gab er mir einen Tipp.

»*I think you would like the ›Tasman Sea‹. It's a dancing club nearby in San Pedro* (Ich denke, das ›Tasman Sea‹ ist das Richtige für dich, dieser Club ist nicht weit von hier in San Pedro).«

Gesagt, getan. Allein fuhr ich mit dem Bus am Abend von Wilmington in den Nachbarstadtteil San Pedro an der gleichnamigen Bucht vor L.A. Die überaus hilfsbereiten und freundlichen Passanten gaben mir gern Auskunft, um das ›Tasman

Sea‹ zu finden. Niemand fragte, was ich von San Pedro aus in *down under* beabsichtigte. Warum aber verwendete diese Lokalität die geographische Bezeichnung für die See zwischen Süd-Australien, Tasmanien und Neuseeland? Einerlei, beim Eintritt in den Tanzpalast tönte der Ohrwurm ›Barbara Ann‹ von den Beach Boys aus den Lautsprechern. Diese Musik versetzte mich im Handumdrehen in eine leicht euphorische Stimmung, ich war im *California dream* angekommen. Das Publikum in meinem Alter und die Clubatmosphäre entsprachen ganz und gar den stereotypen Vorstellungen der lockeren, unbeschwerten Lebenseinstellung an der kalifornischen Küste. Bei diesen unverkennbaren Klängen tanzten die Twens ausgelassen und fast ekstatisch. Gesang, Instrumente und Rhythmus stimmten mit meinem Geschmack überein, die Texte manchmal weniger. Dazu gesellte sich der Anblick hübscher, sportlicher Mädchen, von denen es manche mit dem Make-up ein wenig übertrieben hatten. Es gab beim Auffordern zum Tanzen selten einen Korb. Ich brauchte mich auch mit meinem Tanzstil nicht zu verstecken, jede(r) sprang, hopste und drehte sich nach seiner/ihrer Choreographie.

Längere Gespräche erwiesen sich bei der Lautstärke der überwiegend amerikanischen Popmusik als ziemlich anstrengend, obschon die jungen Damen einer Kommunikation nicht abgeneigt waren. Die problemlose Kontaktaufnahme führte allenfalls zu drei Tänzchen hintereinander und wenigen, meist oberflächlichen Dialogen. Zu vorgerückter Abendstunde wurde ich von einer umwerfend bildschönen Grazie mit leichtem *café-con-leche*-Teint (schwach bräunliche Hautfarbe) und pechschwarzen Haaren zum Tanzen aufgefordert – Emanzipation à la California anno 1968/69. Diese schmucke Latina ließ mein Herz schneller schlagen und aktivierte all meine Sinne. Mit meinem Holzhacker-Spanisch konnte ich Dolores, deren Eltern aus Mexiko stammten, schon ein wenig beeindrucken. Mit der Zeit dämmerte es mir gleichwohl, dass die rosarote Brille in meinem Kopf das Verhalten der Lady zu wohlwollend und unkritisch einordnete. Die junge Dame war schlichtweg recht beschwipst.

Ebenso wie in New Yorks ›Cheetah Club‹, ein Jahr zuvor, wurden in diesen Tanzschuppen nur Über-Achtzehnjährige hineingelassen, die Alkoholika mit geringen Umdrehungen (Bier, Sekt, Wein) bestellen durften. Dolores hatte wohl etwas zu viel ›tschempain‹ getrunken.

»*Excusa, soy poco borracho ahora. My friends will leave, I have to go home, too. See you tomorrow, aqui a las ocho, hasta la vista mio amigo!* (Meine Freunde wollen gehen, ich muss auch nach Hause. Wir sehen uns hier morgen um acht. Auf Wiedersehen, mein Freund)« eröffnete sie mir kurz vor Mitternacht und verließ mit ihrer Clique das Lokal.

Immerhin hatte ich es doch mal wieder geschafft, allein loszuziehen und nicht ohne Gesellschaft zu bleiben. Schade nur, dass Dolores etwas zu tief ins Glas geschaut hatte, dennoch empfand ich meinen Landgang als gelungen. Die Überlegung, ob es am nächsten Tag sinnvoll erschien im ›Tasman Sea‹ aufzukreuzen, beendete ich schnell. Vielleicht hätte sich das *mexican girl* an ihre Verabredung erinnert.

Zu gutbürgerlicher Zeit fuhr ich wieder an Bord und freute mich auf meinen Matratzen-Horchdienst. Den unnötigen Gedanken, doch etwas zu versäumen, wenn ich das Rendezvous mit Dolores sausen ließ, konnte ich am nächsten Tag abhaken.

Ali, der 1. Offizier, und Hans-Günther, der 3. Ingenieur, beschnackten mich, am Abend nach Long Beach in das ›Edgewater Inn‹ zu fahren.

Diese Lokalität unterschied sich in allem vom ›Tasman Sea‹. Gäste unterschiedlichen Alters tranken und speisten bei Jazz- und Swingmusik, dargeboten von einer gemischten Combo aus Männern, Frauen, Weißen und Afroamerikanern. Diese Band und das gehobene, fast vornehme Ambiente wirkten sich natürlich auf das Preisniveau aus. Nun, in meiner neuen Position verdiente ich bei freier Unterkunft und Verpflegung eine anständige Heuer und musste nicht zum Pfennigfuchser werden.

Zu uns gesellte sich noch ein deutscher Restaurantbesitzer, ein Bekannter des 3. Ingenieurs, dem es ein Herzensbedürfnis war, sich in seiner Muttersprache zu unterhalten. Bei einem saftigen, aber halbrohen Steak und einem Anheuser-Bier verfolgte ich die Gespräche, die sich vornehmlich um Politik und Gesellschaft drehten, ohne meine Ansichten kundzutun.

»Ihr habt ja bald in Westdeutschland auch den Sozialismus«, entfuhr es Bob (Robert).

»Wie kommst du denn darauf?«, wollte Ali wissen.

»Na, die Sozis sitzen bei euch schon in der Regierung und eure jungen Leute begeistern sich für Che Guevara und Ho-Chi-Minh.«

In seiner gesellschaftspolitischen Meinung hatte sich Robert also schon zu einem Amerikaner entwickelt. Solidarität mit den Schwächeren und Streben nach gerechter Verteilung in einer Gesellschaft bedeuteten für ihn schon kommunistisches Gedankengut. Frei nach dem Motto ›Jeder ist selbst seines Glückes Schmied‹ könne sich jede(r) in den USA entfalten und wer kein Glück hat oder krank wird, hat eben Pech gehabt.

»Wir helfen uns schon freiwillig gegenseitig, wollen uns das aber nicht vom Staat vorschreiben lassen«, ließ Bob verlauten. Außerdem sollten die USA die stärkste Macht der Welt bleiben und den Kommunismus mit allen Mitteln bekämpfen. Bob hatte eigentlich nur die Haltung der meisten Amis wiedergegeben. Bei seinen Erklärungen wurde es mir dennoch zu bunt und ich forderte eine jüngere aufgebrezelte Lady vom Nachbartisch zum Tanz auf, die Band spielte gerade ›Moon River‹. Die Dame hatte unentwegt zu uns hinübergeschaut und dem Disput zugehört. Jetzt, auf der Tanzfläche, fragte sie nach meiner Herkunft und was mich denn nach L.A. verschlagen hätte. Beim einfachen Schieber, meiner Tanzspezialität, konnte ich mir nicht verkneifen wichtigtuerisch von mir zu geben, dass ich der *third mate* eines großen westdeutschen Frachtschiffs war, welches die High Society mit vierrädrigem Status-Spielzeug aus Germany beglückte. »*Oh, what a surprise, how exciting, a german merchant navy officer, that's great!* (Was für eine Überraschung, wie aufregend, ein Offizier der deutschen Handelsmarine, das ist großartig)«, rief sie ganz entzückt aus, so wie es fast immer standardmäßig von den Amis kommentiert wird, wenn sich etwas außerhalb des Alltäglichen ereignet.

Als ich an unseren Tisch zurückkehrte, sprach man erfreulicherweise nicht mehr über die (Welt-)Politik, sondern über das Wetter in Southern California, mithin kein Thema zum Streiten. Eigentlich hätte ich mich im ›Tasman Sea‹ bei den neuesten Hits wohler gefühlt, amerikanische Popmusik dudelte allerdings überall permanent aus dem Radio, gesendet von den vielen privaten Sendern, die es in der BRD noch nicht gab. So hatte ich vielleicht ein Wiedersehen mit Dolores verpasst, aber im ›Edgewater Inn‹ gewann ich doch einen Einblick in amerikanische Denkweisen. Im Übrigen konnte ich einen Landgang mit Ali, meinem Mentor auf der Brücke, nicht ausschlagen.

Den vorletzten Tag des Jahres verbrachte ich, wie gehabt, in den Luken beim Entladen der Autos. Abends in der Messe schien der Zweite schon Silvester vorweggenommen zu haben. Jedenfalls merkte ich ihm an, dass er nicht nüchtern war. So zog ich es vor, mich in meine Kammer zu verpieseln, in erster Linie um unergiebigen Gesprächen aus dem Weg zu gehen. Nach erquickendem Schlaf bereitete ich um 4:00 Uhr die Brücke zum Auslaufen vor – Kompass, Ruder, Ruderlagen-Anzeiger, Positionslichter überprüfen und die passenden Seekarten bereitlegen.

Um halb sechs begann unser 28-Stunden-Törn nach San Francisco. Auf meiner Wache passierte die ›Ditmar Koel‹ den Santa Barbara Channel – Islands Santa Cruz, Santa Rosa und die kleine San-Miguel-Insel. Alle drei Eilande sind unbewohnt und gehören zum Nationalpark Channel-Islands, ein Paradies für Fauna und Flora. Mit Kurs 290° (etwa West-Nordwest) steuerte ich dann den *punto concepcion* an. In diesen Gewässern vor L.A. herrschte zwar kein reger Schiffsverkehr, dafür kreuzten etliche Yachten, kleinere und größere Boote auf. Meine kuriose Begegnung mit der ›Yacht Madeleine‹ vor der Küste der Normandie, ein halbes Jahr zuvor auf der ›Maro‹, erinnerte mich daran, die ›Gefäße‹ genau ins Visier zu nehmen. ›Deutscher Frachter versenkt vor Los Angeles zu Silvester die Yacht von Charlton Heston‹, solch eine Nachricht wäre nicht nur für mich ein Super-GAU geworden. Eine Stunde später konnte ich wieder aufatmen, die See war frei von Hobby-Kapitänen.

Am Nachmittag zog ich die Bilanz des letzten Jahres, beruflich und privat. Alles in allem konnte ich zufrieden sein. Die Rangfolge meiner verschiedenen Wünsche und Vorstellungen hatten sich in den letzten Wochen in Richtung ›solider sein‹ verschoben, jedenfalls vorerst. Sicherlich trug meine neue Stellung in der Bordhierarchie dazu bei, nicht mehr nonchalant den alten Matrosen-Vorlieben zu frönen. Dennoch wollte ich kein Spießer werden, kein angepasster Mensch, der vor lauter Konformität sein wirkliches Ich verliert, gleichzeitig wollte ich mich aber auch nicht zum Egomanen entwickeln.

Stocknüchtern erschien ich kurz vor acht (abends) auf der Brücke. Um Mitternacht stießen der Zweite, die vier Jantjes (Rudergänger und Ausguck) und ich beim Wachwechsel ge-

›Ditmar Koel‹ mit Kurs Golden Gate Bridge

meinsam auf das Neue Jahr 1969 an – mit bestem kalifornischen Mineralwasser. Auch bei solch einem Anlass galt: Alkohol auf der Brücke ist ein Tabu. In der Messe hatte der Steward einen erstklassigen Punsch angesetzt, den ich wenig später mit dem 4. Ingenieur genoss. Jahreswechsel, so ganz ohne Spaßmacher, war nun wirklich etwas für Spießer und Asketen. ›Aller guten Dinge sind drei!‹, nach dieser Devise begab ich mich in die Horizontale.

Am Neujahrsmorgen, kurz nach acht auf meiner Wache, durchfuhr die ›Ditmar Koel‹ das Golden Gate, unter der wohl imposantesten und bekanntesten Brücke der Welt hindurch – und das am ersten Tag des Jahres!

Erst einmal durften wir, wie so oft, das Land vom Schiff aus sehen. ›Fallen Anker!‹ vor der Silhouette der oft besungenen Stadt auf dem großen Hügel. Im Gegensatz zu vielen anderen US-Metropolen bestand die Stadt aus wenigen Wolkenkratzern. Konnte dieser Aspekt durch das verheerende Erdbeben von 1906 zu erklären sein? Jedenfalls machte San Francisco, von unserem Ankerplatz südlich des Goldenen Tores gesehen, einen etwas anderen, angenehmeren Eindruck als Metropolen wie New York, Detroit oder Chicago mit ihrer Ballung von riesigen Hochhäusern. San Francisco hat fast wie die gesamte Westküste eine spanische, danach mexikanische Vergangenheit. Im Jahr der Unabhängigkeitserklärung in den britischen Kolonien an der Ostküste wurde hier 1776 eine Missionsstation errichtet, danach entwickelte sich der Ort Yerba Buena (Gutes Gras), der bestimmt nicht freiwillig an die USA abgetreten wurde. Fortan, seit 1847, heißt eine der schönsten Städte in den USA San Francisco (Heiliger Franziskus).

Am nächsten Morgen machte unser Dampfer für vier Tage an der Pier fest, nahe des malerischen Stadtteils Fisherman's Wharf (Fischer-Kai). Abends führte mich mein erster Landgang nach Chinatown, damals das größte chinesische Viertel außerhalb Asiens. Anders als im kommunistischen (Rot-)China herrschte hier ein reges Treiben in den Straßen mit vielen Geschäften und

Restaurants. Chinesische Schriftzeichen waren so selbstverständlich und allgegenwärtig wie auch die Sprache mit der unverwechselbaren, typischen Artikulation. Was für ein buntes, quirliges Leben! Der Gegensatz zwischen dem real existierenden tristen Kommunismus wie in Shanghai und hier in Chinatown mit dem prallen Leben war immens.

Tags darauf konnte ich schon mittags zum Hippie-Treffpunkt Haight and Ashbury Road fahren. Ich bekam aber nur ein paar merkwürdig gekleidete junge Frauen mit Blumen im Haar und langhaarige Männer mit bunten Stirnbändern zu Gesicht. Gegen den Spruch auf ihrem Kopfschmuck ›Make love, not war‹ konnte kein lebensbejahender *human being* (Mensch) etwas einwenden, er provozierte ganz gewollt das Bürgertum.

San Francisco: China Town

Aus einem Hauseingang klangen die Töne einer Gitarre, zu denen ein junger Mann mit langem Haarzopf und Vollbart eine Ballade in einem ungewöhnlichen Slang über Krieg und Frieden sang. Mein erster Eindruck entsprach nicht ganz der Vorstellung von freien, revolutionären und fröhlichen Hippies. Vielleicht war aber auch 2:00 Uhr nachmittags nicht der richtige Zeitpunkt, um die Blumenkinder ausgelassen bei Musik und Tanz zu erleben. Womöglich mussten sie um diese Tageszeit noch klar im Kopf werden.

Nun wollte ich auf jeden Fall mit dem *Cable car* fahren. Ein dickes Drahtseil zog diese Straßenbahn die hügeligen Straßen San Franciscos herauf und hinunter. Die Tour mit dem Relikt von 1873 ist für einen Touristen – oder Seemann – ein Muss in S.F. Die altertümlichen Wagen, wahrscheinlich noch aus dem Anfangsjahr, die höflichen, lächelnden, gut aufgelegten Passagiere, ›Sehleute‹ und *natives* (Einheimische), die langsame, rumpelige Fahrt, der Ausblick von oben auf die (Gefängnis-) Insel Alcatraz und das Drehen der Wagen am *turnaround* an der Ecke Powell and Market blieben mir in bester Erinnerung.

San Francisco: Im Vordergrund die Cable Car, im Hintergrund die Gefängnisinsel Alcatraz

Am Abend enterte eine außergewöhnliche Truppe unseres Dampfers, vom 2. Offizier über den Bäcker bis zum Jungmann das Lokal ›Red Garter‹ am S.F. Broadway 670. Hier tobte das volle Leben mit Tanz und flotter Country-Western-Musik, gespielt von einem gemischten Sextett, das mit ihren schmissigen Titeln den Saal zum Kochen brachte.

Mir gefielen auch besonders die Hits von Buddy Holly, der viel zu jung in die ewigen Jagdgründe berufen wurde. Das bunt gemischte Publikum, weiß, braun und schwarz, Jung und Alt, Männlein und Weiblein in unterschiedlichster Kleidung sprach auch ganz fleißig dem frisch gezapften Bier zu. Die Atmosphäre entsprach in etwa wohl dem Münchener Oktoberfest. Der Saal hatte zwar nicht die Größe eines Festzeltes, aber die Musik war hier recht bodenständig – eben amerikanisch. Bei zu viel Bier geriet ich in einen lauten Streit mit meinem Kollegen Junge, der sich norddeutsch-steif über das hüpfende und singende Völkchen auf der Tanzfläche mokierte. Nun ja, in München soll das Fest auch nicht ohne Reibereien ablaufen. Der 2. Offizier hatte halt ein Problem mit der Jugend, so wie sie schon vor über zweitausenddreihundert Jahren vom griechischen Philosophen Platon beklagt wurde.

Gemeinsam verließ die einigermaßen duhne Truppe nach Mitternacht recht schwankend das ›Rote Strumpfband‹. Am nächsten Morgen wachte ich nicht als Einziger mit einem mittelprächtigen Brummschädel auf. Nach dem Frühstück begab ich mich in die Luken, um wie gehabt das Entladen der Nobel-Hobel und des Stückguts zu beaufsichtigen. Dabei musste ich die Schauerleute darauf hinweisen, dass der Heckgrill der ›Porschies‹ nicht aus Edelstahl gefertigt war und sich bei zu viel Druck verbiegen konnte.

Abends beschäftigte ich mich mit dem Abrechnen der Überstunden für die Decksmannschaft, konnte mich aber danach nicht mehr aufraffen, noch einmal in die Stadt zu marschieren wie ich es eigentlich geplant hatte. Was machte den Reiz dieser US-Stadt aus? S.F. war 1969 keine Millionenstadt und ihre Lage auf einem großen Hügel mit fast 300 Meter Höhe eröffnete wunderschöne Panorama-Ausblicke. Ebenso kann sich wohl niemand der Faszination der Golden Gate Bridge entziehen. Die Bewohner San Franciscos galten schon damals als mehr liberal denn erzkonservativ eingestellt. Ob man auch die mannigfachen Pornoläden zur Freizügigkeit zählen konnte, sei dahin hingestellt. Nicht nur die Hippie-Bewegung oder Homosexuelle, die sich in der Stadt nicht zu verstecken brauchen, gehören zu S.F. Diese Stadt besitzt ein besonderes Flair.

Am Sonntag, dem 5. Januar um 7:00 Uhr abends verließ die ›Ditmar Koel‹ diese großartige Stadt und fuhr durchs Golden Gate, unter der in ein wunderbares Licht getauchten Brücke hindurch, hinaus in den Pazifik.

Kanadas Westküste

Auf nordwestlichem Kurs steuerte ich auf meiner Wache das Kap Mendocino an und musste kurz vor Mitternacht bei einsetzendem Nebel das Radargerät aktivieren. Ich beneidete nicht den Zweiten, der mich zur Geisterstunde auf der Brücke ablöste. Eine Fahrt im Nebel ist zuweilen anstrengender als eine Sturmfahrt. Erst gegen Morgen lichtete sich die undurchdringliche Suppe und so konnte ich mir frohgemut durch das (Fern-) Glas die nordkalifornischen Berge der Küstenkette am Horizont anschauen. Auf Höhe von Kap Mendocino änderte ich den Kurs auf 358°, also fast direkte Nordrichtung und übergab mittags – bereits an der Küste von Oregon – an Walter, der unsere kleine Meinungsverschiedenheit im ›Red Garter‹ in S.F. generös abgehakt hatte.

Auf meiner Abendwache briste es auf, der Wind wurde stärker und blies am nächsten Morgen in Böen bis Stärke 10 aus Nordwest. War es in L.A. und S.F. nicht gerade winterlich, so fiel die Temperatur um fast zehn Grad. Auch das Barometer zeigte einen Tiefstand (725 mm) an. Immerhin liegt S.F. auf der Höhe Siziliens und jetzt erreichten wir schon süddeutsche Breitengrade, kein Wunder also, dass es kälter wurde. Nach der windigen, ungemütlichen Morgenwache brachte ich am späten Nachmittag unsere kleine Bord-Bibliothek auf Vordermann. Abends verbrachte ich bei abflauendem Wind an der Küste des nordwestlichsten US-Staates Washington eine unaufgeregte Wache.

Beim Kap Flattery änderte unser Dampfer den Kurs um über 100° nach Steuerbord und bog in die Juan-de-Fuca-Straße ein. Bereits in Victoria, an der Südostspitze von Vancouver Island übernahm die ›Ditmar Koel‹ um 9:00 Uhr den Lotsen. Er bugsierte unseren Kahn sechs Stunden lang durch schwieriges, heikles Gewässer, von der Juan-de-Fuca-Straße bis in die inselreiche Georgia-Straße nach Vancouver. Dabei befand sich unser Dampfer durch den kuriosen Verlauf der Grenze mal auf kanadischem, mal auf US-amerikanischem Territorium. Nach fast dreitägigem Seetörn machten wir am 8. Januar im zweitwichtigsten Hafen Kanadas fest.

Das erste äußerliche Bild von Vancouver unterschied sich nicht von den Eindrücken anderer nordamerikanischer Metropolen in den USA und Kanada. Der Lotse hatte mich noch auf eine Besonderheit im Nationalitäten-Sprachgebrauch aufmerksam gemacht und aufgeklärt: Kanadier/innen sind zuallererst Kanadier/innen, egal woher sie ursprünglich stammen. Nordamerikaner oder gar Amerikaner sind sie allenfalls im geografischen Sinne. Bürger/innen der USA bezeichnen sich durchweg als Amerikaner/innen und werden in Kanada eben auch als Amerikaner/innen tituliert.

Der obligatorische Landgang am Abend bot mir doch ein größeres Aha-Erlebnis. Einen Unterschied zu meinen bisherigen Landgängen auf dem nordamerikanischen Kontinent gab es schon. Meine erste Anlaufstation trug nämlich den Namen einer urdeutschen, genauer einer bajuwarischen Institution: ›Hofbräuhaus‹ – hier am südwestlichen Ende des zweitgrößten Staates der Erde. Aber von einem überbordenden bayerischen, krachledernen Abend konnte keine Rede sein. Selbst die Blaskapelle schien über das überschaubare, wenige Publikum erbost zu sein, die Musik erklang beinahe lustlos.

Lag die geringe Gästezahl daran, dass hier alle Bewohner, Einheimische wie auch zugewanderte Deutsche, insbesondere Bayern oder von dort stammende Menschen in Vancouver früh schlafen gingen? Vielleicht eignete sich ein Tag in der Wochenmitte nicht gerade zum Biertrinken. Also wechselte ich zum ›Gulf Club‹, wo ich auf unseren Bäcker Kalle stieß. Nun hatte ich wenigstens einen Gesprächspartner. Ansonsten konnte ich dieser etwas besseren, auf maritim getrimmten Kneipe nichts abgewinnen. Nicht zum ersten Mal erlebte ich einen Landgangstipp eines Kollegen so ganz anders, als es mir an Bord vollblumig verkündet worden war. Nach meinem üblichen Arbeitstag, Kontrolle bei der Entladung der letzten Autos und Stückgüter aus dem Unterraum, fuhr ich mit dem Ingenieurs-Assistenten Klaus nach New Westminster, der östlichen Nachbarstadt von Vancouver. Der 2. Ingenieur hatte uns empfohlen, dort im ›Flying Angel‹ einzukehren. Dieses Mal wurde ich nicht enttäuscht. Sein Vorschlag erwies sich zwar nicht als Überraschungs-Geheimtipp, aber ich erlebte wieder etwas Neues. ›Der fliegende Engel‹ erwies sich wenig später als halb bürgerliche, halb kirchlich-religiöse Lokalität.

Die adrett gekleideten jungen Menschen tanzten anfangs zu etwas langsameren Hits mit religiösen Inhalten, wie ›Michael row the boat ashore, halleluja‹, danach wurden Gospels und Spirituals gesungen. Es folgte die größte Überraschung: Alle sprachen ein Gebet, dessen Inhalt sich mir nur bruchstückhaft erschloss. Nach dieser inneren Einkehr wurde bei dezenter Musik weitergetanzt.

Um 11:00 Uhr schloss diese eigensinnige Veranstaltung. Ich bekam von meiner Tanzpartnerin, einer zierlichen Brünetten mit Pferdeschwanz-Frisur, zum Abschied einen richtigen, fetten Kuss auf den Mund. Total verdattert und mit ungläubigem Staunen mussten Klaus und ich erst einmal tief Luft holen, um diese Vorstellung richtig einzuordnen.

»Hat dir denn Heinz (der 2. Ing.) nicht gesagt, was das für ein Schuppen ist?«, wollte ich wissen.

»Nee, hat nur ulkig gelächelt, weiß nur, dass er's oft mit der Religion hat.«

Egal, wir waren zumindest für eine kurze Zeitspanne zu beinahe gläubigen Christen geworden, wie es sich eben für Seeleute der Christlichen Seefahrt (Handelsmarine) gehört.

»Vielleicht war das ja so 'ne Gruppe der Heilsarmee, die wollen die Seelords auf St. Pauli auch immer bekehren«, resümierte Klaus.

»Is doch wurscht, haben geschwoft, gesungen, gebetet und Brause getrunken, mal was anderes. Meine Tanzmaus war gar nicht so unübel.« Damit fasste ich die Bewertung dieses denkwürdigen Abends zusammen.

Am 10. Januar hatten alle Kisten, kleine und große (Kollis) Kartons, Fässer und unsere Autoflotte ihren Weg an Land gefunden. Mit leeren Laderäumen lief die ›Ditmar Koel‹ am Nachmittag zum Beladen nach Gold River aus. Durch die vielfältige Inselwelt der Georgia-Straße, zwischen der kanadischen Provinz Britisch Columbia und dem US-Staat Washington, gelangte unser Dampfer in die Juan-de-Fuca-Straße. Es briste direkt von vorn, Kurs Nordwest, zunehmend auf und unser leerer Kahn (Schiff in Ballast) kam ordentlich ins Stampfen. Vorbei an der Südwest-Küste von Vancouver Island, mit ihren mannigfachen Einbuchtungen und Fjorden (Sounds), erreichten wir am nächsten Abend den Nootka Sound. In diesem ursprünglich indianischen Gebiet ging mit James Cook auf seiner Suche nach der Nordwest-Passage erstmals 1778 ein Europäer in dieser Gegend an Land. Vancouver Island ist mit 440 Kilometer Länge und 130 Kilometer Breite die größte Insel an der Westküste der Neuen Welt.

Nootka Sound

Wie gehabt ankerte unser Pott in der Nacht erst einmal vor dem engen Muchalat Inlet, einer der drei Arme des Nootka Sounds, bevor wir am nächsten (Sonntag-)Morgen in der kleinen Siedlung mit knapp eintausend Einwohnern an der Pier festmachen konnten.

Dieser Ort war erst ein paar Jahre zuvor entstanden, als sich die Holz- und Papierindustrie in dieser Wald-Einöde etablierte. Nun durfte niemand erwarten, dass wir hier, am Mors der Welt, große Abenteuer erleben würden. In einer der zwei Kneipen des Dorfes, eigentlich Imbissbuden mit Sitzgelegenheit, traf ich einen (West-)Berliner, den es als gut bezahlten Holzindustrie-Fachmann hierher verschlagen hatte.

»Dit is ooch nur für 'nen Jahr, denn ha icke jenoch Penunzen zusammen un mach 'ne Mücke.« Nach einer echten Bar oder gar einem Tanzschuppen brauchte ich den Imbissbetreiber am Ende nicht zu fragen.

»*No dancing, no women, only working, but a great nature*«, fasste er das Leben in dieser Wildnis zusammen. Wie wahr! Am Montag und Dienstag wurde die ›Ditmar Koel‹ mit 2.200 Tonnen *wood pulp*, gepresster Zellulose, beladen. Danach ging es zurück nach New Westminster. Ab Victoria, an der Südostspitze von Vancouver Island, übernahm bei guter Sicht der Lotse die Navigation durch das Labyrinth all der kleinen und größeren Inseln. Normalerweise hält sich auch der Kapitän bei einer schwierigen Revierfahrt auf der Brücke auf. Da der Alte der Brücke fernblieb, hatte ich auf meiner Wache formell letztendlich die Verantwortung für das Schiff. Offiziell ist ein Lotse nur Berater, in der Praxis hat er aber das Kommando auf der Brücke.

Einen Tag später machte unser Dampfer in New Westminster fest. Am Abend ging es dieses Mal nicht zum frommen ›Flying Angel‹, sondern in den ›Legion's Club‹, einer Lokalität mit einer Tanzfläche, auf der Jung und Alt zu vormaligen und neueren Hits schwoften, twisteten, steppten und ich meinen einfachen Schieber anwenden konnte.

Dabei lernte ich Faye, eine junge Frau mit bezauberndem Lächeln kennen. Sie schaute des Öfteren zum Tisch herüber, an dem ich mit einem Dutzend Bordkameraden aller drei Bereiche saß. Faye war mit einer Clique von mehreren jungen Frauen und Männern zusammen. Im Lauf des Abends kamen wir uns näher. Sie zeigte sich sehr aufgeschlossen, wissbegierig und interessiert – ganz das Gegenteil einer Langweilerin. Bald schon hatten wir gegenseitig einen Spitznamen kreiert; sie nannte mich Blondie und ich erfand für sie den nicht gerade originellen Beinamen Sweetie. Während einer Tanzpause blieb es mir nicht verborgen, dass sie an ihrem Tisch mit einem jungen Mann in Streit geriet und die beiden heftig gestikulierten. Beim letzten Tanz mit ihr wollte ich nicht indiskret sein und dumme Fragen stellen. Sie verabschiedete sich, gab mir einen Wangenkuss und hauchte mir ins Ohr: »*See you Friday, same place.*« Ehe ich darauf antworten konnte, machte sie sich mit ihrer Clique davon.

Tags darauf verschwanden über 1.000 Tonnen Zinkbarren in den Unterräumen der Luken II, IV und V. Schwergewichtige Güter wurden auf einem Stückgutfrachter wegen der Schiffsstabilität stets ganz unten in den Laderäumen verstaut. Über den Metallbarren stapelten sich danach große Sperrholz- und Bauholz-Bündel für Ellesmere Port und Avonmouth in England.

In dieser Nacht musste ich an Bord bleiben (Nacht- und Anwesenheitswache) und meinen Landgang auf Freitagabend verschieben. Meine Anlaufstation konnte natürlich nur der ›Legion's Club‹ sein, aber Sweetie suchte ich vergebens. Ich wollte nicht in Traurigkeit verfallen, folglich bandelte ich mit einer anderen Evastochter an, die mir vom gleichaltrigen Elektriker Günther ausgespannt wurde – zu meinem Glück! Wenig später erschien Sweetie Faye mit ihrem umwerfenden Lächeln auf der Bildfläche.

»*Excuse me, I'm late. I had some differences with the boy the day before yesterday, he was jealous. He thinks he's my friend, but he isn't.* (Entschuldige meine Verspätung. Ich hatte Ärger mit dem jungen Mann von vorgestern, er war eifersüchtig. Er denkt, er sei mein Freund, aber er ist es nicht).«

»*Never mind, I'm glad to see you again, let's spend the evening together* (Egal, ich bin glücklich, dich wiederzusehen. Lass uns hier einen netten Abend verbringen).« Beinahe hätte ich statt ›evening‹ ›night‹ gesagt – gedacht hatte ich es aber schon.

Die nächsten vergnüglichen Stunden zerrannen viel zu schnell, hier im Club der Legionäre, also von Kanadiern, die im 2. Weltkrieg freiwillig gegen Nazideutschland gekämpft hatten. Als einige schon etwas betagtere Herrschaften englisches Liedgut anstimmten, konterte unsere Bordtruppe mit Shanties und deutschen Volksliedern. (Die kannte man damals wenigstens noch, wenn auch oft nur die erste Strophe). Unseligerweise hieß es bald ›*time please – last ord*er‹ (Feierabend), wie in *merry old England*. Zum Schluss stimmten wir ›Muss i denn, muss i denn, zum Städtele hinaus‹ an. Stehend klatschten alle Gäste im Takt mit, wohlgemerkt: In einem Klub von Kriegsveteranen gab es also *standing ovations* für die ehemaligen Feinde!

Das Sich-Näherkommen mit Sweetie hatte sich davor bis zum Händchenhalten entwickelt. Ich musste mich zwingen, meinen Gefühlen keinen freien Lauf zu lassen. In diesen Momenten verfluchte ich die Seefahrt, die es dem Seemann verwehrten, emotionale Wurzeln zu schlagen, zumal in einem normalen bürgerlichen Umfeld. Doch auch im Hafenmilieu gab es vorher etliche Momente glücklicher Annäherung, aber wie immer überschattet von dem Gedanken, dieses nur in begrenzter Zeit erleben zu dürfen.

Heute hier, morgen dort, heut bei dir, morgen fort. Erwartungen, Freude, aber eben doch auch die bittere Erfahrung eines zu kurzen Glücks, das schnelle Sterben des zarten Pflänzchen Liebe in all seinen Abwandlungen – das ist das wahre, wehmütige Seemannslos.

Vor dem Eingang des ›Legion's Clubs‹ versuchte ich noch, Sweetie den zutreffenden Spruch ›Dort, wo man singt, dort lass dich nieder, böse Menschen kennen keine Lieder‹ näherzubringen, worauf ich ein begeistertes »*That's true, that's very true!*« (Wie wahr) als Antwort erhielt. In der Gewissheit, dass es so bald kein Wiedersehen geben würde, umarmten wir uns mit einem langen Abschiedskuss.

Um 2:00 Uhr nachts lief die ›Ditmar Koel‹ zu einem Mini-Trip nach Vancouver aus. Bereits nach vier Stunden waren wir in Nord-Vancouver an der Pier vertäut. Hier, am Mors der Welt, abgeschnitten weit außerhalb der Metropole, widmete sich die Besatzung in wechselnder Zusammensetzung dem fröhlichen Beisammensein. Schneeschauer setzten ein, die Temperatur pendelte um den Gefrierpunkt. Was gab es also Besseres als abends in ›Franzl's Bierstüberl‹ zu hocken und gemütlich Klönschnack zu halten? Verständlicherweise versammelten sich hier beim 4. Ingenieur die jüngeren Mitschiffsbewohner.

Am zweiten Abend wurde Franz von einer verrückt-genialen Idee erfasst. Der Privatsender ›Radio Van 21‹ erfüllte Musikwünsche der Hörer/innen. Unser cleverer Bayer rannte zum Gebäude der Hafenverwaltung, telefonierte mit der Moderatorin, kam mit einem breiten Grinsen zurück und verkündete stolz: »Aufpassen, Jungs, gleich sind wir an der Reihe!« Aber erst nach einer halben Stunde gebannten Zuhörens vernahmen wir die junge wohlklingende Stimme der Moderatorin: »*And now, ladies and gentlemen, a song for the German sailors on motor-vessel Dietma Kuhl!*« Und dann erklang tatsächlich Freddys erstes großes Erfolgslied ›Heimatlos‹ aus den 50ern.

Nach dem Abspielen meldete sich noch einmal die Ansagerin: »*We didn't have such a request from sailors for about some months. We needed some time to find any German song, but I hope you enjoyed it. Bye, bye, your Radio Van 21.* (Seit Monaten hatten wir keinen Musikwunsch von Seeleuten. Wir brauchten einige Zeit, um ein deutsches Lied zu finden, aber ich hoffe, es hat euch gefallen).« Und ob! Selbst heute hat der erste Satz ›Heimatlos sind viele auf der Welt‹ traurige Aktualität.

»Du hast dir bestimmt was Bayerisches gewünscht, hatten sie wohl nicht im Archiv«, frotzelte Ing.-Assi Peter.

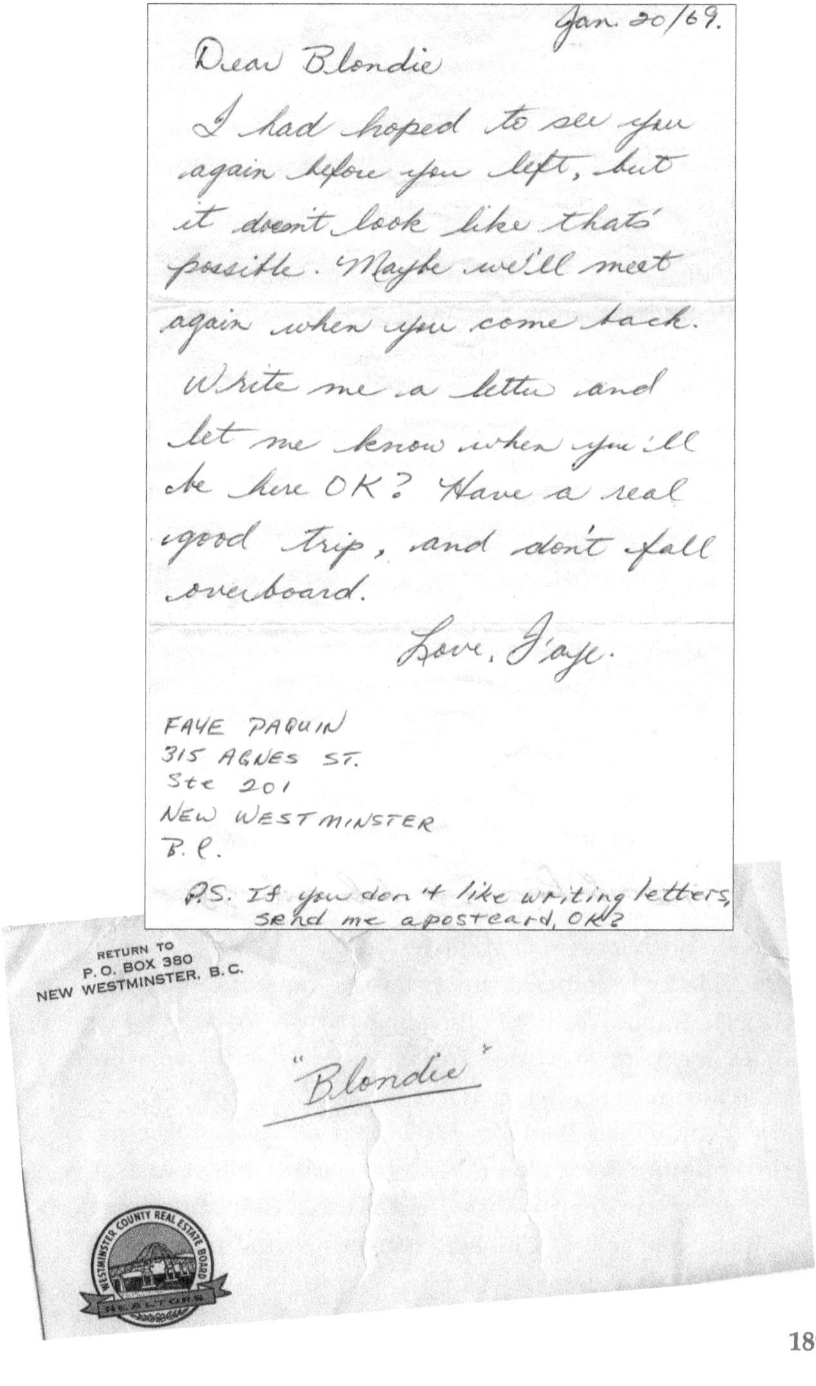

Jan. 20/69.

Dear Blondie

I had hoped to see you again before you left, but it doesn't look like thats' possible. Maybe we'll meet again when you come back.

Write me a letter and let me know when you'll be here OK? Have a real good trip, and don't fall overboard.

Love, Faye.

FAYE PAQUIN
315 AGNES ST.
Ste 201
NEW WESTMINSTER
B.C.

P.S. If you don't like writing letters, send me a postcard, OK?

RETURN TO
P. O. BOX 380
NEW WESTMINSTER, B. C.

"Blondie"

»Na, mein bayerisches Englisch ham's aber wohl verstanden!«

An drei Tagen lud unser Kahn Asbestballen, jeder davon eine knappe halbe Tonne schwer, für Ellesmere Port und Avonmouth in Englands Westen. Damals ahnte niemand, welche gesundheitlichen Gefahren dieses nicht brennbare Teufelszeug in sich barg.

Neben meiner Decks- und nächtlichen Anwesenheitswache berichtigte und aktualisierte ich die Seekarten und schrieb den Reisebericht für die Reederei. Der 1. Offizier Ali übertrug mir die verantwortungsvolle und bedeutende Anfertigung des Stauplans, auf dem die Transportgüter, ihre Menge und ihr Gewicht, sowie Lade- und Bestimmungshafen in den fünf Luken und an Deck penibel eingezeichnet werden mussten. Für die Korrektheit bürgte ich mit meiner Unterschrift. Es erfüllte mich schon mit einem gewissen Stolz, die Arbeit des Ersten übernehmen zu dürfen.

Kurz vor dem Auslaufen reichte mir Ali mit einem verschmitzten Lächeln einen Brief von Faye. Sie hatte, auf welchem Weg auch immer, herausgefunden wo unser Kahn im abgelegenen Vancouver-Nord steckte. Sie machte mir darin keinen Vorwurf nicht den Versuch unternommen zu haben, sie noch einmal wiederzusehen. Nach New Westminster zu fahren, wäre zwar umständlich, aber machbar gewesen. So vertröstete sie sich auf ein Comeback bei der nächsten Reise. Den Briefkontakt hielten wir noch fast ein Jahr aufrecht.

Am 22. Januar schipperte unser Dampfer quer über die Strait of Georgia in südwestlicher Richtung nach Nanaimo (Na-naimoo) an der Nordost-Küste von Vancouver Island. Hier wurde unser Kahn mit einer kleinen Partie von 1.000 Tonnen *packed lumber* (gebündeltes Bauholz) für Liverpool beladen. Die nach Victoria zweitgrößte Stadt auf Vancouver Island mit etwa 50.000 Einwohnern war ursprünglich Heimat eines Indianerstammes, aber auch Japaner und Chinesen lebten hier und schufteten in den früheren Kohleminen.

Mit einer kleinen Truppe gerieten wir am nächsten Abend zufällig in ein Hotel, in dem eine Party mit jungen Leuten stattfand. Spontan forderte eine hübsche Deern unser Quartett zum Mitfeiern auf. Wir vier – Franz, Elektriker Günther, Ing.-Assi Peter und ich – begossen den zwanzigsten Geburtstag von Allison, der Gastgeberin. Um Mitternacht landeten wir dann in einer großen Wohnung, wo die Fete weiterging. Die jungen Frauen schienen mir zu sehr abgedreht und gewiss nicht mehr nüchtern zu sein. Das störte Günther und Peter überhaupt nicht, sie knutschten schon wild mit zwei Mädels und kamen erst am späten Morgen zurück. Franz und ich hatten uns dagegen um 2:00 Uhr auf den Weg an Bord gemacht, vielleicht doch mit dem Gefühl leer ausgegangen zu sein.

Am nächsten Nachmittag war unsere Liegezeit beendet. Nun sollte unser letzter Hafen Tahsis im Nootka Sound angesteuert werden, aber mitten in der Nacht machte das Herz unseres Dampfers schlapp: Maschinenschaden. So mussten wir vor Victoria vor Anker gehen, bis der Defekt am frühen Abend von den Flurplatten-Indianern behoben werden konnte. Wie gehabt, tuckerten wir an der Südwest-Küste entlang, bis zum bekann-

Tahsis (Vancouver Island)

ten Nootka Sound. Hier bog unser Kahn nach Backbord in den Tahsis Inlet ein und musste ankern, weil am Liegeplatz noch die ›Werrastein‹ vom Norddeutschen Lloyd beladen wurde. Ausgerechnet ein Bremer Schiff! Zwischen Hamburger und Bremer Pötten existierte, aus welchen Gründen auch immer, eine nicht offen ausgesprochene Feindschaft. Am nächsten Tag hatte das Turbinenschiff der sogenannten ›Braunschweig-Klasse‹, zu der auch meine ›Dortmund‹ gehörte, den kleinen Hafen verlassen. Der Ort hatte in den 50er Jahren seine Blütezeit und war auf 2.500 Einwohner angewachsen. Nach wie vor konnte Tahsis nur auf dem Wasserweg oder per (Wasser-)Flugzeug erreicht werden. Am Flugplatz am schmalen Tahsis Inlet, an dessen meterhoch mit Schnee bedecktem Ufer eine einmotorige Maschine vom Typ Otter mit einem dicken Stern-Motor stand, informierte eine Holztafel die Ankömmlinge über die wichtigsten Institutionen und Firmen, sowie über die beiden Kirchen für den gerade mal 350 Einwohner zählenden Flecken. Zwei Gotteshäuser zeugten eben auch von vergangenen, besseren Zeiten.

Das Laden der gewichtigen Holzbündel für Liverpool begann erst drei Tage nach dem Festmachen an der Pier und zog sich bis zum 2. Februar hin, die längste Hafenzeit auf dieser Reise, ausgerechnet hier in der Wildnis. Tagsüber war ich mit etlichen Schreibarbeiten gut beschäftigt – Überstundenlisten schreiben, Stauplan und Tankplan, sowie Seekarten auf den neuesten Stand bringen. Unser Kahn sank jetzt täglich tiefer ins

Wasser, deshalb notierte ich mittags und abends den Wasserstand an den Tiefgangsskalen vorn und achtern am Bug und am Heck und warf einen Blick auf die Freibordmarke mitschiffs. Bei der langen Liegezeit ergab sich auch öfters die Gelegenheit, mit dem Kapitän einen Klönschnack zu halten, über persönliche und dienstliche Belange.

Die Höhepunkte bei den Landgängen während der ersten Tage waren der Weg zur Post, in den fast leeren Pub und der Film ›Die Bibel‹, selbstverständlich im Gemeindesaal der Methodisten-Kirche.

Was für ein seltenes Ereignis! An der Pier gegenüber hatte der sowjetische Frachter ›Wostok‹ festgemacht. Gab es in der UdSSR nicht genügend Holz?! Das Rätsel löste sich zwei Tage vor unserem Ablegen auf. Bei einem Schwätzchen zwischen Stefan, dem Bootsmann und dem russischen *boatswain* auf der Pier lud Wladimir impulsiv zu einer Bord-Party ein.

»Bin heut Abend mit meinen Jungs beim Russen, wollen uns 'nen Wodka spendieren.«

»In Ordnung, ich sag dem Ersten Bescheid.« Als ich Ali darüber informierte, bekam ich den Auftrag, dabei zu sein.

»Eckehard, gehn Sie mit rüber, so als stiller Aufpasser, damit die Jantjes nicht total versacken, brauch sie morgen früh zum Umstellen der Ladebäume.«

Na, da hatte er aber ›den Bock zum Gärtner gemacht‹. Natürlich freute ich mich darauf, ein Wässerchen mit den bösen Kommunisten zu trinken. Als unsere Truppe die ›Wostok‹ enterte, hatten sich auch der Zweite (Offizier), der Zimmermann, der Elektriker, der Steward und der Bäcker dazugesellt. In der einfachen und sauberen Mannschaftsmesse erschienen ein Offizier und ein Ingenieur in Uniform, die auf deutschen Schiffen allenfalls in den Heimathäfen getragen wurde. (Ausgenommen Dampfer des Norddeutschen Lloyds aus Bremen, dort schien es immer und überall Uniformpflicht zu geben).

Es kam, wie es kommen musste. Der Wodka, kredenzt in Wassergläsern, floss in Strömen. Immer häufiger fiel bald das

Wort ›*druschba*‹ (Freundschaft). Als zwei Matrosen ihre Balalaikas zum Klingen brachten, war der Höhepunkt erreicht. Einträchtig versuchten wir, bei ›kakalinka, kakalinka, kakerla‹ (Originalton unserer Gruppe) stilgerecht mitzutanzen. Einige hatten dabei aber schon einige Mühe, das Gleichgewicht zu halten. Irgendwann spät nachts erklang keine Musik und kein ›*druschba*‹ mehr, wir waren fast allesamt, außer dem Steward und dem Bäcker, auf den Bänken und Stühlen eingeschlafen.

Am nächsten Morgen standen schon die Hafenarbeiter an der Pier und warteten auf das Herrichten der Luken und Ladebäume. Als unsere Mannschaft etwas mühselig die Gangway der ›Wostok‹ hinunter stolperte, hörte ich den Vormann der Schauerleute laut ausrufen: »*I can't believe it! Those crazy Russians und Germans! No enemies anymore.* (Ich glaube es nicht! Diese verrückten Russen und Deutschen! Sie sind bestimmt keine Feinde mehr!).«

Der Zweite und ich bekamen vom Alten und Ersten einen leichten Einlauf verpasst, ansonsten blieb die deutsch-russische Freundschaft in Tahsis ohne weitreichende negative Folgen. Vielleicht hatte nur der Polit-Offizier auf der ›Wostok‹ Schwierigkeiten.

Ich erinnerte mich, dass mir mein älterer russischer Kollege in einem passablen Englisch offenbart hatte, dass der Dampfer auf Kuba Zuckerrohr für (den Heimathafen) Wladiwostok geladen hatte und auf der Rückreise in den Luken und vor allem an Deck noch Platz für eine Bauholz-Ladung nach Nordvietnam hatte.

Am 2. Februar musste Stefan, das Oberhaupt der Decksbesatzung, dem Alten kurz vor dem Auslaufen eröffnen, dass der O.B. (*ordinary seaman* = Decksmann) Freisco Ortiz-Ramirez mitsamt seinen Habseligkeiten unauffindbar blieb. Er war einfach ›achteraus gesegelt‹ (an Land geblieben).

Das nächste Malheur folgte gleich danach. Beim Anlegen eine Woche zuvor hatte der Kapitän den Steuerbordanker in den Grund geschickt, um das Ablegemanöver bei auflandigen

Wind zu vereinfachen. Normalerweise stand beim Hieven des Ankers der Zimmermann an der Winde und der Dritte, also ich, schaute über die Reling, um dem Zimmermann anzuzeigen, mit welcher Geschwindigkeit er das Ankerspill bedienen oder stoppen musste, wenn der Anker fest vor die Klüse gehievt war.

Leider fiel der Zimmermann aus, er lag dienstuntauglich ziemlich duhn in seiner Koje, ebenso der Zweite. Also beorderte der Bootsmann einen spanischen A.B. (*able bodied seaman* = Matrose) auf die Back, um die Winde zu bedienen. Ich sah, dass die Kette ziemlich straff schräg nach achtern zeigte und rief José zu: »Langsam, langsam, nicht zu schnell.« Er kam dem Befehl nach

Die ›Ditmar Koel‹ in Tahsis

und gemächlich entfernte sich das Vorschiff der ›Ditmar Koel‹ von der Pier. Als der Anker auf der Wasseroberfläche erschien, gab ich das Kommando »Ganz langsam!« Aber José reagierte nicht. Dann schrie ich »*Lento, lento, solamente todo poco!* (Langsam, langsam, nur ganz, ganz wenig!)« – doch es war bereits zu spät. Der Anker knallte an die Bordwand, die Kette brach (riss) und über drei Tonnen Eisen plumpsten in das eisige Wasser.

Damit nicht genug: Wenig später rauschte ein Schlepper direkt am Vorsteven unter der Ankerklüse vorbei. Ein paar Sekunden eher, und der abgerissene Anker hätte den Schlepper mitsamt seiner dreiköpfigen Besatzung versenkt.

Als ich ganz zerknirscht auf der Brücke erschien, empfing mich der Alte nicht mit einem Donnerwetter. »Ich weiß schon Bescheid. Sie trifft keine Schuld, wenn uns die Reederei unprofessionelle Decksleute schickt. Der Zimmermann kriegt 'nen Sack (Kündigung).«

Nun führte unser Dampfer einen Reserveanker mit, der an der Achterkante der Back vor sich hin gerostet hatte. In beschwerlicher Arbeit mussten der Röhring (Anschluss-Schäkel) und der Kettenwirbel entrostet und mit der Ankerkette verbunden werden. Mit einem Ladebaum wurde der intakte Anker und die angeschlossene Kette vor den Vordersteven gehievt und vorsichtig dichtgeholt (strammgezogen). Für die Durchfahrt des Panama-Kanals mussten stets beide Anker betriebsbereit sein, sonst hätte unser Kahn wie in alten Segelschiffzeiten den beschwerlichen Weg um das Kap Horn nehmen müssen.

Nach diesem denkwürdigen Tag trat die ›Ditmar Koel‹ die Rückreise an, durch den Pazifik, den Panama-Kanal und den Mittel- und Nordatlantik.

Von Vancouver Island nach Liverpool

Nachdem der Lotse unseren voll beladenen Kahn durch das enge, aber tiefe Fahrwasser des Tahsis Inlet zum Ausgang im Nootka Sound herausgeführt hatte, wünschte er uns eine gute Reise und stieg von der Lotsenleiter in das kleine Lotsenboot.

Nun stapelten sich runde, viereckige, dicke und lange (Bau-) Hölzer auf dem Hauptdeck durchgehend von Luke I bis Luke V. Zusammen mit anderen Holzprodukten, Sperrholz und Zellulose, sowie wie mit den Asbest-Ballen und den Zink-Barren unten im Bauch des Schiffes transportierten wir annähernd 10.000 Tonnen Fracht. Das entsprach etwa dem Gewicht von 12.000(!) vierrädrigen Käfern. Der größte aller Stückgutfrachter, die ›Dresden‹ der HAPAG, brachte es auf über 16.000 Tonnen Tragfähigkeit!

Mit Kurs 171° (fast Süd) steuerte ich jetzt in umgekehrter Richtung das Kap Mendocino an. Um 12:00 Uhr erschien aber zur Wachablösung nicht wie gewohnt der Zweite, sondern Ali, der Erste (Offizier). »Eckehard, gehen Sie Mittagessen und in einer halben Stunde übernehmen Sie die Wache von Junge, der fällt heute aus.«

Na, das war ja nicht gerade kameradschaftlich vom Zweiten, sich mit dem Zimmermann ausgerechnet vor dem Auslaufen so zu betrinken, dass beide vom Alten die Order bekamen unter Deck zu bleiben, bis sie ihren Dienst wieder nüchtern antreten konnten. Also konnte ich mein Mittagsschläfchen vergessen und kam zum Reisebeginn auf elf Stunden Wache auf der Brücke. Dem Zweiten musste wohl klar sein, dass durch sein Dienstvergehen seine Tage auf der ›Ditmar Koel‹ gezählt waren. Exakt zwei Wochen lang bestimmte ein festgefügter, geregelter Tagesablauf mein Leben an Bord. Abgesehen vom Wachdienst auf der Brücke, wie gehabt zweimal vier Stunden von acht bis zwölf, musste ich mich mit dem umfangreichen Stauplan beschäftigen, der rechtzeitig lange vor unserer Ankunft in den jeweiligen Bestimmungshäfen bei den Hafenfirmen vorliegen musste. Den Großteil der Zeit forderte das Errechnen des Gewichts der jeweiligen unterschiedlichen Ladepartien, ohne Taschenrechner, althergebracht und langwierig nach Adam Rieses Regeln.

Die üblichen Beobachtungen von Wetter, Windstärke, Seegang, Luft- und Wassertemperaturen, Niederschlag, Bewölkung und Luftdruck wurden im Schiffstagebuch vermerkt und nach New York per Kurzwellen-Frequenz weitergeleitet. Vom Funker bekam ich eine endlos lange Zahlenreihe, die er von der globalen, internationalen zentralen Meteorologie-Station aus New York empfing. Dort liefen die Daten aller Messstationen an

Land und auf See, also auch die der Schiffe rings um den Globus, zusammen. Der verschlüsselte Zahlenwurm erhielt in erster Linie Ortsangaben über Lage und Form der Isobaren (Linien gleichen Luftdrucks). Erst einmal trug ich Punkt für Punkt nach Breite und Länge den jeweiligen Wert, damals noch in Millimeter Quecksilbersäule gemessen, auf einer speziellen Karte ein. Danach entstand eine ziemlich genaue Wetterkarte. Interpretation und Vorhersage oblagen nun meinen Einschätzungen und denen des Kapitäns. Liegen die Isobaren bei einem Tief dicht beieinander, bedeutet dies unweigerlich Sturm. Häufig änderte dann der Schiffsführer den Kurs, um dem zu erwartenden Schlechtwettergebiet auszuweichen. Die Prognosesicherheit anhand dieser Isobaren- und Frontenkarte für das künftige Wettergeschehen hat sich trotz Satelliten-Beobachtungen und Computer-Modellen bis heute nicht wesentlich verbessert.

Während sich unser Dampfer schon nach einem Tag zunehmend der Küste näherte, brauchte keine astronomische Standortbestimmung vorgenommen werden. Starke Leuchtfeuer an der Küste von Oregon und Kalifornien wurden deutlich sichtbarer und zeigten uns zuverlässig an, wo wir uns gerade befanden.

Da die Ablenkung (Deviation) des Magnetkompasses auf dem Peildeck über der Brücke sich ständig änderte, führte ich mehrere Deviationskontrollen durch, bei denen der Nordstern oder Planet Venus angepeilt wurden. In meinem Kümo-Jahr in der Nord- und Ostsee bedienten wir uns bei dieser Messung der terrestrischen Navigation, bei der die Rechnungen weitaus simpler ausfielen.

Mit jedem Tag südwärts stiegen die Temperaturen. Hatte die ›Ditmar Koel‹ anfangs noch gegen Sturm und Seegang eines Tiefs über dem Nord-Pazifik zu kämpfen, beruhigten sich jetzt Wind und Wellen. Nun konnte ich es mir für ein bis zwei Stunden in meiner Freiwache am Nachmittag mit einer Liege auf der Holz-Deckslast über Luke V bequem machen. Inzwischen war slawische Literatur aus der Bordbibliothek angesagt. Ich las ›Pnin‹ von Wladimir Nabokov und ›Exekution‹ von Milovan Djilas, dem serbisch-jugoslawischen Politiker und Kritiker.

Auf diesem Seetörn von Kanada bis Panama häuften sich die feucht-fröhlich begangenen Geburtstagsfeiern. Der Koch Wolfgang Breuer wurde dreiundzwanzig, der 2. Ingenieur Heinz Göble sechsundfünzig, der spanische Unglücksrabe José Pidre Calvino zweiunddreißig und ich vierundzwanzig Jahre alt.

Rechtzeitig vor der Durchquerung der mittelamerikanischen Landbrücke stellte ich den Stauplan fertig. Er hatte die Tortur auf der Rolle der Vervielfältigungsmaschine fast ohne Blessuren überstanden und die Kopien konnten in Cristobal ihre Flugreise nach Liverpool, Avonmouth, Ellesmere Port und Rotterdam antreten.

Am 16. Februar ankerten wir vor Balboa, dann später noch einmal im Gatun-See des Panama-Kanals und machten am nächsten Morgen, Rosenmontag, für drei Stunden in Cristobal an der Atlantikküste fest. Aus alter Gewohnheit konnte ich es mir nicht verkneifen an Land zu gehen, schließlich war hier auch Karnevalszeit. Schon in der ersten Bar schmeckten Franz und mir die ersten Cuba Libre nach langer Abstinenz besonders gut, kein Wunder bei der betörenden Latinomusik und den gut aufgelegten, ausgelassenen *chicas* und *muchachas*. Cola-Rum, die Umgebung und die lebensfrohe Atmosphäre passten bestens zusammen.

Ich schwärmte von den guten, alten Zeiten und tischte Franzl meine unvergleichlichen Erlebnisse auf. Mit jedem weiteren Glas nahm mein Tunnelblick für Lateinamerika zu, aber die schnell verrinnende Zeit setzte meinen enthusiastischen Erzählungen bald ein Ende. Als wir beide, nun mit närrischen, unechten Panama-Hütchen auf dem Haupt, es am Mittag gerade soeben schafften, das Hauptdeck über das Fallreep (Gangway) zu erklimmen, war der Erste schon zur Stelle. Er empfing mich mit einem strafenden Blick und war augenscheinlich nicht gerade amüsiert.

»Eckehard, machen Sie sich frisch, wir laufen in einer halben Stunde aus!« Sein Befehl klang deutlich barsch und verärgert. Glücklicherweise stand meine Wache erst um acht an. Nach zwei Tagen verrauchte Alis Verstimmung und wir machten wie gewohnt einträchtig unsere Standortbestimmungen in den Weiten des Mittelatlantiks.

Der zweite Teil des Rücktörns, vom Panama-Kanal bis nach Liverpool dauerte gerade mal drei Tage länger als der Seetörn von Tahsis nach Balboa. Der Alte tauchte häufiger abends auf meiner Wache in der Brücke auf. Wir unterhielten uns angeregt über Gott und die Welt, natürlich über unsere bisherigen Lebenswege, die Seefahrt und die persönlichen Zukunftspläne.

Ich verschwieg ihm nicht, dass ich bald dem Seemannsleben ›adieu‹ sagen würde, und Lehrer werden wollte, auch wenn ich ›nur‹ die Mittlere Reife vorweisen konnte. Kapitän Rudolf Koenigs, Jahrgang 1913, hatte nur noch einige Jährchen bis zur Pensionierung und wollte sich dann in seinem Aachener Häuschen zur Ruhe setzen. Wer es bis zum Kapitän eines Übersee-Frachters geschafft hatte, wohnte in der Regel an der Küste, zumindest aber im norddeutschen Raum. Koenigs blieb trotz seiner langen Fahrzeit seiner Heimat treu, legte aber Widerspruch ein, als ich ihn als Rheinländer bezeichnete. Er hatte seinen erlernten Dialekt, rheinisch-kölsch klingend, nicht ganz und gar ablegen können. Eines Abends, schon östlich der Azoren, ertönte die Pfeife am Sprachrohr des Alten.

»Was gibt's, Kaptein?«

»Hören Sie's? Beethovens Neunte von den Berliner Philharmonikern, ich stell mal bisschen lauter. Klingt doch toll, nicht wahr?!«

Ich hatte mit klassischer Musik nicht viel am Hut, kannte jedoch schon etliche Stücke, die mich auch als jungen Menschen ansprachen und mir in gewissem Sinne ein Hochgefühl vermitteln konnten. »Ja, ist ganz ausgezeichnete Musik!«, gab ich über das immer funktionstüchtige Sprachrohr zurück. So entwickelte sich eine gewisse Vertrautheit zwischen mir und dem Kapitän.

In den Freiwachen fertigte ich die Atlantik-Wetterkarten an und arbeitete an einer neuen Sicherheitsrolle, den Einsatzstellen und Handlungsanweisungen für die Besatzung bei Feuer, Rettungsbooteinsatz und dem Ernstfall. Daneben blieb mir aber noch Zeit zum Lesen nicht mehr ganz aktueller ›Spiegel‹-Ausgaben, die ich in Cristobal aufgabeln konnte.

Außerdem las ich mit Schmunzeln ›So zärtlich war Suleyken‹ von Siegfried Lenz. Die Geschichte(n) berührten mich besonders, handelten sie doch von Masuren, der Heimat meiner Vorfahren und der unverwechselbaren Landschaft, in der ich entstanden bin. Bisher hatte ich einige ältere Seeleute kennengelernt, die aus Pommern, Schlesien oder Ostpreußen stammten und Flucht und Vertreibung hautnah erlitten hatten. Nicht wenige wurden herabwürdigend ›Rucksack-Deutsche‹ genannt. Diese Ostdeutschen hatten mitunter Probleme, im Westen Fuß zu fassen. So war mancher auf die Idee gekommen, zur See zu fahren. Konnte ich Lenz noch bei subtropischen Temperaturen, blauem Himmel mit markanten Cumulus-Wolken draußen auf Luke V lesen, so musste ich beim nächsten Buch ›*irisches Tagebuch*‹ von Heinrich Böll in meiner feudalen Kammer bleiben. Am 6. März erreichte die ›Ditmar Koel‹ die Keltische See zwischen Süd-Irland und Cornwall, fuhr danach durch den St. Georg's Kanal zwischen Wales und Irland, in die Irische See. Am nordwestlichen Zipfel der Isle of Anglesey änderte sich der Kurs um 90° von Nord auf Ost und wir steuerten die Liverpool Bay an.

Zurück in Europa

Vor der Kulisse Liverpools ging unser Pott nachmittags in der Mersey-Bucht vor Anker. Wegen der starken Gezeitenströmung hielten beide Anker das Schiff auf Position. Um Mitternacht ging es weiter durch eine Schleuse an die Pier, wo wir endlich gegen 2:00 Uhr festmachten. Es war zu spät, um noch an Land etwas zu beschicken. Außerdem musste ich morgens zum Löschbeginn unserer Deckslast meinen Dienst antreten. Während des Umschlagsbetriebs musste mindestens ein Offizier anwesend sein.

Abends enterten Atze, einer der beiden Reiniger/Schmierer in der Maschine, Koch Wolfgang und ich den ›Cavern Club‹, in dem die Karriere der Beatles begann. Dieses nicht allzu große Musiklokal schien fast ein Museum für die späteren berühmten Pilzköpfe zu sein. Überall hingen Fotos von den kleinen Anfängen der Band, einschließlich der in Vergessenheit geratenen früheren Weggefährten. Für unser Trio der Jahrgänge 1945/46 war dieser Besuch natürlich ein Muss, spielten die Beatles doch eine besondere Rolle in der Entwicklung unseres jungen Erwachsenenlebens. Danach kehrten wir drei im ›Viking Club‹ ein, in dem auch einige Hippies in unserem Alter verkehrten. Hier lernte ich die dunkelhaarige Jill Hansen und ihre rothaarige Freundin Brenda kennen. Warum nur haben sehr attraktive Mädchen oft eine Gefährtin, die äußerlich nicht ganz so reizvoll ist? Wir verabredeten ein Treffen am nächsten Nachmittag Punkt 15:00 Uhr am Hafentor. Erst einmal brauchte ich eine *board permission* (Erlaubnis, an Bord zu kommen) für die beiden.

Ausweis für Schiffsbesucher

~~Herrn/Frau~~/Frl. Jill HANSEN

wohnhaft

wird hiermit die Erlaubnis erteilt,

MS/D „ Ditmar Koch “

zum Besuch des Schiffs während der

Liegezeit in Ellesmere vom 23.2. bis 25.2.

zu betreten.

Ellesmere, den 23.2.67

Ort Datum

Unterschrift der Reederei

Rückseite beachten!

— Nur gültig mit dem Personalausweis! —

Verlag: Druckerei Paul Mähnke, Hamburg 11 · 59 658/5 · Gesetzlich geschützt · Nachdruck nur mit Genehmigung des Verlages!

Meine Grazien erschienen pünktlich und danach führte ich sie auf unseren Dampfer. Mutmaßlich hatten sie einen großen Stückgutfrachter noch nicht von innen gesehen. Sie stellten ständig typische Landratten-Fragen und waren überrascht, als ich ihnen mein schmuckes Borddomizil zeigte. Wahrscheinlich gingen sie noch davon aus, dass ich in einer *hammock* (Hängematte) schlafen würde. Bei Eintritt der Dunkelheit musste ich beide von Bord schicken. Als meine Nacht-Deckswache begann, verabredeten wir uns für den darauffolgenden Sonnabendnachmittag. Ich machte mir Gedanken, wie es denn mit zwei Mädels zusammen weitergehen sollte. Diese unnötigen Überlegungen lösten sich mal wieder in Luft auf, als ich ein Klopfen an meiner Tür vernahm. Vor mir stand Jill, allein. Sie hatte sich schick zurechtgemacht und trat ungeniert, ohne zu fragen, einfach ein. Mir gefielen schon beim ersten Treffen ihre lockere Art und ihre treffenden Sprüche, wie *»to marry is nothing more, than to make it legal to have fun in bed without guilty consience. I don't have to do it!* (Heiraten ist nichts weiter, um zu legalisieren, dass man Spaß im Bett hat, ohne ein schlechtes Gewissen. Ich muss das nicht!).« Das setzte sie auch ganz spontan in die Tat um. Ich brauchte ihr erst gar nicht den umwerbenden Gockel vorzugaukeln, sie kam von sich aus umgehend zur Sache.

Am späten Abend schliefen wir beide glücklich ein. In dieser Nacht piesackten mich nicht Ein- und Durchschlafstörungen, wie in den Wochen zuvor. Bis zum Morgen lag ich in Jills/Morpheus' Armen und wachte nach langer Zeit mal wieder erleichtert, völlig entspannt und selig auf. Ganz Kavalier, brachte ich ihr mein reichhaltiges *german breakfast* an das Bett. Der Abschied danach fiel uns nicht dramatisch schwer, in weniger als zwei Wochen würden wir uns in Ellesmere Port am Südufer des Mersey wiedersehen.

Beim nächsten Treffen wollte ich sie fragen, wie sie zum nordischen Nachnamen Hansen gekommen war. Das hatte ich bei Faye in Kanada versäumt. Da wusste ich aber, dass ›Paquin‹ auf französische Vorfahren hindeutete, nichts Außergewöhnliches wie bei etwa jeder/jedem siebten Kanadier/in, der die zweite Amtssprache Französisch beherrscht.

Unsere Holzladung war bis auf eine kleine Partie für Avonmouth vom Hauptdeck verschwunden und das Zwischendeck von Luke I und Luke V entleert. Am 9. März um 3:00 Uhr nachmittags nahm die ›Ditmar Koel‹ bei kaltem Nordwind wieder Kurs auf die Irische See, umschiffte Wales und fuhr in den Bristol-Kanal. Bereits am nächsten Tag ankerte unser Dampfer bei trüber Sicht in der Nähe des Feuerschiffs ›Breaksea‹ in der

Mündung des Severn. Hier verplemperte die ›Ditmar Koel‹ zwei volle Tage, bis endlich am 12. März kurz vor Mitternacht das Lotsenboot längsseits kam und uns der Lotse bei Nacht und leichtem Nebel nach Avonmouth in der Severn-Mündung brachte, wo wir wieder mal zu nachtschlafender Zeit um 3:00 Uhr festmachten. In dieser Vorhafenstadt, etwa fünf Kilometer entfernt von der Innenstadt Bristols, sollten wir nun fast eine Woche verbringen.

Für Funker Georg Schlaadt, Jahrgang 1906, war die Fahrenszeit zu Ende. Er verabschiedete sich ohne große Zeremonie in den Ruhestand und flog nach Hamburg. Seine Stelle nahm Jungspund Bernd ein, fürwahr kein Kind von Traurigkeit. Während der Liegezeit hatte sich seine Funkerbude zur zweiten Stampe neben ›Franzls Bierstube‹ entwickelt. Bernd machte sich einen Spaß daraus, längere Sätze zu morsen und amüsierte sich köstlich, wenn wir Funk- bzw. Morse-Amateure dafür die fünffache Zeit an der Morsetaste brauchten und nach etlichen Bieren nur Unverständliches produzierten.

Neben meinem Decksdienst während des Löschens der Asbest-Ballen und einer riesigen Partie Sperrholz aktualisierte ich Seekarten und Leuchtfeuer-Verzeichnis und beendete die Arbeit an dem neu erstellten Sicherheits- und Rollenplan.

Bei meinem ersten Landgang kaufte ich beim *stationer* Zeitungen und Ansichtspostkarten, deutsche Zeitschriften suchte ich vergebens. In einem Pub mit dem skurrilen Namen ›Someone‹ ließ ich bei einem Pint Lager (einem Glas helles Bieres) und gewohnter Pub-Atmosphäre den Tag ausklingen.

Mit Bäcker Karl erlebte ich im ›Bamboo Club‹ einen besonderen Abend, nachdem wir dem ›Mecca Dancing Club‹ den Rücken gekehrt hatten. An jenem Abend war es dort nicht gerade einladend gewesen, zu großer Männer-Überschuss und Musik, die uns nicht gefiel. Im ›Bamboo‹ dagegen kamen wir unter all den verschiedenfarbigen Menschen bei westindischer/karibischer Musik gleich besser in Stimmung, trotz – oder wegen – des Lärmpegels und des süß duftenden Qualms der

Raucher/innen. Aber mehr als ein Plausch zu später Stunde mit einer Schönheit aus Barbados kam nicht zustande. Auch der nächste Besuch im ›Mecca Dancing‹, dieses Mal mit Funker Bernd, war nicht ergiebig.

Pünktlich zum Frühlingsanfang am 20. März schien beim Auslaufen am frühen Abend noch die Sonne und zauberte dann später wieder einmal einen grandiosen Untergang am Firmament über dem Bristol-Kanal. Bereits genau einen Tag später warteten wir vor der Mersey-Mündung auf Hochwasser. Die anschließende Fahrt in der Nacht nach Ellesmere Port gegenüber von Liverpool am Südende der Mersey-Bucht zog sich durch Schleusung und zwischenzeitlichem Festmachen an Dalben (Pfählen) bis zum Morgen hin. Dann erst konnte die ›Ditmar Koel‹ um 6:00 Uhr schließlich am Manchester-Kanal festmachen. Danach fiel ich übermüdet in die Koje, wachte aber bald wieder auf, weil die Decksmaaten nahe dem Mittschiffsaufbau an diesem Sonnabend Rost klopften. Über Schlafentzug, Nachtarbeit an Sonn- oder Feiertagen und Lärmbelästigung während der Ruhe- oder Freizeit wurde nicht einmal geredet, geschweige denn gemosert. Diese Widrigkeiten gehören eben in den Häfen zum Seemannsalltag.

Aber wie schon so oft erlebt, lagen Licht und Schatten bei der Seefahrt dicht beieinander. Würde ich Jill wiedersehen? Erwarteten mich in Ellesmore Port paradiesische Tage und Nächte? Beim Abschied von Jill in Liverpool hatten wir für das Wiedersehen ein Treffen im ›Lucky Club‹ vereinbart, der auch noch den Zusatz ›All nations Club‹ führte. Auf dem Weg dorthin schwankten meine Gefühle von grenzenloser Vorfreude bis zu maßloser Enttäuschung. Als ich den ›Lucky Club‹ betrat, brauchte ich nicht zu suchen oder gar auf sie zu warten. Jill fiel mir gleich am Eingang um den Hals. Nun hatte ich die Gewissheit, dass unser tête-à-tête zuvor in Liverpool keine von vielen, kurzen Episoden bleiben würde. Nach ein paar Tänzchen und einem Ale (Bier) drängte sie mich, an Bord zu gehen. Mit Haut und Haar gaben wir uns in dieser und den folgenden Nächten ganz und gar Amor und Eros hin. Nach ihrem Bekunden hatte sich meine *english maid* die nächsten drei Tage freigenommen und blieb die meiste Zeit auf unserem Traumboot, mit offizieller Erlaubnis des 1. Offiziers. Am Sonntag lief sie ihm über den Weg, die beiden hielten Smalltalk und abends lud Ali mich und Jill zu einer kleinen Party in sein Domizil ein. Anscheinend hatte auch er Gefallen an meiner Perle gefunden, weil sie erfrischend offen und humorvoll reden konnte und so manchen, auch derben Spruch von sich gab.

»*A sailor doesn't love the sea, but the girls behind the big water* (Ein Seemann liebt nicht die See, aber die Mädchen dahinter).« Mittlerweile hatte sie mir erzählt, dass ihr Vater Norweger sei, in Liverpool hängengeblieben, aber nach Trondheim zurückgegangen war, als Jill volljährig wurde und eine Stelle als Kosmetikerin bekam.

Bis zum Auslaufen am Donnerstag hatte mich Ali zur Nacht-Deckswache eingeteilt, selbst am späten Abend hievten die Kräne die gewaltige Menge der Asbest-Ballen und Zink-Barren aus den Luken.

Als ich am Mittwochmorgen in meine/unsere Kammer gehen wollte, prangte ein großes ›*Just married*‹-Schild an der Tür. Als ich Ali darauf ansprach, lächelte er nur hintergründig und beteuerte, dass er nicht der Schildermaler gewesen sei. Eigentlich konnte mir der Urheber dieses netten, fast liebenswürdigen, witzigen Einfalls auch egal sein. Schließlich wussten die Mitschiffsbewohner, dass ich meine Koje mit meiner *Queen* teilte. Am Abend musste ich Abschied von Jill nehmen. Sie schenkte mir noch eine norwegische Flagge und den Union Jack in einem geschmackvollen Ständer, sie sollten mich immer an mein Herzblatt erinnern, egal was die Zukunft für uns parat hatte.

Als ich Jahrzehnte später noch einmal all ihre Briefe las, stutzte ich bei der Anrede ›My dearest Peter‹. Ja, sie gab mir diesen Kosenamen, weil sie meinen Vornamen zu merkwürdig fand und alle Mühe hatte, ihn auszusprechen. Sie bombardierte mich noch einige Monate mit ihrer Post, um mich zu bewegen, mit ihr zusammenzuleben. Das widersprach zwar nicht meinen Empfindungen für sie, aber mein Verstand forderte unmissverständlich, die Realitäten zu akzeptieren. Eine *never ending love* gibt es im Schlager, selten im wirklichen Leben. Außerdem hätte ich meine Lebensplanung vollkommen auf den Kopf stellen müssen.

Im darauffolgenden Sommer, nun schon bei meinen Vorbereitungen auf die Immaturen-Prüfung (2. Bildungsweg), beendete ich sehr schweren Herzens meine Briefkorrespondenz, was sie nicht davon abhielt, mir zu Weihnachten ein letztes Lebenszeichen zu senden. Was wäre, hätte, wenn..?

Am Donnerstag, dem 27. März, mal wieder mitten in der Nacht, holten die Decksbauern die Leinen ein. Unser Kahn schipperte aus dem Mersey-River hinaus in die Irische See, vorbei an Land's End und dem Leuchtturm Bishop Rock, im äußersten Südwesten Englands, in den (Ärmel-)Kanal. Es ging nordostwärts weiter in die südliche Nordsee und in die Mündung des Waals, wie der Rheinarm in Holland heißt, bis zum großen, aber nicht gerade beliebten Hafen Rotterdam. Auf diesem zweieinhalb Tage dauernden Seetrip gelang es mir nicht, meine Erinnerungen an die Zeit mit Jill schmerzlos abzuhaken. Es war das erste Mal nach all den anderen unvergessenen Zweisamkeits-Episoden. Im damals größten Hafen der Welt wurden die letzten Zellulose-Ballen aus den Unterräumen von Luke II, III und IV an Land befördert. Nach dem Verholen bei Wind und Regen in ein anderes Hafenbecken um 2:00 Uhr nachts füllten sich die leeren Laderäume gleich wieder mit Stückgut und Autos. In Rotterdam musterten ein paar Seelords ab, der Zweite und der Zimmermann ›wurden gegangen‹.

Der Abschied des 2. Ingenieurs und der beiden Ing.-Assis Jonny und Peter wuchs sich bei den Schluchtenscheißern zu einem Besäufnis aus. Ich hatte es noch nicht erlebt, dass fast die gesamte Maschinen-Gang kollektiv dem Teufel Alkohol an Bord zusprach. Ich zog es vor, nach dem Besuch beim Putz-

Büdel (Friseur) in der ›Hansa-Pier‹ einzukehren. Aber auch dort tranken die vielen deutschen Seeleute keine alkoholfreien Flüssigkeiten. Im Lärm und Qualm der Hafenkneipe erschienen mir einige Jantjes, die in schmutzigen Arbeitsplünnen am Tresen Platz genommen hatten, fast schon unsympathisch und geradezu abstoßend. Aber saß ich nicht auch vor zwei, drei Jahren in diesem Ausschank, kaum anders in Auftritt und Kleidung als die Decksbauern, auf die ich nun herabsah? Oder war ich schon arrogant und dünkelhaft geworden?

Am 2. April um 3:00 Uhr nachts schipperte unser Dampfer, jetzt schon mit neuer Ladung, gen Bremerhaven, wo wir zweiundzwanzig Stunden später festmachten. Da nun auch drei spanische Decksleute und Matrose Karl abmusterten, musste ich gleich nach dem Vertäuen die Überstundenliste der Decksmannschaft auf den aktuellsten Stand bringen. Nach ein paar Stunden Schlaf fuhr ich mit dem D-Zug nach Hannover. Unser Koch Wolfgang Bremer leistete mir in der Bahn Gesellschaft, um danach von Hannover ins nahe gelegene Burgdorf zu reisen. Ich hatte mich entschlossen, für eine weitere Reise auf der ›Ditmar Koel‹ zu bleiben. Weniger das nicht gerade exotische Fahrgebiet war dafür ausschlaggebend, sondern vor allem das angenehme Betriebsklima an Bord und die vorzügliche Zusammenarbeit mit dem Ersten und dem Kapitän. Außerdem warteten da ja noch eine gewisse Faye in Kanada und Jill in England auf meine Wiederkehr. Aber es sollte dann alles ganz anders kommen.

Nach drei Tagen Landurlaub fuhr ich am Ostersonntag zurück nach Bremerhaven und stürzte mich gleich nach meiner Ankunft in die Arbeit. Der Stauplan musste für die in Rotterdam und Bremerhaven übernommenen Stückgüter und Autos erstellt werden. Um 1:00 Uhr lief unser Kahn nach Le Havre aus. Statt um acht trat ich bereits um 6:00 Uhr abends meine Wache auf der Brücke an. Es wurden auf diesem kurzen Seetörn, wie schon auf dem Kümo, zwei statt drei Wachen gegangen. Also blieben mir nach Mitternacht gerade mal fünf

Stunden Ruhezeit, bis ich morgens um 6:00 Uhr wieder im Ruderhaus stand. Durch aufkommenden Nebel erforderte die Fahrt durch den (Ärmel-)Kanal viel Umsicht und Konzentration, trotz des eingeschalteten Radars. Am Ostermontag kam auf meiner 06:00-12:00-Wache kurz vor Mitternacht der Lotse an Bord und um 1:00 Uhr hatte unser Dampfer in Le Havre an der Seine-Mündung festgemacht. Schon nach weniger als fünf Stunden Schlaf musste ich das Laden der verschiedenen Stückgüter und Autos kontrollieren.

Als ich um 17:00 Uhr nach zwölfstündiger Arbeit in den Unterraum der Luke I hinabstieg, fielen mir aufgebrochene Kartons mit hochwertigen Sportschuhen auf. Die französischen Schauerleute, von mir zur Rede gestellt, zuckten nur mit den Schultern und spielten die Unschuldslämmer. Über diesen offensichtlichen Ladungsdiebstahl musste ich unbedingt den Stauer-Viz (Vormann der Hafenarbeiter) und den 1. Offizier informieren. Ich eilte die senkrechte feste Wandleiter des Unterraumes hoch und hangelte mich anschließend vom Zwischendeck zur Einstiegsluke empor. Beim Hochklettern hielt ich in einer Hand einen Stapel Ladungspapiere. Nun nahm ich an, schon weit genug oben in der Einstiegsluke angekommen zu sein und wollte mich mit dem Rücken anlehnen. Was für ein katastrophaler Fehler!

Ich stürzte in freiem Fall fast vier Meter hinunter auf den Eisenboden des Zwischendecks, einen halben Meter neben dem Einstieg zur Leiter des etwa sechs Meter tiefen Unterraums. Während des Sturzes geriet meine linke Hand an einen Haken neben der Leiter, der mir die Hand aufriss und die Ringfingersehne zerschnitt. Ich knallte mit beiden Pobacken auf den Boden. Der Sturz wurde von Ladungspapieren in den beiden hinteren Hosentaschen abgefedert bzw. abgemildert. Nur meine linke Hand schmerzte und blutete fürchterlich. Was für ein Schicksal hätte ich wohl erlitten, wenn ich nicht auf dem Hintern, sondern mit dem Rücken oder Kopf aufgeschlagen wäre?! *Quel malheur, mais quel fortune!* (Glück im Unglück). Ich berappelte mich nach diesem Schreckmoment, der sich in mein Gedächtnis einbrannte. Mittlerweile hatte der Bootsmann von meinem unfreiwilligen Fall gehört. Er erschien in der Einstiegsluke, ließ einen Tampen (Strick) hinunter, den ich mir um die Brust band. Dann stieg ich langsam und vorsichtig die Leiter hoch. Als ich auf dem Hauptdeck anlangte, herrschte helle Aufregung bei den umstehenden Decksmaaten und dem Ersten.

»Jungs, alles halb so wild, hab mir ein bisschen die Hand angekratzt!«

Aber erst später nach dieser Erklärung spürte ich ein plümerantes Gefühl im Bauch und stieg in den herbeigerufenen Ambulanzwagen, der mich ins Hôpital Francois I. brachte. Nach den üblichen Untersuchungen bekam ich eine Vollnar-

Der Autor 1969

kose verpasst, wachte Stunden später noch ganz orientierungslos auf und erblickte auf dem Schränkchen neben dem Bett ein Baguette und – eine Flasche Rotwein! Nun realisierte ich, wo ich mich befand und was geschehen war. Meinen linken Arm hatte man bis zu den Fingerspitzen in Gips verpackt. Dann erschien mein Operateur Dr. Gauchet und erklärte mir, dass die OP gut verlaufen sei und ich *bientôt* (bald) wieder meine Hand bewegen könne. Dieses ›bald‹ zog sich danach noch bis Juni hin, aber Dr. Gauchet hatte gute Arbeit geleistet und meine Hand wurde wieder voll gebrauchsfähig.

Am nächsten Morgen packte ich meine Siebensachen und verabschiedete mich vom Kapitän und von Ali. Der Alte schrieb mir von Los Angeles einen Monat später einen freund-

Clinique Scandinavie: Johnny, Bill, Tore

lichen Brief. Der 1. Offizier wurde später Inspektor bei der Deilmann-Reederei, zu der das Traumschiff ›Deutschland‹ gehörte. Ich fuhr wieder zurück ins Krankenhaus, dort umsorgten mich zwei nette, schnuckelige Krankenschwestern in meinem Einzelzimmer. Tags darauf durfte ich mich in meiner nächsten Unterkunft, in der Clinique Scandinavie Internationale frei bewegen. In einem Nebengebäude wurden kranke oder verletzte Seeleute einquartiert.

Jetzt hatte ich neue Kameraden, eine gemischte internationale Truppe aus älteren und jungen Seelords: Leonid aus der Sowjetunion, Bill aus den USA, Tore aus Norwegen und Johnny aus Guyana. Matrose Leonid war nicht sehr gesprächig, vielleicht auch wegen mangelnder Englischkenntnisse. Bootsmann Tore trank lieber zu viel als zu wenig. Maschinist Johnny, dessen Eltern aus Indien in den südamerikanischen Staat eingewandert waren, redete gern über *›beautyful girls around the world‹*.

O.S. Bill war meistens gut drauf, konnte aber auch mal bissig sein: »*I'm a black man from New Orleans*«, stellte er sich bei unserer ersten Begegnung vor. Bei einer hitzigen Diskussion, bei der niemand in unserem Quintett ganz nüchtern war, schlussfolgerte er: »*You white people, you haven't got any soul*! (Ihr Weißen, ihr habt gar keine Seele!).«

Gleich am ersten Abend zogen wir zu viert, ohne Leonid, ins Nachtjackenviertel. Unsere bunte Truppe, in der jeder am Kopf, am Arm oder Bein einen Verband trug oder am Stock ging, erregte beim Eintritt in die erste ›Bar Filou‹ erst ungläubiges Staunen, auf das ein schallendes Gelächter folgte. Hier brauchten wir nicht einen einzigen Drink zu bezahlen. Wir Invaliden waren durchaus die Attraktion in der Kaschemme. Unser verbotener Ausflug blieb nicht unbemerkt, wir wurden ermahnt, solche *excursions* zu unterlassen.

Am nächsten Abend hatten wir Besuch von zwei Trinkkumpanen aus der Bar, die uns mit geistigen Getränken, vor allem mit Pernod versorgten und mit uns in der Klinik gleich die nächste Party steigen ließen. In einem lichten Moment während jener Tage war mir bewusst geworden, dass ich so schnell nicht wieder mit meiner verletzten Pranke anheuern konnte und so die ›Ditmar Koel‹ mein zunächst letztes Schiff gewesen sein würde.

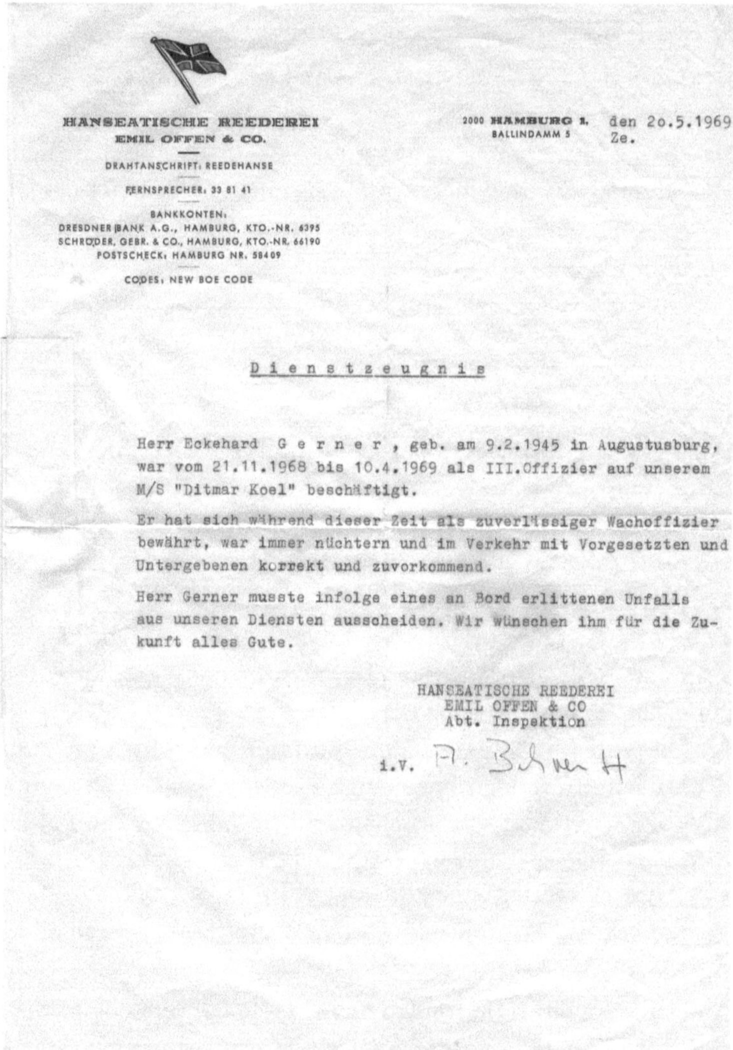

HANSEATISCHE REEDEREI
EMIL OFFEN & CO.

DRAHTANSCHRIFT: REEDEHANSE

FERNSPRECHER: 33 81 41

BANKKONTEN:
DRESDNER BANK A.G., HAMBURG, KTO.-NR. 6395
SCHRÖDER, GEBR. & CO., HAMBURG, KTO.-NR. 66190
POSTSCHECK: HAMBURG NR. 58409

CODES: NEW BOE CODE

2000 HAMBURG 1,
BALLINDAMM 5

den 2o.5.1969
Ze.

D i e n s t z e u g n i s

Herr Eckehard G e r n e r , geb. am 9.2.1945 in Augustusburg, war vom 21.11.1968 bis 10.4.1969 als III.Offizier auf unserem M/S "Ditmar Koel" beschäftigt.

Er hat sich während dieser Zeit als zuverlässiger Wachoffizier bewährt, war immer nüchtern und im Verkehr mit Vorgesetzten und Untergebenen korrekt und zuvorkommend.

Herr Gerner musste infolge eines an Bord erlittenen Unfalls aus unseren Diensten ausscheiden. Wir wünschen ihm für die Zukunft alles Gute.

HANSEATISCHE REEDEREI
EMIL OFFEN & CO
Abt. Inspektion

i.V. A. Schmidt

Aber es kam mal wieder anders! Als ich mich nach vier Tagen Aufenthalt in der Skandinavischen Klinik zum Bahnhof chauffieren ließ, traf ich dort Yvette aus Fécamp.

»Quel*le surprise!*«, rief sie aus und gleich darauf »*Quel malheur?!*«, als sie auf meinen vergipsten Arm zeigte.

Wie auf allen Bahnhöfen sind Reisende in Eile, da bleibt keine Zeit für längere Unterhaltungen, leider auch bei diesem Zufallstreffen. Zwischen meiner Ankunft mit dem Zug im Pariser Bahnhof Gare de L'Ouest und meinem Abflug nach Hannover von Paris Orly blieben mir noch drei Stunden Zeit, um meine alte Liebe Svana in der Rue Chabrol 28, in der Nähe der Markthallen, zu besuchen. Mit gemischten Gefühlen über meine Vergangenheit und meine Zukunft nahm ich Platz im City Jet, einer Boeing 737, und flog nach Hannover.

Meine Zeit als Seemann ist nun zu Ende, dachte ich an diesem 15. April 1969.

***

Nach einer halbjährigen Vorbereitung an der Heimvolkshochschule in Springe am Deister, die ich ohne staatliche Unterstützung finanzierte, meldete ich mich im Dezember zur Immaturen-Prüfung an der Pädagogischen Hochschule Niedersachsen (PHN) in Hannover an. Dieser Zweite Bildungsweg eröffnete auch Nichtabiturienten, damals über 90 Prozent, das Studium an einer Hochschule. Voraussetzung war die Mittlere Reife, eine abgeschlossene Berufsausbildung und nach Möglichkeit ein Aufstieg bzw. Karriere im erlernten Beruf. Im Januar 1970, nach erfolgreich abgelegter Prüfung, bei der die Durchfallquote nach dem schriftlichen und mündlichen Teil bei über 80 Prozent lag, begann ich im Mai 1970 ein Lehrerstudium an der PHN in Hildesheim mit dem Hauptfach Geographie, den Nachweisfächern Englisch und Geschichte, sowie Psychologie, Soziologie und natürlich Pädagogik.

Nach dem Studium trat ich meine erste Lehrerstelle nach den Sommerferien 1973 an der Realschule in Freiburg an der Elbe an. Bei der Vereidigung in Stade hatte der Schulrat einen passenden Spruch parat: Früher hat er das Land vom Schiff aus gesehen, nun sieht er von Land aus die Schiffe.

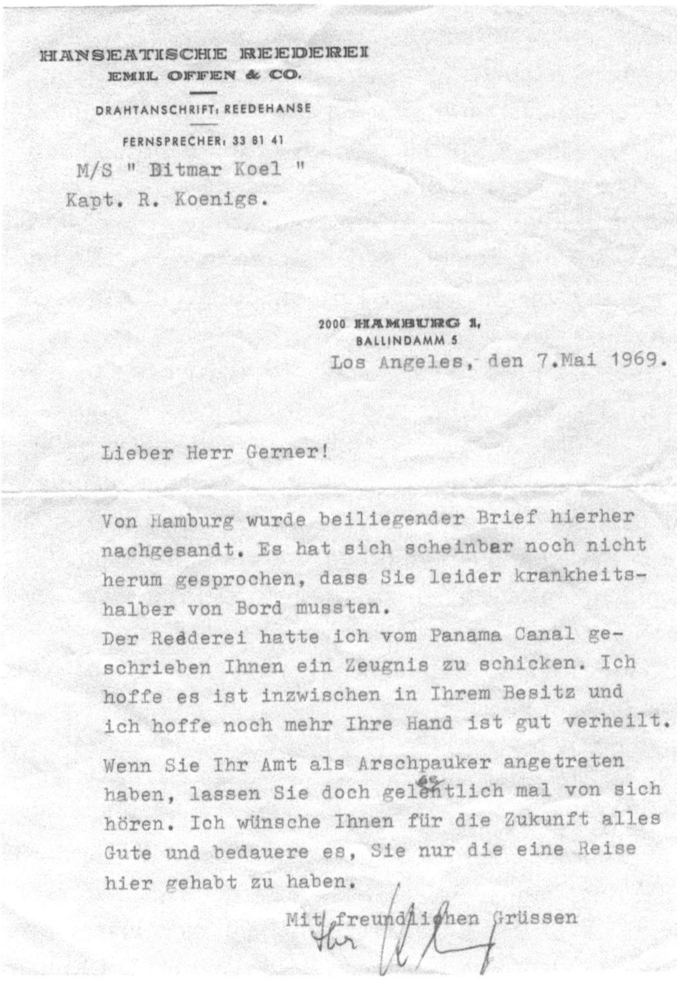

HANSEATISCHE REEDEREI
EMIL OFFEN & CO.

DRAHTANSCHRIFT: REEDEHANSE

FERNSPRECHER: 33 81 41

M/S " Bitmar Koel "
Kapt. R. Koenigs.

2000 HAMBURG 1,
BALLINDAMM 5

Los Angeles, den 7.Mai 1969.

Lieber Herr Gerner!

Von Hamburg wurde beiliegender Brief hierher nachgesandt. Es hat sich scheinbar noch nicht herum gesprochen, dass Sie leider krankheitshalber von Bord mussten.
Der Reederei hatte ich vom Panama Canal geschrieben Ihnen ein Zeugnis zu schicken. Ich hoffe es ist inzwischen in Ihrem Besitz und ich hoffe noch mehr Ihre Hand ist gut verheilt.

Wenn Sie Ihr Amt als Arschpauker angetreten haben, lassen Sie doch gelegentlich mal von sich hören. Ich wünsche Ihnen für die Zukunft alles Gute und bedauere es, Sie nur die eine Reise hier gehabt zu haben.

Mit freundlichen Grüssen
Ihr

VI. MS ›Levensau‹ (17. und letztes Schiff)

Nach dem dritten Semester an der PH in Hildesheim verklärte sich die Seefahrt im Wechselbad der Gefühle und schien erlebnisreicher und wahrhaftiger als das studentische ›Landleben‹. Mir erschienen einige Vorgänge und Inhalte beim Lehrbetrieb sowie der gesellschaftliche Umgang miteinander manchmal aufgeblasen, lächerlich, kleinkariert und beinahe absurd. Da ging es bei der Seefahrt doch direkter, offener und ehrlicher zu. In etlichen Studienbereichen wurde einfach zu viel gelabert und versucht, sich mit schlauen Reden zu profilieren. Diese Einstellung hat sich bis zu meiner Pensionierung nur unwesentlich geändert.

Nach zwei Jahren an Land wollte ich wieder Seeluft schnuppern. Ich vermisste Wind und Wellen, das faszinierende Spiel der Wolken über den ganzen Horizont und den klaren Blick ins Unendliche unseres Universums. Darüber hinaus gab es noch einen anderen, ganz und gar profanen Grund: Ich wollte mein Sparkonto wieder etwas auffüllen. Warum sollte ich mir, wie in den beiden Semesterferien zuvor, mein Geld im Sägewerk, in einer Fabrik oder als Fahrer verdienen?

Also fuhr ich am 6. September 1971 auf gut Glück nach Hamburg. Noch am gleichen Tag unterschrieb ich meinen bis zum 10. Oktober befristeten Heuerschein bei der Bugsier-Reederei. Neben dem hauptsächlichen Schleppergeschäft im Hamburger Hafen stieg die Bugsier ins lukrative Frachtschifffahrtsgeschäft ein. Tags darauf enterte ich als 2. Offizier die ›Levensau‹, kleiner als die ›Ditmar Koel‹. Dieser Stückgutfrachter fuhr im Liniendienst in der Regel von den dänischen Häfen Kopenhagen und Odense nach Belfast (Nordirland/United Kingdom) und nach Dublin und Cork (Republik Irland). Ausnahmsweise lag der Dampfer am Schuppen 33 im Hamburger Hafen. Meine erste Begegnung mit dem Kapitän begann äußerst unerfreulich. Nach dem Blick in mein Seefahrtbuch fragte er mich:

»Was haben Sie denn die letzten zwei Jahre gemacht? Sie sind ja nicht mehr gefahren!«

»Bin jetzt Student, will Lehrer werden.«

Er schaute mich missbilligend, fast verächtlich an. »Werden wir ja sehen, ob Sie überhaupt zum 2. Offizier taugen!«

Was für ein deprimierender Anfang! Es bedurfte nicht viel Fantasie, um mir die Zusammenarbeit mit dem Alten, Mitte dreißig, groß und rothaarig, auszumalen.

Nach dem Passieren des Nord-Ostsee-Kanals am 8. September, nun ohne Lotsen, übernahm ich am Nachmittag die 12:00-04:00-Wache und navigierte durch den Fehmarnbelt und den Grünen Sund, der Kadetrinne zwischen Mecklenburg und der Insel Falster. Der Alte erschien schon vor meinem Wachende wortlos auf der Brücke, schaute auf die Seekarte, peilte Gedser Odde und Darßer Ort an und verschwand stumm aus der Brückennock. Ich kannte diese Ecke in der Ostsee wie meine Westentasche und hätte mir bei guter Sicht sogar zugetraut, auch ohne Seekarte und Peilungen dort durchzufahren. Dieses Spielchen des Kapitäns wiederholten sich, er kam nun auch zu jeder Zeit zwischen zwölf und vier, nachmittags oder nachts auf die Brücke. Er blieb nicht immer schweigend, die knappen Wortwechsel bezogen sich aber ausschließlich auf den dienstlichen Bereich.

In Kopenhagen übernahm unser Kahn verschiedene Stückgüter, riesige Biertanks der Tuborg Brauerei und etliche dieser neumodischen Container genannten großen Blechkisten, die oben auf das Hauptdeck gestellt wurden. Noch ahnten wir nicht, dass sich diese Behälter anschickten, die herkömmliche Stückgutfahrt zu beenden, die Seefahrt zu revolutionieren und eine lange Tradition für immer Vergangenheit werden zu lassen. In Odense wurden Landmaschinen und Pflüge in die

Luken gehievt, *port of destination* Cork (Irland). Der Kapitän wählte den Umweg in die Nordsee über Skagen, durch das Kattegat und Skagerrak, weil für die westliche Ostsee und den Kiel-Kanal Nebel angesagt war.

Anfangs hatte ich arge Schwierigkeiten beim Ein- und Durchschlafen während meiner Freiwachen. Logis und Maschine befanden sich achtern dicht beieinander. Die Geräusche unseres Motors entwickelten eine beachtliche Lautstärke, aber schon nach drei Tagen hatte ich mich wieder daran gewöhnt.

Auf den beiden Reisen von Dänemark nach den beiden Teilen Irlands und zurück hatte ich, wie gewohnt, in den Häfen die Aufgabe, dass alle Ladungsgüter – von Ackerpflügen, Gabelstaplern, Konserven, Stacheldraht, Ventilatoren und dergleichen mehr – richtig platziert wurden. Wenn eine Ladung für den ersten Hafen irgendwo unter der des letzten Bestimmungshafens gestaut wurde, hatte man etwas falsch organisiert.

In Belfast, der nordirischen Hauptstadt, ging ich angesichts der Landgangswarnung nur für einen Pubbesuch und eine kurze Stadtwanderung an Land. Die unübersehbare Präsenz britischer Soldaten und Kontrollposten lud nicht gerade zu einem unbeschwerten Stadtbummel ein. Seit 1969 herrschte hier de facto Krieg zwischen der IRA und der Regierung Großbritanniens. Die Industriestadt mit Erdölraffinerien, vielen Fabriken und Werften beherbergte kaum anheimelnde Plätze, nur die unvollendete Kathedrale schien mir eine echte Sehenswürdigkeit zu sein. (Auf der Werft Harland u. Wolff wurde die ›Titanic‹, das damals, also 1911/12, größte Schiff der Welt gebaut).

Die irischen Städte Dublin (Baile Atha Cliath) an der Irischen See und vor allem Cork (Corcaigh) hatten schon einen Hauch von südlichem Flair. Bis auf die gälischen (Zusatz-)Bezeichnungen in den Straßen konnte ich kaum besondere Unterschiede im Vergleich zum Vereinigten Königreich erkennen. Alles wie gehabt: Linksverkehr, Doppeldeckerbusse und natürlich viele Pubs, in denen erfreulicherweise vornehmlich irische Lieder gespielt und gesungen wurde.

Bei meiner ersten Reise vermied ich zu lange Aufenthalte in den Kneipen und zu viele Guinness-Biere. Ich hatte mir vorgenommen zu sparen, musste aber aufpassen, nicht zum Pfennigfuchser zu werden, schließlich handelte ich nicht aus Geiz, sondern wegen der Notwendigkeit Rücklagen zu bilden. Außerdem wollte ich dem Alten keinen Anlass geben, dass er mir in irgendeiner Form eine dienstliche Nachlässigkeit anhängen konnte, wenn ich nach einem Landgang mit einer Alk-Standarte an Deck erschienen wäre.

Unser angespanntes, gereiztes Verhältnis, das ich nicht verursacht hatte und das nur damit zu erklären war, dass der Kapitän wohl krasse Vorurteile gegenüber allen Studenten hegte, änderte sich schlagartig. Auf der zweiten Reise, kurz bevor die ›Levensau‹ in Cork im Süden Irlands einlaufen sollte, geschah wieder einmal etwas ganz und gar Unvorhergesehenes. Der Kapitän war kurzfristig für den erkrankten Dritten Offizier, der üblicherweise die 08:00-12:00-Wache auf der Brücke durchführte, eingesprungen. Als ich ihn um Mitternacht ablöste, hatte er mir keine besonderen Vorkommnisse gemeldet und lediglich gesagt: »Fischer vier Strich (ca. 36°) an Backbord voraus, liegt fest. Gute Wache.«

»Gute Ruh.«

Ich griff nach dem (Fern-)Glas und schaute mir den vermeintlichen Fischer genauer an. Es wunderte mich, dass die weiße Rundum-Leuchte sich nicht bewegte, es wehte ein ziemlich kräftiger Nordwest. Normalerweise schaukelten bei diesem Seegang (vier bis fünf) die kleinen Fischerboote doch recht heftig. Als ich dann in dieser fast tiefdunklen Nacht mein Sichtfeld nach Steuerbord verlagerte, sah ich einen großen, hell erleuchteten Schiffsaufbau. Ich schaute flugs wieder auf das weiße Licht Backbord voraus und erkannte einen diffusen schwarzen Schatten. Blitzschnell schoss es mir durch den Kopf: ›Das vermeintliche Licht des Fischers ist die Ankerlampe eines großen Tankers!‹ Man hatte dort einfach vergessen, die Decksbeleuchtung einzuschalten, so dass der Rumpf vom Achterschiff bis zur Back nicht zu erkennen war. Ein vollbeladener Tanker ragt eh nicht besonders hoch aus dem Wasser, hat keine hohen Masten und keine Ladebäume, nur niedrige Ladepfosten zur Übernahme der Schläuche.

Unser Dampfer hielt also direkt auf diesen Koloss zu!

»Hart Backbord, sofort!«, schrie ich den Rudergänger an. Augenblicklich krängte die ›Levensau‹ bei voller Fahrt voraus über 20° zur Steuerbordseite! Plötzlich stand der Alte neben mir in der Brückennock und hielt sich am Handläufer unterhalb des Windfangs fest.

»Was ist los, Stürmann? Sind Sie verrückt geworden?!«

Ich reichte ihm wortlos das Glas und deutete auf den unbeleuchteten, aber schon besser zu erkennenden Rumpf des Supertankers. Trotz des schwachen Lichts aus unserem Ruderhaus erkannte ich, dass der Kapitän im Gesicht nun fast aschfahl geworden war. Da sich das Schiff noch in Drehung befand und unser Dampfer mit einem Abstand von etwa einer halben Kabellänge, knapp 100 Meter, Lampe und Bug des Tankers dwars (quer ab) an Steuerbord passierten, gab ich das Kommando: »Steuerbord zehn, wieder auf drei-vier-acht gehen!« (Das Ruder 10° nach rechts legen und dann Kurs 348°, Nord-Nordwest steuern). Hätte ich nicht unmittelbar nach dem Wachwechsel erkannt, dass der große Pott direkt auf unserem Kurs lag, hätte es todsicher eine Katastrophe gegeben!

»Stürmann, kommst nach Wachende in meine Kammer, der Dritte ist wieder auf dem Posten, übernimmt die 04:00-08:00-Wache.«

Wie Kapitäne logierten, hatte ich gleich auf meinem ersten Dampfer ›Georg Russ‹ erfahren. Das Domizil auf der ›Levensau‹ war genauso großzügig, aber moderner eingerichtet, stellte ich fest, als ich anklopfte, eintrat und mich umschaute. Der Alte saß mit dem Chief, dem Leitenden Ingenieur am Tisch, auf dem eine angebrochene Flasche Navy Rum mit britischer Kriegsflagge als Etikett stand. Der Kapitän machte mir einen ordentlichen Cuba Libre mit Limette und Eis zurecht und stieß mit mir an. Von diesem Zeitpunkt an bis zu meiner Abmusterung kamen wir beide bestens klar. Er kam nicht mehr unangemeldet auf die Brücke und wir hielten sogar Klönschnack miteinander. Ausufernde Bordparties gab es auf der ›Levensau‹ nicht, das lag wohl auch daran, dass hier die Fluktuation innerhalb der Besatzung über dem normalen Maß lag. Bei den ständigen Wechseln konnten sich also kaum Freundschaften oder Kumpaneien entwickeln. Immerhin verdiente ich fast das Dreifache einer Matrosengrundheuer und konnte mein Sparkonto aufbessern. Alles andere hatte auf der ›Levensau‹ keine wesentliche Bedeutung, zumal auch die kurzen Liegezeiten, ein bis zwei Tage, keine bemerkenswerten Landgänge in den Häfen zuließen.

In Odense schnappte ich mir am 8. Oktober meinen Seesack und der Kapitän verabschiedete sich von mir mit einem kräftigen Händedruck. Er hatte es durchaus zu würdigen gewusst, dass ich seinen Fehler vor Cork ausgebügelt und ein Desaster verhindert hatte. Ob er mich danach immer noch als einen Abtrünnigen, einen, der von der Fahne (Seefahrt) geflüchtet war, angesehen hatte? Wer fuhr damals aber schon ein Leben lang zur See? Nicht sehr viele!

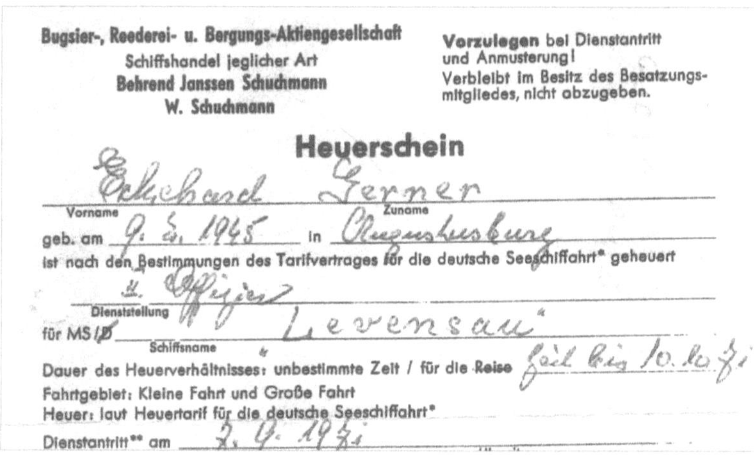
Bugsier-, Reederei- u. Bergungs-Aktiengesellschaft
Schiffshandel jeglicher Art
Behrend Janssen Schuchmann
W. Schuchmann

Vorzulegen bei Dienstantritt und Anmusterung!
Verbleibt im Besitz des Besatzungsmitgliedes, nicht abzugeben.

Heuerschein

Eckhard Gerner
Vorname Zuname
geb. am 9. 2. 1945 in [illegible]
ist nach den Bestimmungen des Tarifvertrages für die deutsche Seeschiffahrt* geheuert
2. Offizier
Dienststellung
für MS/D „Levensau"
Schiffsname
Dauer des Heuerverhältnisses: unbestimmte Zeit / für die Reise gült. bis 10.10.71
Fahrtgebiet: Kleine Fahrt und Große Fahrt
Heuer: laut Heuertarif für die deutsche Seeschiffahrt*
Dienstantritt** am 2. 9. 1971

*›Denn das Meer ist der Raum der Hoffnung
und der Zufälle launisch Reich.‹*

(Friedrich Schiller, *›Die Braut von Messina‹)*

Epilog

Unlängst sah ich im Fernsehen zwei Berichte über den Landgang philippinischer Seeleute in Warnemünde und in Bremerhaven. Anscheinend bestanden ihre Landgangsvergnügen und -erlebnisse hauptsächlich darin, für sich und vor allem für ihre Familien Schokolade zu kaufen, zum Teil in äußerst großen Mengen. In Deutschland sei dieses Nahrungs- und Genussmittel von bester Qualität und sehr preisgünstig, hieß es.

Dass die Fahrensmänner aus dem Fernen Osten auf den Kreuzfahrt- und Containerschiffen sich sehr über diese günstige Einkaufsmöglichkeit freuen, kann jedermann nachvollziehen. Hätten sie eine starke Gewerkschaft, die sie weltweit zum Streiken bewegen könnte, würde der gesamte Seeverkehr schlagartig zum Erliegen kommen.

Mich beschäftigte bei diesen Sendungen ein ganz anderer Gesichtspunkt. Wie verbringen Seeleute ihre knapp bemessene Zeit heutzutage im Hafen, verglichen mit den sechziger Jahren des vergangenen Jahrhunderts? Die Antwort kann nur lauten: Zu damaliger Zeit trug den Seemann gewiss ein völlig anderes erwartungsvolles Lebensgefühl an Land. In jedem neu zu entdeckenden Land, in jedem unbekannten Hafen oder Ort konnte der Fahrensmann sicher sein, etwas Andersartiges und Unbekanntes zu sehen und zu erleben. Ein Seemann brauchte keine neuen Eindrücke, Erfahrungen, kleinere und größere Abenteuer zu suchen oder gar zu organisieren, sie kamen ganz von allein auf einen zu. Gerade in exotischen Häfen in Afrika, in Ostasien, in Lateinamerika und vor allem in der Karibik, hatte der Seemann schon fast eine Garantie auf unvermutete und überraschende Erlebnisse.

Im Gegensatz zur heutigen globalisierten Welt war damals der Beruf des Seemanns einer der wenigen in einem erdumspannenden Betätigungsfeld. Für mich, ganz persönlich, war das aber nicht der einzige Grund, nach meiner Schulzeit zur See zu fahren. Eine andere, bedeutendere Ursache für die Entscheidung, die ich schon mit sechzehn Jahren treffen musste, war mein ›familiäres‹ Umfeld. Mein (Papier-)Vater Wilhelm G. ließ mich von Anfang an seine schrankenlose Ablehnung spüren, sowohl in Form körperlicher Gewalt als auch mit psychischem Druck. Ich wollte einfach weg von solch einem Zuhause! Dabei hatte ich keine andere Wahl, als mich am eigenen Schopf aus dieser misslichen und unhaltbaren Lage zu befreien. Also fuhr ich zur See.

Wenn ich nun rückblickend mein Leben betrachte, war mein Entschluss, Seemann zu werden, letztendlich eine glückliche Fügung. Die Zeit bei der Seefahrt empfinde ich als meine buntesten und besten Jahre. Was für eine Ironie des Schicksals!

Die Seefahrt als Ganzes ist eh schon eine andere Lebenswelt, aber jedes meiner Schiffe stellte wiederum einen eigenen Mikrokosmos dar. Fahrtgebiete, Größe, Baujahr, Schiffstyp, die Anzahl der Besatzungsmitglieder, technische Ausrüstung und dergleichen mehr waren in meiner Seemannsvita ausgesprochen unterschiedlich. Dieses breite Spektrum reichte vom Kümo bis zum großen Stückgut-Überseefrachter, vom Fährschiff bis zum voluminösen Tanker, von sechs bis sechsundvierzig Mann Besatzung, von einer Fährschiffslinie bis zu einer Erdumrundung.

Beinahe wäre ich einmal beim Zusammentreffen mit einem Fischdampfer-Jantje und anschließendem Zechgelage bei der Hochsee-Fischerei gelandet. Ein anderes Mal wollte ich auf dem Forschungsschiff ›Meteor‹ anheuern; sie sollte für ein halbes

Jahr in die Antarktis reisen. Aber zehn Minuten vor meiner Ankunft beim DHI (Deutsches Hydrographisches Institut) hatte mir ein anderer Matrose die Stelle ›weggeschnappt‹ – zum Glück! So blieb es mir erspart, monatelang nur auf Eis, Schnee, Wasser und Pinguine zu starren. Nach Australien zu fahren hat den größten Teil der Seeleute, und mich auch, nicht sonderlich gereizt. Die Seemannsberichte über den sechsten Kontinent klangen nicht gerade euphorisch. Ganz im Gegensatz dazu: Westwärts über den Atlantik fahrend brachten uns schon allein die ersten Klänge der Latinomusik auf Kurzwelle in Hochstimmung.

Nach meiner Seefahrtszeit hätte es mich schon gereizt, den einen oder anderen Hafen, vor allem außerhalb Europas, nun aber per Flieger noch einmal zu erleben. Aus gutem Grund erlag ich nicht dieser Versuchung. Ich wollte all die fernen Länder und Orte so in meiner Erinnerung behalten, wie ich sie in jener Zeit gespürt und erfahren hatte. Dadurch blieb mir sicherlich auch manche Enttäuschung erspart. Mein Sohn Roland berichtete mir von seiner Reise nach Chile. Kleine, beschauliche Häfen haben sich zu Städten mit Industrieanlagen und Hochhäusern entwickelt, wie man sie heutzutage fast in jedem Winkel der Erde vorfindet. Der besondere Charme vieler Länder und Orte weicht immer mehr einer allumspannenden, modernen, aber einheitlichen, blassen Lebenskultur mit wenigen reizvollen und liebenswürdigen Eigenarten. Als Seemann badete ich in manch exotischen Gewässern, wie zum Beispiel an der südamerikanischen Pazifikküste. Zwar konnte ich die Angst, von irgendeinem Außenbordskollegen angeknabbert zu werden, nicht immer ganz verscheuchen, aber ich kann mich nicht daran erinnern, in einem mit Plastik vermüllten See oder Ozean geschwommen zu sein. Obwohl das Umweltbewusstsein erfreulicherweise zugenommen hat, wuchs die Umweltverschmutzung in den zurückliegenden Jahrzehnten gewaltig.

In meiner Trilogie habe ich versucht, meine Seemannszeit von 1961 bis 1969/1971 und vor allem auch die verschiedenen

Aspekte der damaligen Handelsschifffahrt zu beschreiben. Dadurch besteht diese Autobiographie naturgemäß in Teilen aus Reise- und Erlebnisberichten. Bei der Fülle der facettenreichen Seefahrtsthemen blieb es nicht aus, dass in alle drei Teile auch Sachbuchinhalte eingeflossen sind.

Eins will ich noch loswerden: In der Karnevalszeit begegnet man vielen ›Matrosenanzügen‹, als sei das für Seeleute die normale Bekleidung gewesen; wie viel Nichtwissen, Pauschalisierungen und vor allem Klischees stecken darin! Diese falschen und überkommenen Vorstellungen zu korrigieren und zu widerlegen – insbesondere über die Handelsschifffahrt mit den echten Seeleuten einerseits und der Kriegs- oder Waffenmarine mit Seesoldaten andererseits –, dies ist ein Anliegen der drei Bände. Ein anderes: Die untergegangene Epoche der Stückgutfrachter-Fahrt vor der Container-Schifffahrt festzuhalten. Ganz gleich wie die Entwicklung weitergeht, eine Erkenntnis wird bleiben: ›Seefahrt ist not!‹ (Gorch Fock alias Hans Kinau).

Eckehard Gerner,
Hannover im Mai 2019

Über den Autor

Eckehard Gerner wurde am 9. Februar 1945 in Augustusburg (bei Chemnitz) geboren, während der Flucht seiner Mutter aus Masuren/Ostpreußen. Seine Kindheit verbrachte er in der Südheide, in Eschede.

Nach der Mittleren Reife fasste Gerner den Entschluss, zur See zu fahren. Grund: Er wollte die ›große weite Welt‹ sehen und außerdem und vor allem weg von zuhause. So besuchte er die Seemannsschule in Bremervörde und fuhr anschließend auf insgesamt siebzehn Schiffen um die ganze Welt. Dabei brachte er es vom Schiffsjungen bis zum 2. Offizier.

Wieder ›an Land‹ studierte er ab 1970 an der PH Hildesheim und arbeitete als Lehrer an verschiedenen Schulen in Niedersachsen, zuletzt an der OS (Orientierungsstufe) in Hannover-Ahlem. Er lebt in Oberricklingen (Hannover).

Zum Schreiben kam Gerner, weil er die Seefahrts-Epoche der 60er Jahre festhalten wollte, in der es noch etwas von der alten Seefahrts-Romantik gab. Der erste Band über seine Jahre zur See erschien 2015 unter dem Titel ›*Jenseits des Horizonts. Vom Moses zum Matrosen*‹. Zwei Jahre später folgte, diesmal schon bei ›memorabilia‹, der zweite Band seiner Erinnerungen an die Seemanns-Jahre: ›*Matrosenleben. Einmal um die ganze Welt*‹.

Vom gleichen Autor: Band II der Erinnerungen an die Seemanns-Jahre

›memorabilia‹
unter diesem Namen entwickeln wir eine besondere Buchreihe. Hier erscheinen vorzugsweise Lebenserinnerungen oder Sammlungen von Lebenserfahrungen, Memoiren, Erzählungen, Gedichte – in jedem Fall sehr persönliche Bücher, deren Autoren sich eine seriöse verlegerische Betreuung wünschen: vom Lektorat über das Korrektorat bis hin zum Layout. Gern schicken wir Ihnen als Muster ein aktuelles Exemplar zu.

›memorabilia‹
so hieß die lateinische Übersetzung eines berühmten Werkes des antiken Historikers Xenophon, der im 5./4. Jahrhundert v.u.Z. lebte. In seinen ›memorabilia‹ versammelte Xenophon Erinnerungen an den legendären Philosophen Sokrates, dessen Zeitgenosse er war. Daraus entwickelte sich eine Gattungsbezeichnung für Sammlungen von ›Denkwürdigkeiten‹ an Personen oder historische Ereignisse.

Kontakt
memorabilia,
c/o Ganymed Edition
Deveser Straße 3
D-30966 Hemmingen
Mail: contact@memorabilia-ed.de